『예식과 행정갱신 지침서』
교회예식론과 기관운영의 실제

◇ 성례식 · 혼례식 · 장례식 · 당회 ·
노회 · 총회 · 제직회 · 공동의회 · 회의법 ◇

김 석 한 지음

도서
출판 **영 문**

Practics of Reformed Church Ritual

by
Rev. Prof. Kim, Seog Han(Th.D.)

2001
Young Mun Publishing Co.,
Seoul, Korea

서 두

    이 책은 개신교 정통 장로교회의 두 가지 성례전인 세례예식과 성찬예식에 대한 신학적인 본래의 의미를 재조명하고 그 예전이 교회의 필수 성례식으로서 바르게 시행되기 위하여 의식 집행의 요령과 지침을 논의코자 함과 동시에 교회의 예식 범주에 있는 혼인예식 예배와 장례식 예배에 관하여 성경적인 조명과 예식론적 관찰을 통한 의식으로서 그 집행에 필요한 실제적 지침을 논의코자 하였다. 겸하여 개혁교회의 치리 및 행정기구의 효율적 운영에 관하여 그 이론적 근거와 실제적 시행 요령을 회의 집행 중심으로 기술하였다.

    오늘날 신학교육이 이론 중심 교육으로 편중된 감이 없지 않고 교회론을 중심한 실천신학 또는 실천이론과 균형을 유지하지 못하는 경향이 없지 않아서, 한 사람의 목회자를 양성 배출함에 있어 목회의 현장 기능이 부실하다는 지적의 소리를 듣고 있다. 예컨대 한 사람의 전문의사와 한사람의 교사를 양성하는 과정도 이론적 교육과 인체적(人體的) 또는 현장 실습(intern, resident, 교생실습 등) 과정을 상당기간 체험을 한 연후에 실무에 임하게 된다.

    이렇게 볼 때 한 사람의 목회자가 되어 신앙인의 삶과 그의 영혼을 책임질 사역자가 됨에 있어 교회현장의 실제적 목회 기능에 관한 습득이 없이 목양 현장에 임하게 될 때 본인의 당혹감은 물론, 그 시행의 착오와 억지가 신성한 정도(正道, The right)를 그르치게 될 수가 있다. 이런 관점에서 교회가 필연적으로 시행하고 있는 제반 예식과 기관 운영은 그것에 대한 바른 이해와 집행 요령의 터득이 요구되고 있다. 그래서 본서는 예식의 원리적 적합성 유지와 기관 운영의 공회로서 제도적 적합성이 유지되어야 할 가치를 인식하고 성례전에 있어서 그 예전이 가지는 신성한 교회론적 의미와 영적 의미를 조명하고 바른 집행 지침을 구성하되 개혁교회의 정통성과 성경적 교훈에 따른 교회와 예배의 갱신적 관점에서 논의코자 하였다. 그리고 교회의 기관의 적법한 운영은 교회질서 유지와 신성 보존은 물론 교회의 이상을 실현하는 방편이 되는 것이다. 치리기구로서 당회, 노회, 총회와 실무협의 사업기구로서 제직회, 교인의 총회로서 최고 결의기구인 공동의회등은 교회 중심기관이다. 이 기관의 각기 특성있는 운영을 통해서 교회의 성장을 도모하고 교회가 교회되게 하는데 방편으로 삼아야 한다. 따라서 교회의 기관운영은 회의로 시작하여 회의로 마치는 특성에 따라 본서는 이에 부응한 실제적 지침을 논급하고 회의법을 함께 곁들였으므로 많은 신학도는 물론, 목회 실무에 임했으나 예식 집행과 기관 운영지도에 그 원리와 시행에 올바른 정립이 미숙한 분에게 다소라도 도움이 되었으면 한다.

 본서의 내용상의 더 연구되어야 할 부분과 첨삭(添削)의 여지가 없지 않음을 밝혀 두면서 작은 규모이나 책이되기까지 원고를 정리하고 컴퓨터 작업과 협력하신 분에게 감사하면서, 본서를 발행하신 영문 출판사 김수관 장로님께 사의를 표하고자 한다.

새천년 새해 벽두
연구실에서 저자.

목 차

서 두 ·· 3
제1장 성례전의 원리와 실제 ··· 11
  Ⅰ. 성례전의 이해 ··· 11
    1. 성례전의 의의 ··· 11

  Ⅱ. 세례의 원리와 실제 ··· 15
    1. 세례의 의의 ··· 15
    2. 세례의 효력 또는 가치 ····································· 18
    3. 세례의 기원 ··· 19
    4. 세례에 관한 신약성경의 가르침 ····················· 23
    5. 세례의 역사 ··· 23
    6. 유아세례와 입교식(견신례) ····························· 25

  Ⅲ. 세례예식의 실제 ··· 30
    1. 세례 예식의 지침 ··· 30
    2. 세례 의식의 실제 ··· 34

  Ⅳ. 성찬의 원리와 실제 ··· 43
    1. 성만찬의 이해 ··· 43
    2. 성만찬 참예자의 자세 ······································· 48
    3. 성만찬의 역사 개요 ··· 49
    4. 성만찬 예식의 실제 ··· 57
    5. 성찬 잔여물 처리 ··· 63

제2장 장례예배의 이론과 실제 · 65

Ⅰ. 근거 · 65

Ⅱ. 장례식의 의의 · 66

Ⅲ. 장례 예식의 종류 · 66

Ⅳ. 장례식 지도 지침 · 67

Ⅴ. 장례식에 관해 유의할 사항 · 70
    1. 임종 · 70
    2. 임종후의 준비사항 · 72
    3. 수세(소염) · 74
    4. 입관식 · 76
    5. 장례식(발인식) · 78
    6. 하관 · 80

Ⅵ. 추가적인 참고사항 · 81
    1. 임종 · 81
    2. 문상예문 · 82
    3. 부고문 · 83
    4. 장례식의 인용성구 · 84
    5. 장례식 인용찬송곡 · 84
    6. 명정의 예시 · 84
    7. 주의 사항 · 85

Ⅶ. 장례의 매장과 화장 · 86
    1. 매장 또는 토장 · 86
    2. 화장 · 98
    3. 바람직한 장묘방식 · 104

Ⅷ. 장례예배의 실제 · 105
    1. 서두(The beginning, prologue) · · · · · · · · · · · · · · · · · · 105

2. 장례예배의 목적 ············106
　　3. 장례예배의 기본구조 ············107
　　4. 장례예배 순서의 항목별 해설 ············109
　　5. 장례예배의 진행의 실제 ············114

제3장 혼인예식 예배의 원리와 실제 ············129
　Ⅰ. 장로회 예배모범상의 혼례식(헌법중 예배모범 제12장) ········129

　Ⅱ. 신도게요 제24장, 결혼과 이혼에 관하여 ············130

　Ⅲ. 혼인예배의 원리와 지침 ············132
　　1. 서설(Introduction) ············132
　　2. 혼인예식 예배의 이해 ············134
　　3. 결혼의 목적 ············142
　　4. 기독교 결혼의 추가적 목적(포괄적) ············145
　　5. 결혼 예배의 예배적 가치와 그 장소 ············145
　　6. 결혼예배의 지침 ············146
　　7. 결혼예배의 예배 신학적 지침과 실천적 지침 ············150
　　8. 결혼예배의 새로운 순서의 예문과 해설 ············151

　Ⅳ. 결혼의 역사적 발전 과정 ············158
　　1. 고대 히브리 민족의 결혼 ············158
　　2. 성경상의 혼인의 과정 이해 ············162
　　3. 성경 이후 시대의 혼인 ············172

제4장 당회, 제직회, 공동의회 운영실제 ············173
　Ⅰ. 당회 ············174
　　1. 당회 운영의 실제(회의를 중심으로) ············174
　　2. 당회의 회의 절차와 회순 해설 ············178

　Ⅱ. 제직회 ············185
　　1. 제직회 운영의 실제(회의를 중심으로) ············185

2. 제직회 회의 절차와 회순해설 ······························188
　　3. 제직회 회의록 작성 요령과 예시 ·························191
　　4. 제직회의 소정서식 예시 ······································192

Ⅲ. 공동의회 ···193
　　1. 공동의회 회의의 실제 ··193
　　2. 공동의회 회의 순서 ···196
　　3. 공동의회의 직원선거 절차 ···································197

제5장 노회 ···198

　　1. 노회의 의의(제12장 제74조) ······························198
　　2. 노회의 조직(구성)(제12장 제75조) ···················200
　　3. 노회원의 자격(제12장 제76조) ·························203
　　4. 노회의 성수와 의결(제12장 제77조) ···············205
　　5. 노회의 직무(제12장 제78조) 또는 권한 ···········206
　　6. 노회의 회집(제12장 제81조) ······························211
　　7. 노회록(제12장 제79조) ··215
　　8. 노회가 비치할 명부(제12장 제80조) ················216
　　9. 시찰회(제12장 제78조, 4항, 세칙 5장 제21조) ············217

제6장 총회 ···220

　　1. 총회의 성경적 근거 ···221
　　2. 총회의 교회사적의 유래 ·······································221
　　3. 총회의 의의와 명칭(제13장 제82조) ················225
　　4. 총회의 조직(제13장 제83조) ·····························226
　　5. 총회의 성수 및 성회 ···229
　　6. 총회의 직무(제13장 제84조) ·····························230
　　7. 총회 회집(제13장 제85조) ··································235
　　8. 개회 및 폐회 의식(제13장 제86조) ···················236
　　9. 상설부서의 지도와 고문(세칙 제6장 32조) ···············237

제7장 치리회 보통의회 규칙 ········· 238

장로회 각 치리회 보통 의회 규칙 ········· 238
세칙 ········· 245
참고 ········· 247

제8장 교회 회의법 개요 ········· 251

제1장 총론 ········· 251
제2장 동의와 재청 ········· 260
제3장 원동의 ········· 264
제4장 보조동의 ········· 265
제5장 부수동의 ········· 272
제6장 우선 동의 ········· 278
제7장 잡동의 ········· 281
제8장 발언 ········· 283
제9장 표결 ········· 287
제10장 회의록 ········· 294

부록 I. 성찬론에 대한 바른 이해 ········· 298

부록 II. 목사 및 강도사, 전도사, 장로 고시 헌법예제 ········· 314

부록 III. 제직회 자료 및 기관운영 자료 ········· 341

1. 교회 경상비 세입 세출 예산서(서식1,2호) ········· 342
2. 현금 출납부(서식3호) ········· 345
3. 월별재정(회계)보고서 (세입,세출)(서식4,5호) ········· 346
4. 기관(부서) 업무보고서(서식6호) ········· 348
5. 회계 감사보고서(서식7호) ········· 349
6. 제직회 회의록(서식8호) ········· 350

7. 당회록(서식9호) ······································351
8. 공동의회 회의록(서식10호) ························352
9. 노회회순(서식11호) ································353
10. 총회회순(서식12호) ································354

제 1 장
성례전의 원리와 실제

 종교 개혁이 있기까지는 기독교는 구교의 성례를 지켜오고 있었다.[1] 그러나 개혁자들은 이런 잡다한 교회 행사가 모두 성례전으로 취급되어지는 것을 반대하고, 예수 그리스도께서 제정한 것만 성례전이라고 주장하고 세례와 성만찬을 성례전으로 지킬 것을 개혁 교회 신조들 속에 확고히 하고[2] 기타의 성례전은 거부하였으며 오직 예수님께서 직접 제정하신 것만을 오늘의 교회가 순수한 성례전으로 지켜야 한다는 주장이다.

 그래서 여기서 성례전이라고 할 때 그것은 세례와 성만찬 예전을 말하는 것이다.

Ⅰ. 성례전의 이해

1. 성례전의 의의

 1) 성례전의 어원(the etymology of Sacraments)과 뜻
 성례전이란 말은 라틴(Latin)어로 sacramentum이라는 단어

---
1) ①영세(baptism) ② 견신례(confirmation) ③ 고해성사(penance) ④ 결혼성사(matrimony) ⑤ 미사(the mass) ⑥ 성직서품성사(ordination) ⑦ 종부(종유)성사(extreme unction:병자성사:ministy to the sick)
2) 그 대표적인 예가 Westminster Confession of Faith, 27:4항을 들 수 있다.

를 영어로 sacraments라고 번역하여 사용하고 있다. 이 말을 공식적으로 사용한 사람은 3세기의 터툴리안(Tertullian)으로서 그는 그리스도를 위하여 목숨을 바치기로 약속한 후 세례를 받고 성만찬(Lord's Supper)에 차명한 후 그 예전을 가리켜 성례전(sacrament)이라 불렀다. 이것은 당시 로마의 군인들이 입대할 때, 철저한 맹세를 하는 의식을 일컫는 명칭이었다. 그러나 Latin어가 헬라어의 "뮈스테리온"($\mu\upsilon\sigma\tau\acute{\eta}\rho\iota\omega\nu$: 신비 또는 비밀)[3]을 번역한 것이라는 점에서 터툴리안의 본래적 의도와 연결시키는 데는 거리감이 있다고 하겠다. 그러나 그리스도 밖에 있던 한 인간이 로마 황제에게 바치던 모든 충성을 버리고, 그리스도를 생명의 주님으로 모시기로 약속하고, 그 거룩한 성만찬에 참여하는 것은 하나의 신비한 변혁으로 충분히 해석될 수 있는 대사건들이다.[4]

2) 성례전의 개념

어거스틴(Augustine)은 성례전은 "불가시적 실제(invisible reality)에 대한 가시적 표상"(a visible sign of an invisible reality)이라고 정의하였다. 어거스틴의 말을 부연하면, 인간의 구원과 불가시적(不可視的)인 하나님의 신비한 진리를 설명하는 말씀 속에서 보여지는 가시적 표적이 바로 성례전[5]이라고 설명할 수 있다.

또 다른 한편으로는 과거 어느 시대와 같이 어떤 변화와 병고침

---

3) 엡5:32.
4) J. Feiner and L. Vischer(ed), The Common Catechism(New York: Seabury, 1975). pp.372-2
5) Ibid. p. 373.

과 만찬 앞에서 이적을 통한 하나의 신비 사건으로 인식하는 성례전의 개념이 아니라, 즉 신비의 상징이나 추상적 이름으로 이해되지 않고 순수한 예전 속에서 "그리스도와 하나되는 경험과 함께 하나님을 만나는 엄숙한 예전으로 이해되어야 한다"[6]

그리고 성례전의 교리학적 의미는 "성례전은 그의 은혜를 나타내고 그 안에 있는 우리의 도움을 확증하기 위하여(고전10:16, 11:25,26, 갈 3:27) 하나님께서(마 28:19, 고전 11:23) 직접제정하여 주신 거룩한 표요 은총의 계약(창 4:11, 17:9,10)에 대한 인치심이다 그와 동시에 교회에 속한 사람과 세상에 속한 사람을(롬 15:8, 출 12:48, 창 34:14) 구별하기 위해 주신 보이는 표지(mark)이다.〈웨스트민스터 신앙고백 제27장〉

따라서 이 성례전의 제정 목적이라면, 성도들로 하여금 하나님의 말씀에 따라(롬6:3,4, 고전10:16,21) 그리스도 안에서 하나님께 대하여 봉사하게 하기 위하여 제정하신 것이다.

3) 성례전의 신학적 의미
(1) 성례전은 하나님의 임재와 은혜의 방편

성례전은 하나님의 은혜를 모든 예배자들에게 전달하는 방편이다. 성례전의 근본 뜻은 하나님의 은혜가 예수 그리스도 안에서 어떤 것인지를 새삼 느끼도록 전달하는 것으로서 인간의 주도적 역할이 아닌 하나님이 우리를 찾아 주시는 깊은 의미가 담긴 예전이다. 포사이드(P.T.Forsyth)는 "하나님은 성례전을 통해서 우리에게 찾아오신다" 즉 "하나님이 찾아오신 예전"이라고 했다.[7]

---

[6] E.Schillebeekx, Christ the Sacrament of The Encounter With God(New york: Shee and word,1963). p. 13.

(2) 성례전은 은혜의 선포와 예배자의 응답

예전을 통해서 하나님의 은혜가 죄인된 인간에게 선포되어진다. 주의 살과 피를 나누는 예전에서 주님의 희생과 사랑 앞에 감격한 응답을 드린다. 이 응답은 인간의 감정 표현이 아니라 "성례전적 (sacramental) 결단의 응답이 보여지는 것이다.[8]

(3) 성례전은 하나님의 사랑의 실체를 우리에게 주는 것

하나님은 영광을 버리시고 육화되셔서 희생하시고, 부활하신 신앙의 대상으로 끊임없이 "사랑으로서"(요일4:16) 체험될 수 있도록 역사하는 현장이 바로 성례전이다.[9]

(4) 성례전은 공동체 의식의 재확인

성례전은 하나님을 수직적 관계에서 만나면서 동시에 하나님의 백성이라는 공동체를 언제나 대상으로 하고 계신다. 하나님의 사랑을 수평적 확산을 시켜가시는 깊은 뜻이 이 성례전에 있는 것이다.

(5) 성례전은 화육적(化肉的:Incarnational respect)관계 형성

성례전은 주님의 간절한 사연이 담긴 의식으로서 인간을 그리스도의 사람으로 변화시켜 새로운 세계에 머물도록 하는 신비한 예전이다. 바로 그리스도와 연합이 이루어지는 현장이며, (요6:56) 개개인에게 육화 관계를 연속시키는 것이다. 이 성례전 속에서 받

---

7) 김석한, 예배신학 개론, (서울:양서원, 1996). p. 268.
8) Ibid. p. 269.
9) James F. White. Introduction to Christian Worship(Nashville : Abinpdon Press, (1980), p. 168.

은 인치심과 말씀과 성물(the elements)은 참여자의 전인적(全人的) 변화의 요소로서 지속되는 것이다.

곧 성례전은 도성인신(道成人身:Incarnational)과 구속의 사건의 연장이다.[10]

4) 성례전의 중요성

성례전의 의미와 비중은 교리적 측면뿐 아니라 예배 현장적 측면에서도 소중하다. 그것은 이론적 교회에 끝나는 것이 아니라, 예배 중에 "하나님과 만남", "주님과 연접"(連接, link)이라는 가장 중요한 신앙의 표현과 경험을 수반하고 있기 때문에 중요한 것이다. 이 성례전이 기독교 탄생부터 종교개혁까지 또는 오늘에까지 예배의 핵심적 초점이 되어 왔다. 특히 개신교에서는 "말씀"과 "성례"의 두 개의 본질적 요소를 예배 속에 지켜왔다.

이상과 같은 성례전의 총체적인 이해를 바탕으로 "세례"와 "성만찬"에 대하여 그 원리적 개요와 실제를 논의코자 한다.

II. 세례의 원리와 실제

1. 세례의 의의(the significance of Baptism)

1) 세례의 어원(the etymology of Baptism)
세례(洗禮)를 영어로는 Baptism(세례, 침례, 영세), 헬라어는 〈밥티스마〉(βάπτισμα:baptisma)인데 이 용어는 「물에 같이

---

10) Oliver C. Quick, The Christian Sacraments(London : Nisbet & co. 1946). p. 104

앉히다」혹은 「물에 잠그다」라는 뜻을 지닌 〈밥토〉(βαπτω: bapto)의 반복형인 〈밥티조〉(βαπτιζω: baptijo)에 관련된 용어로써, 가끔 〈밥티스모스〉(βαπτισμός: baptismos)로 쓰기도 하며[11] 〈밥티제인〉(βαπτίζειν:baptijein) 즉 "잠깐 잠그다"(to be dipped)라는 신약성경 용어에 뿌리를 두고 있다고도 보는 것이다.[12]

2) 세례의 정의(the definition of Baptism)
(1) 웨스트민스터 소요리 문답상의 정의
세례는 물을 가지고 성부와 성자와 성령의 이름으로(마28:19) 씻는 성례인데 이것은 우리가 그리스도에게 접붙임되는 것과 은혜 계약의 여러 가지 유익에 참여하는 것과 주님의 사람이 되기로 약속하는 것을 의미하며, 인치는 것이다.(갈3:27, 롬6:4)〈제94문〉
　가) 죄씻음(행2:38)
　나) 그리스도와 연합(롬6:4)
　다) 하나님의 자녀로 인침(갈3:27)
(2) 신도게요(信徒揭要)상의 의미
세례는 예수 그리스도에 의해 제정된 신약의 성례니(마28:19) 수세자(受洗者)를 유형교회에 엄숙히 가입시키기 위한 것만 아니라(행2:4, 10:47) 그에게 은혜 언약(롬4:11, 갈3:29, 골2:11-12 비교), 그에게 접붙임(갈3:27, 롬6:3,4), 중생(딛3:5), 죄의 용서(행2:38, 막1:4, 행22:16), 예수 그리스도를 통하여 자기를 하나님께 드려서 새 생명으로 행하는 일의(롬6:34) 표와 인호(印號)

---
11) 기독교백과사전, 제9권, (서울:기독교문사,1983). p. 417.
12) 박은규, 예배의재구성(서울: 대한기독교출판사, 1993). p. 122.

로 되게하기 위한 것이다. 이 성례는 그리스도 자신의 지정에 의해 세상끝까지 그리스도의 교회 안에 계속될 것이다.(마 28:19,20)

(3) 칼빈의 정의

요한 칼빈(John Calvin)은 세례를 가리켜 "하나님에 의하여 그의 자녀로 삼으시는 거룩한 인침이며, 이것을 그리스도와 접붙임(engrafted in Christ)으로써, 새로운 출발" 즉 "새생명으로 인간을 재형성(再形成;reformation, again make)시키는 성령의 은혜"라고 말하고 있다.[13]

(4) 바울의 정의

바울은 "죽은 자들 가운데서 그를 일이키신 하나님의 역사"(골 2:11-12)라고 하였다.

(5) 기타 세례의 뜻을 요약하면(세계교회 협의회의 「세례, 성만찬, 사역」 1982년 발간물)
가) 그리스도의 죽음과 부활에 동참
나) 회개, 용서, 정결케함
다) 성령의 은사
라) 그리스도의 몸안으로의 결합
마) 하나님과 그 나라의 표징 등으로 표현하고 있다.

---

13) 김석한, 예배신학개론. (서울, 양서원.1996). p. 272.

2. 세례의 효력 또는 가치.[14]

첫째, 세례는 예수 그리스도의 사람이 되는 결정적 사건이다. 그것은 그리스도와의 연합을 공적으로 시인하고 그와의 연접(連接: link)을 적극적으로 표현하는 성례이기 때문이다. 세례는 그리스도의 사람이 되게 하는 방편이요, 인침이다.(갈3:27)

둘째, 세례는 자신의 죄를 회개하는 것과 하나님의 용서를 받는 예전으로 거룩한 하나님의 자녀가 되는 인침(seal)이다.(롬3:25-26)

셋째, 세례는 새로운 피조물로서의 탄생(birth)이며 새로운 삶의 출발이다. 세례는 죄의 세계로부터 의의 세계로, 속박에서 자유로, 율법아래 죽음으로부터 성령 안에서 생명으로 옮겨지는 과정이다.(골2:11-12)

넷째, 세례는 크리스챤 공동체의 일원이 된다.(갈3:27-28)

세례의 효력은 그 거행되는 시간에만 국한되지 않는다.(요3:5,8, 롬4:11) 그러므로 이 규례를 바로 사용함으로 약속된 은혜가 제공될 뿐 아니라 하나님 자신의 의지의 도모에 따라 그의 정하신 때에, 그 은혜가 속한 자들에게(어른이든 유아이든 간에) 실제로 성령에 의해 표시되고 주어지는 것이다.(갈3:27, 엡1:4,5, 5:25-26, 행2:38-41, 행16:31,33) 그런 의미에서 세례는 어떤 사람에게든지 오직 한번만 베풀 것이다.(딛3:5)

다섯째, 세례의 가치는 세례를 받는 자는 그리스도에 소속되는 관계 즉 그의 소유가 되는 그런 관계 속에 들어가게 된다는 것을

---

14) Ibid. pp. 272-275.

의미하고 있다. 수세자는 예수의 권세와 능력에 종속된다. 바울에 의하면(롬6:1-11, 골2:11,12, 갈3:26,27, 고전12:13,6:11, 엡5:26, 딛3:5) 세례가 확실하게 제공해 주는 것은 죄로부터의 성결, 죄악된 육의 몸의 제거, 죄에 대한 극복, 새로워진 생활, 중생, 성령의 권능, 그리스도의 새몸에 참여함, 그리스도의 몸을 상징하는 교회에의 가입이 성경 어느 곳에서나 세례는 단순한 상징적인 행위가 아니고 진정한 객관적 효과들 및 그것들의 원인이 되는 하나님의 중개자로서 표현되어 있다.[15]

웨스트민스터 신앙고백에 명시된 세례의 효력은, 그 예전을 옳게 함으로 약속된 은혜가 하나님의 뜻에 따라 일정한 때에 연령에 차이가 없이 한결같이 성령으로 말미암아 제공될 뿐 아니라 실지로 부여된다.〈세례에 관한 6항〉

3. 세례의 기원(Origin of Baptism)

기독교의 세례의 전래는 유대교에서 찾을 수 밖에 없다는 전제에서 다음 몇 가지 과정에서 그 기원을 말할 수 있다.

1) 개종의식으로서의 세례

유대인들은 다른 민족들과 같이 종교적인 정화를 위하여 물을 사용하는데 익숙해져 있었다. 유대인들이 새로운 개종자들을 유대교에 받아들이는 여러 개종의식들 중의 하나로써 새로운 개종자들에게 세례를 베풀었던 사실에서 바로 그들이 이처럼 특별히 종교

---

15) 기독교 백화사전편찬위원회. op. cit. p. 428.

적인 정화를 위하여 물을 사용했다는 사실을 발견할 수 있다.[16]

이 물을 사용해서 하나님 앞에 깨끗함을 보이고 제단을 쌓는다거나(레16:24) 하나님을 향하여 나오는 무리들이 물로 씻는 의식을 거친후 새로운 공동체의 일원이 되는 종교적 행사를 구약이 후기에 나타난 그들의 종교생활 가운데서 많이 발견된다.[17]

이와 같은 세례를 단지 개종의식으로서만 아니라 근본적으로 성례전적인 성격의 물질적 요소와 영적인 요소들을 함께 갖추고 있었던 바, 이스라엘 하나님께 자기자신을 봉헌했던 행위로 간주할 수 있다.[18]

2) 세례 요한의 사역에서의 세례의 기원

「티베리우스 가이사의 통치 제15년에」 "세례요한으로 알려졌던 요한이 요단강 부근 각처에 와서 죄사함을 얻게 하는 회개의 세례를 베풀었을"(눅3:3) 때 그가 행했던 세례는 개종식으로서 세례의 연장일 것으로 본다. 그러나 "개종 세례"와 "요한의 세례" 사이에는 차이가 있었다. 요한은 이방인들 뿐 아니라 유대인에게도 세례를 베풀었으며(막1:5) 그는 윤리적인 의의와 그 중요성을 강조하여 바리새인, 사두개인들에게 회개의 합당한 열매를 맺으라고 명하였다. 요한 세례의 특징은 종말론적 성격으로서 현재 도래하고 있는 하나님 나라에 대한 선포, 즉 회개하라 천국이 가까웠느니라 말씀에 관련되어 있다. 하나님 나라에 들어갈 준비로서 도덕적인 정화의식이었고 곧 이어질 불 세례를 받을 것을 예표적으로 선언

---

16) Ibid. p. 418
17) 김석한 op. cit. p. 277.
18) 기독교백과사전편찬위원회, op.cit. p. 418.

했다.(눅3:16)[19] 이 세례요한의 세례시행의 근거는 요1:25, 마 3:7, 21:25, 막1:4, 11:30등을 들 수 있다.

3) 예수의 세례

공관복음서들과 요한복음은 예수께서 요한에게서 세례를 받으셨던 사실을 언급하고 있다.(막1:9-11, 요1:32-34) 예수의 세례는 예수의 정체성(identity)을 나타내기 위함이었고(요1:29) 자신의 세례가 십자가의 수난의 종으로 나타내고 수난의 의미를 그의 사역 후기에 말하여 주고 있다.(마10:38) 예수의 수세의 순간에 "이는 내 사랑하는 아들"이라는 신분을 확인시켰고 오늘의 세례도 그 세례를 통하여 하나님의 자녀가 되는 것을 확인하는 것과 맥락을 같이한다.(갈3:26)

특히 세례에 대한 언급은 마28:19-20에 삼위 하나님의 이름으로 세례를 주도록 명령하셨다.[20]

4) 사도들과 초대교회의 세례

베드로는 사도행전 2장에 그의 설교 현장에서 "우리가 어찌할꼬"하는 유대인의 질문에 "너희가 회개하여 각각 예수 그리스도의 이름으로 세례를 받고 죄사함을 얻으라. 그리하면 성령을 선물로 받으리니"(행2:37-38) 하는 근거에서 그 시초를 찾을 수 있으며 베드로는 이 때 3천명에게 시행하였다.

예수의 명한대로 "주 예수의 이름으로"(행8:16), "회개와 은총과 용서로써의 선언"(행22:16)과 "성령의 체험을 신앙의 경지로

---

19) Ibid. p. 418.
20) 김석한. op. cit. pp. 280-281.

인도"(행2:38, 8:15-17) 되었고, 이 사도들의 세례는 주님께 대한 헌신의 의미와 그리스도의 증인의 삶을 살았다.[21]

5) 쿰란 공동체(Qumran Community)의 세례 의식

쿰란 공동체에 대한 기록이 성경에는 없으나 1947년 사해사본의 발견과 함께 그것은 이스라엘의 엣세네파(Essenes)에 속한 한 종교적 그룹이었음이 밝혀졌다. 이들은 주전 2세기 경에 사해의 서북쪽에 위치한 쿰란이란 곳에 수도원을 설립하고, 진실된 제사장 직분과 부패하지 않는 이스라엘의 본분을 회복하려고 하는 철저한 신앙 공동체로서 성경 읽기와 노동, 예배, 기도, 공동식사 등을 통해 이상적 신앙을 추구하였다. 이들 공동체가 갖는 특성 중의 하나가 "정결을 위한 물의사용"이라는 차원을 넘어 그 공동체 가입을 위해 세례를 정식으로 의식 속에 거행하였다는 사실이다. 이 때 세례는 먼저 죄의 회개를 촉구했으며, 다음으로 하나님의 선택을 받은 무리로서 그 공동체의 일원이 되는 것을 상징하는 것이었다. 이들의 세례는 곧 계례 요한이 광야에서 외치며 베풀었던 세례의 줄기가 되었으며, 기독교 세례의 분명한 출발점이었다고 볼 수 있다.[22]

---

21) Ibid. pp. 282-283.
22) Ibid. p. 278.

4. 세례에 관한 신약성경의 가르침[23]

1) 초대 교회
기독교 공동체에 가입하는 상징으로서 물을 사용한 세례의식은 오순절 이후로 시행되기 시작하였다.(행2:38,41)

2) 바울의 가르침
세례의 완벽한 신약의 설명은 바울서신 중 고전12:12-13에 잘 나타나 있다. 여기에서 세례는 기독교 공동체의 일원이 되는 방편임을 가르친다. 갈3:26-29에는 세례가 믿음과 하나님의 아들됨과 관련되어 있음을 명시하고 있다.

3) 신약성경의 다른 언급들
요한1서와 요3:5, 요일5:6, 히6:2, 10:22, 딛3:5등을 들 수 있다.

5. 세례의 역사

여러 가지 세정(洗淨, Washing) 의식과 또한 세례에 대한 여러 가지 해석들에 관한 신약성경의 논의적인 언급들은, 고전 1:13-17, 10:2, 롬6:1-4, 눅11:38-41, 마3:11, 28:19, 히6:2, 9:13-22, 요1:19-34(특히 25절), 3:5-8, 22-26, 4:1-3, 행 18:24-19:6)등에 나타나 있다.[24]

---
23) 기독교백과사전 편찬위원회. op. cit. pp. 420-421.
24) Ibid. p. 423.

1) 종교적 형태

종교적 제의(祭儀, religious service, sacrificial rites)에서 피나 불, 혹은 물을 사용하는 종교적 현상으로 이러한 요소들은 사물과 짐승과 사람을 신성케 하는 역할을 한다. 이러한 제의적 형식에는 사람이나 사물에 물을 뿌리거나 붓는 것, 씻는 것, 마시는 것, 그리고 물에 완전히 잠기거나 물을 통과하는 것 등이 있다. 물을 사용한 의식들은 모두 주술적 특징을 내포하고 있다.

(1) 세례는 한 공동체의 위생적, 도덕적, 사회적 금기를 어긴 자들이 바로 이를 통하여 그 공동체의 완전한 일원으로 신에 대한 예배와 봉사에 참여할 수 있는 자로 복위되거나 공동체에 가입되는 정화의식이다.[25]

(2) 세례는 혼돈으로부터 탄생, 또는 죽음에서 도출된 생명에 동참을 뜻한다고 보고 몇 방울의 물을 뿌리거나 그를 물에서 밖으로 이끌어냄으로써 성취된다.[26]

2) 구약성경과 유대교

물에 관련된 유대교의 성전, 회당, 가정의식들에 대한 신약성경의 직접, 간접적인 언급들은 이러한 세례식의 원형을 구약성경과 신구약 중간기의 문학 작품과 후기 유대문학 속에서 찾을 수 있다.(출29:4, 40:32, 레16:4, 10, 14, 22, 겔16:4,9, 민5:17-28, 19:9,13).[27]

---

25) Ibid. p. 423.
26) Ibid. p. 423.
27) Ibid. p. 423.

3) 신약성경의 서술과 그 유형

신약성경에서 물이 언급된 것은(요한복음) 세례나 세례의 효력에 대한 해석이 나타나 있다. 신약의 세례의식의 상용적인 문구나 고백, 찬송, 설교, 권면등을 내포하고 있는 다수의 구절들이나 문장들, 단락들, 책들(롬10:9-10, 골1:12, 15-20), 에베소서와 베드로전서 전체를 지적할 수 있다.

그외의 신약 본문에 언급된 세례에 관한 근거는, 요3:25, 벧전3:21, 행10:37, 막1:1, 요1:19-34, 3:22-4:3, 눅3:21-22, 마3:13-17등을 들 수 있다.

특히 신약의 세례 시행의 교훈은 마28:19-20에 "……모든 족속들로 제자를 삼아 성부, 성자, 성령의 이름으로 세례 주고,……. 너희와 항상 함께 있으리라"는 것에 분명하다.

6. 유아세례와 입교식(견신례)

1) 유아 세례

유아 세례란 부모의 신앙에 따라 자녀들에게 세례를 받도록 하는 것이며, 입교식 또는 견신례(堅信禮: confirmation)란 유아기에 부모의 신앙에 의해 받은 세례에 대하여 장성한 다음 자신의 의식과 신앙으로 직접 예수를 구세주로 영접함과 동시에 여타의 신앙적 내용을 고백하는 예전을 말한다.

유아 세례는 기독교의 오랜 전통 속에 존속하는 예전으로써 초기 기독교 시대부터 있어 온 것으로 알려져 있다. 성경의 기록을 참고할 때 사도행전의 온 가족이 함께 세례를 받은 내용[28]을 근거로 하여 많은 학자들은 그 가정의 부모에게만 주던 세례가 아니라 그 가족에게 속한 어린이들까지 모두 세례를 받았다는 주장을 하고 있다.

① 바울이 예수 믿는 부모를 가진 어린 아이들을 그리스도가 지배하는 세계, 곧 하나님의 은혜가 경험되는 그리스도교 사회의 권속(household)으로 간주하는 것은(고전7:14) 유아 세례 이론을 충분히 뒷받침하고 있다.

② 유아 세례의 관습은 사도적 전통으로 초대 교회가 확신되었음을 알 수 있는 바, 그 실례로 오리겐(Origen:185-254)과 같은 초대 교부도 유아 세례를 받았을 뿐 아니라, 그 아버지와 할아버지까지도 유아세례를 받았다는 기록이 있다.[29]

③ 이런 전통적인 유아세례가 종교 개혁에 이르러 반론에 부딪히게 되었다. 즉 재세례파(anabaptists)와 같은 급진주의 개혁자들은, 세례란 장성한 인간이 자신의 신앙으로 받는 것이 타당하다고 주장을 폈던 것이다.

④ 이런 주장이 오늘의 침례교와 그리스도 교회에 영향을 끼쳐 유아 세례를 거부하기에 이르렀다. 지글러와 같은 침례교 계통의 예배 신학자는 "구원이란 개인적 신앙 경험(Faith-experience) 위에 기초한다 …… 그러기에 유아 세례란 기독교 신학에 설 자리가 없다"[30]라는 극단적 표현을 하고 있으며, 여기에 에밀 부르너와 같은 학자도 견해를 같이 하고 있다. 그러나 구교와 개신교는

---

28) 가족 전체의 수세 근거는, 행11:14, 16:15,38, 18:8, 고전 1:16, 딤후 1:16,4:19등에 나타나 있다.
29) G.Beasley Murray, B메샤느 in the New Testament (Grand Rapids:wm. B. Eeardmans Publishing Co., 1981). p. 306.
30) Fran Klin M. Segler,christian Worship : Theology and practice (Nashville: Broadman press, 1967), p .145.

유아세례의 필요성을 적극 고수하면서 변할 수 없는 교리적 차원의 신앙으로 이끌어 가고 있다. 칼빈(Calvin)은 유아세례를 아브라함에게 명했던 어린이의 할례(circumcision)와 연관시키면서 "신비적 해석의 연관성"이 있다고 주장할 뿐 아니라, 어릴 때부터 주님의 생명으로서 인쳐진 그 가치성을 높이 평가하고 있다.[31]

현대 신학자들도 어린 생명이 성례전의 의미와 내용을 비록 모른다 할지라도, 그리스도의 몸에 연합시키는 것은 깊은 의미를 주는 것이라고 본다. 그리고 기독교 공동체 속에서 성장하며 그 안에서 그리스도의 인친 몸으로 스스로를 깨달아 가게 하는 것은 실로 가치 있는 일이라고 한다. 이러한 전통적인 유아 세례에 관한 주장은 침례교회와 그리스도교회를 제외한 모든 교회가 오늘날까지 계속 지켜온 세례예전의 중요한 부분이다.

이상과 같이 주요한 의미를 지닌 유아 세례의 집례는 첫째, 부모의 신앙과 책임 있는 서약에 깊은 관심을 두어야 하고, 둘째, 수세자의 부모와 계속적인 교육적 대화를 통해 중요성을 강조하고, 셋째, 신앙 안에서 자녀를 양육할 책임과 어린이 앞에서 보여 주어야 할 신앙의 모범적 태도에 관한 확실한 대답을 얻어야 하고, 그리고 교회도 부모와 같은 동일한 책임을 이행해 줄 것을 서약하는 것을 집례 가운데 포함되어야 할 것이다.

2) 입교식 (견신례:堅信禮)

입교식 (견신례;confirmation)은 수세자가 만 18세(혹은 15, 16세)에 이르면 성년 세례와 동일하게 문답을 하게 된다. 입

---

31) Calvin's Instiute. Ⅳ:16:3.

교 문답이라고도 하는 이 견신례는 부모의 신앙에 의하여 받은 세례에 대하여 자신이 책임을 지겠다는 것을 확인하는 의식이다. 고로 성년 세례와 똑같은 서약 질문을 받아 하게 된다.

여기서부터 그는 예수 그리스도를 자신의 구세주로 영접하고 새로운 존재로서 삶을 살아 가겠다는 스스로의 확인을 한번 더 고백하는 과정을 하게 된다. 이를 가리켜 로렌스 홀 스투키(Laurence Hull Stookey) 교수는 '계약의 새로운 갱신'이라고 일컫고 있다.

끝으로 세례의 성례전은 어떤 경우에서라도 목사에 의하여 집례되어야 한다는 것을 잊어서는 안된다. 만인 제사장설이 이 성례전의 집례에서(Westminster) 신앙고백서는 합법적으로 안수받은 목사가 베푼다고 규정해 놓고 있다. 예수께서 "아버지와 아들과 성령의 이름으로 세례를 주라"는 마지막 부탁을 갈릴리 뭇대중이 아니라, 선택받고 훈련받은 열 한 제자들에게 하였음을 상기할 필요가 있다는 점이다.[32]

3) 유아세례의 근거

유아세례는 언약(convenant)의 특성에서 출발한다. 하나님께서 우리가 유약할 때 우리를 찾아 오시어 그리스도 안에서 활동하게 하신다.(롬5:6)는 전제하면서 유아세례의 근거는 "어린이도 하나님의 언약의 상속자"(행2:39)라는 약속에 근거하여 유아세례를 베풀 수 있다. 이 유아세례는 공동적인 신앙(the corporate faith) 그리고 그 아이가 부모와 함께 하는 신앙의 강조점을 두면

---

32) 김석한, 예배신학개론(서울:양서원1996), pp. 286-287.

서, 유아세례의 근거는 하나님께서 그리스도를 십자가에 내어주심과 언제나 믿음의 길로 인도하시는 신실하심에 힘입어 신자의 자녀에게도 같은 은혜를 내린다고 믿는다. 그리고 유아세례는 "그리스도의 몸의 지체됨가 하나님의 언약의 백성" 됨에서 삼위일체 되신 하나님에 대한 공동신앙을 나눔으로써 그 안에 있는 모든 사람이 한 권속이라는 점과 그리스도의 몸에 속한 자녀에게 세례를 베풀 수 있다고 믿는다.

유아세례는 또한 하나님의 은혜로우신 선물의 방편과 표징(means and sign)이라는 확신에 근거한다. 하나님은 어린이를 사랑하시고 부모와 함께 믿음으로, 하나님의 권속으로 계속 성장하게 한다.

유아세례는 어린이가 부모나 부양자의 신앙을 함께 나눈다는 데 근거를 둔다. 그러므로 부모는 어린이에게 기독교적 양육의 책임을 지고 신앙의 모범을 보여 "하나님은 언제나 나를 사랑하신다"라는 것을 믿게하여야 한다.

이상과 같은 관점을 정리하면 유아세례에서 요청되는 중요한 요소는 하나님과 부모사이의 언약, 부모와의 공동신앙, 부모의 책임있는 기독교적 양육, 신앙공동체의 성실한 돌봄과 양육, 그리고 부모와 어린이가 함께 공유하는 신앙이다.[33]

---

33) 박은규. 예배의 재구성(서울:대한기독교출판사, 1993). pp. 138-139.

Ⅲ. 세례예식의 실제

1. 세례 예식의 지침

1) 세례의 준비
(1) 시세자(施洗者)와 교회의 준비
① 교인의 신급별 명부에 의하여 확인된 대상자의 신앙 경력을 면밀히 살펴 수세사(受洗者)로 지명하거나 본인의 세례청원서를 제출케 한다.
② 대상자의 외형적 조건만 갖추었다는 것으로만 세례를 성급히 베푸는 것은 위험성을 수반한다. 다행히 학습이라는 과정이 있어서 기본 교리와 생활 덕목을 익히게 되는 신급 과정이 있는 것은 바람직하다.
③ 교회는 2-3주전에 세례 성례를 미리 공포하여 교회적 관심 의식으로 그 의미를 고양(高揚, uplift)한다.
④ 세례는 신앙공동체의 공중예배 때에 단 한번(once for at all) 베풀어진다. 즉 세례는 중복하여 베풀지 않는다. 타락중 회복자라도 그렇다.(딛3:5)
⑤ 유아세례는 양친이 깊은 신앙을 소유하였다면 좋겠으나 양친 중 어느 한 편이 신앙인이면 가능하다.(어머니라면 더 좋다.)
⑥ 유아세례를 받은 사람은 만14세 이상(교단마다 차이가 있다) 자로 한다.
⑦ 수세자의 청원이나 지목이 되면 사전에 충분한 교육을 시킨다.
⑧ 집례자는 성부, 성자, 성령의 이름으로 안수하여 물로써 집

례한다.

⑨ 세례는 전신침례(immersion)(마3:6-16)나 물을 붓는 형(the pouring water)이나, 물을 뿌리는 형(관수:灌水 sprinkling 겔36:25, 행2:41)으로 안수하여 시세할 수 있으나 교단이 엄격하게 특정한 형을 지정할 때는 그 전통적인 형을 따른다.

그 밖의 고전 10:1-2에 보면 홍해를 통과함으로 받은 세례의 유형이 있다.

⑩ 교회는 성례에 필요한 성찬 집기(什器: 시세 물 그릇을 포함 성찬기 set)를 비품으로 비치한다.

⑪ 수세자가 많아서 개별 이름을 모두 기억하기 어려울 때는 사전에 명찰을 준비하여 패용시키며 가급적 수세자 명단 순서대로 집행한다.(이름을 착오하여 시세하지 않도록 각별히 조심해야 한다)

⑫ 유아세례수는 유아가 차가움을 느끼지 않을 정도의 수온이 유지되게 세례수 준비를 세심히 배려한다.

⑬ 집례자(당회장)는 시세 적부를 확인키 위하여 사전 문답을 한다. 여기에 그 문답 항목을 미리 준비 또는 유념한다.

⑭ 세례 증서를 사전에 작성하여 준비한다.

(2) 수세자(受洗者)의 준비
(가) 일반적인 준비
① 수세자는 평소의 신앙생활을 반성하면서 세례를 받을 준비와 사모의 마음을 가진다.
② 성례(세례, 성찬)의 뜻과 그 가치를 깨닫고 진실된 마음과

신앙고백으로 세례에 임하여야 한다.
　③ 교회가 시행하는 사전 교육과 훈련에 적극 호응하여 세례를 통한 기독교적 삶의 의미를 잘 나타내는 은혜로운 계기가 되도록 경성한다.
　④ 수세자는 다음과 같은 내용을 깊이 이해하고 있어야 한다.
　　○ 사도신경과 주기도의 뜻과 가치를 연구
　　○ 교단의 교리적 노선과 실천 덕목에 대한 연구
　　○ 교회의 제도에 대한 학습
　　○ 교인의 권리와 의무에 대한 학습
　　○ 예배에 대한 이해(공예배, 철야, 금식등)
　　○ 세례 문답에 대한 학습
　　○ 세례의 뜻과 성찬의 뜻을 학습
　　○ 기도의 방법
　　○ 찬송 익히기
　　○ 남을 위한 기도
　　○ 성경 읽기
　　○ 헌금과 봉사의 원리
　　○ 기타 신앙인으로 교회 생활에 요구되는 덕목
　이상의 항목에 대하여 사전에 연구하고 깨달아야 한다.

　(나) 신앙적, 영적 준비
　① 물세례의 뜻을 성경적으로 인식하되 첫째는 "자기의 죄를 회개하고"(마3:11, 행13:24) 둘째, "죄를 씻는 표"(행22:16)라는 상징성을 깨닫고 셋째, "정결케한다"는 뜻(겔36:25)을 이해하고 넷째, "예수님과 같이 죽고 같이 산다는 표"(롬6:3-4)임을 인식하

며, 다섯째, "양심이 하나님을 찾아가는 것"(벧전3:21)이라는 등의 세례의 참된 의미를 깨닫고 세례에 임하게 될 때 세례의 영적 의미가 얼마나 소중함을 간직하게 될 것이다.

② 세례를 주고 받는 이유를 깨달아야 한다. 그것은 첫째, 아버지의 명령(마28:14)이므로, 둘째, 예수님의 명령(행2:38, 마28:19)이므로, 셋째, 성령의 뜻(마28:19)임을 겸손히 사모함으로 받아야 한다.

③ 물세례를 받으면서 세례의 유형을 알아야 하는데 첫째, 물세례(마3:11, 막1:8) 둘째, 성령세례(마3:11) 셋째, 불세례(마3:11, 눅3:6-17) 넷째, 고난세례(막10:38,39)등이 있다. 원리적으로 이미 성령세례, 불세례를 받은 자에게 물로 그 영적인 세례의 뜻을 확인하는 표징임을 알아야 한다.

④ 물세례를 받은 자의 영적 자격은 첫째, 자기 죄를 자복하는 자(마3:6, 막1:5) 둘째, 제자된 자(마28:19) 셋째, 믿는 자(마16:16) 넷째, 하나님의 말씀을 받는 자(행2:41) 다섯째, 말씀 순종자(행16:14-16) 여섯째, 주님의 이름을 부르는 자(행22:16)등이다.

세례는 개인의 삶 속에서 이미 일어난 것의 외적인 상징으로서 개인들은 그리스도에 대한 믿음을 통하여 죄에 대하여 죽었고, 그리스도 안의 새로운 삶으로 다시 태어난 것이다. 개인은 오직 그가 진심으로 예수 그리스도를 그의 구속자의 주님으로 믿을 때만 세례를 받아야 한다.

목사는 성례전을 집행하기 전에 지원자들에게 세례의 의미를 명확하게 가르쳐 주어야 하고 그것을 그의 신행(信行)에서 객관적으로 확인하여 시행해야 한다. 그런고로 사전 교육의 과정이 필요하다.

2. 세례 의식의 실제

세례 의식의 순서에는 몇 가지 요소가 포함되어야 하는데, 그것은 세례의 의미를 나타내는 성경 구절을 집례자가 언급하는 것과 성령의 임재의 기도, 회개와 용서, 신앙고백, 물의 사용과 안수, 수세자의 삶의 갱신과 그리스도의 제자됨의 선언과 함께 성만찬에 참여하여 하나님의 은총을 받는다는 명료하고 자연스럽고 경건한 의식의 흐름을 유지하는 집례를 한다.

1) 성인세례 의식의 예문〈세례식의 모형〉

세례 예식은 공예배시에 모든 회중 앞에서 시행하되 공예배 순서 중 성경봉독 다음 순서로 설정하고 시행한다. 그후 이어질 순서는 찬양과 함께 계획한 순서에 따라 진행한다.

수세자들을 명단 순서대로 강단 앞 일정한 장소에 앉힌다.

(1) 예식의 서설(introduction of rite)

사랑하는 성도 여러분, "사람이 물과 성령으로 거듭나지 않으면 하나님 나라에 들어 갈 수 없다"고 주께서 말씀하셨습니다. 그리고 주님은 제자들에게 "너희는 가서 모든 족속으로 제자를 삼아 아버지와 아들과 성령의 이름으로 세례를 주라"고 하셨습니다. 우리 기독교의 세례의 깊은 뜻은 "예수 그리스도의 죽음과 함께 옛 사람은 장사되고, 그리스도의 부활과 함께 새 사람이 된다"는 소중한 가치를 가지는 것입니다. 누구든 죄를 고백하고 회개하면 용서함 받고 정결케 되며 예수 그리스도를 구주로 믿고 세례를 받는 자는 성령의 은사와 그리스도와 연합하고 하나님의 백성이 되어 하나님 나라의 기쁨에 동참할 것으로 믿습니다.

이제 세례 받기를 원하는 사람에게 당회는 이들의 신앙을 문답을 통해서 확인하여 세례를 베풀기로 하였습니다.

(2) 수세자 호명(명단에 의한 대상자)

앞 좌석에 앉아 있는 대상자를 명단 순서에 따라 호명하여 일어서게 한다.

(3) 집례자의 기도(성령의 임재의 기도)

살아계신 하나님 죄중에 있던 우리를 사랑하사 구원하신 하나님께 감사하옵고 이제 세례를 받고자 나온 심령들에게 은혜를 베푸시사 죄씻음 받아 새사람이 되게 하시며 그리스도의 신실한 지체가 되게 하시고 하나님의 백성으로서 본분을 다하며 주님 세우신 세례의 참도를 깨달아 영생의 기쁨을 누리고 신앙공동체의 일원이 되어 주님의 사랑을 실천하게 하옵소서. 예수 그리스도의 이름으로 기도하옵나이다. 아멘.

(4) 예식사

오늘, 이 세례는 우리를 그리스도에게 접붙임과 주와 합하는 표와 인치는 것입니다.

세례를 받고 하나님 교회에 입교하기를 원하는 여러분에게 당회는 여러분의 은혜의 체험과 신앙의 경력과 그리스도를 구주로 받은 일을 살펴 세례 교인으로 세우는 일이 합당하다고 판단되어 이제 엄숙히 세례 서약을 하겠습니다. 모두 하나님 앞과 회중 앞에서 진실된 마음으로 물음에 "예"로 답을 해주시기 바랍니다.

(5) 세례 서약 문답

1. 문: 여러분은 하나님 앞에 죄인인 줄 알며 진노를 면치 못할 줄 알고, 예수 그리스도를 구주로 영접하고 하나님의 자비하심에

서 구원얻을 것 밖에는 소망이 없는 자인 줄 아십니까?

답: 예.

2. 문: 여러분은 주예수께서 하나님의 아들되심과 죄인의 구주 되심을 믿으며, 복음에 말한 바와 같이 구원하실 이는 오직 예수 뿐이신줄 알고 그를 믿으며 그에게만 의지하기로 서약하십니까?

답: 예.

3. 문: 여러분은 지금 성령의 은혜만 의지하고 그리스도를 따르는 자가 되고, 모든 죄악을 버리고, 그의 가르침과 본을 따라 살기로 서약하십니까?

답: 예.

4. 문: 여러분은 교인의 의무와 권리를 바르게 행사하며 교회의 관할과 치리를 복종하고 성결과 화평으로 교회의 덕을 세우는 데 힘쓰기로 서약하십니까?

답: 예.(서약이 끝나면 그 자리에 앉는다)

(6) 세례 집행

이제 이 주례는 주의 뜻을 좇아 엄숙히 서약한 사람들에게 세례를 베풀겠습니다.

이 때, 수세자 명단 순서에 따라 패용한 이름을 정확히 확인하고 한사람, 한사람 개별로 수세석 의자에 앉게 하고, 세례수 그릇을 가지고 집례자 옆에서 보조하는 당회원의 도움을 받아서「수세자의 머리에 손을 가볍게 얹고 수세자가 많지 않을 경우는 개인을 위한 간략한 기도로 시작하여 기도 말미에 다음과 같은 세례 선언을 한다. 이 때 세례수를 손에 움켜서 수세자의 머리에 부으면서 예수 그리스도를 믿고 하나님의 자녀가 된 ○○○에게 내가 성부와 성자와 성령의 이름으로 세례를 주노라」〈아멘〉 이 때 "세례를 주노라"는 시세 선언과 동시에 물을 붓던 손을 펴서 물을 부은 정수리 지점에 가볍게 덮어 감싸 안수한다.

　*물을 부을 때 혹은 성부, 성자, 성령의 삼위를 일컬을 때마다 별도로(3번) 끼어 얹는 사례가 있으나 이는 세례 원리의 훼손은 없을 지라도 지나친 형식과 모형주의에 흐를 수 있으므로 본체론적 삼위 일체의 이름을 한꺼번에 일컬어 세례수를 1회의 동시로 붓는 것이 바람직하다.

　(7) 기도〈집례자의 세례의 확인과 감사 기도〉

　「자비로우신 하나님 감사합니다. 이제 하나님 앞에 엄숙한 서약과 함께 세례를 받은 사랑하는 이들에게 복을 베풀어 주옵소서, 영화로운 그 나라에 이르기까지 믿음을 보존하고 남은 일생을 하나님을 기쁘시게 하는 승리의 생활을 인도하여 주옵소서, 예수 그리스도의 이름으로 기도 하옵나이다.」〈아멘〉

　(8) 공포〈집례자는 수세자들을 다시 그 자리에서 일어서게 한 후〉

　「이제 ○○○, ○○○등은 지금부터 대한예수교 장로회 ○○○교회 세례 교인된 것을 성부와 성자와 성령의 이름으로 공포하노라」〈아멘〉

　이 때 집례자는 회중을 향해 "사랑하는 성도 여러분 오늘 세례를 받고 하나님의 권속의 일원이 된 이 사람들을 우리의 공체로 환영하고 하나님의 사랑과 성령의 인도를 따라 서로 돌보면서 보람된 교회 생활을 잘할 수 있도록 관심해 주시기를 주의 이름으로 축원합니다라는 권면을 할 수 있다.

　(9) 세례 증서 수여〈훗날 수세자의 세례의 이력을 기념키 위해〉

　이것은 공포와 함께 수여할 수도 있고, 폐식 후 받아가라는 광고와 함께 사후 수여해도 무방하다.

2) 입교식(견신례)

입교식도 세례식과 같이 공예배시에 많은 회중 앞에서 거행한다. 입교식을 받을 대상들을 강단 앞(집례자 앞) 일정한 장소에 명단 순서대로 앉게 한다.

(1) 개식서설(집례자의 개식사)

사랑하는 성도 여러분, 그리스도의 몸인 교회는 함께 모여 말씀, 친교, 예배, 성례전, 봉사를 함께 나누며 하나님의 나라 실현과 확장을 위해 복음을 전하며 봉사하도록 부름받았습니다. 지금 우리 앞에 선 성도들은 하나님의 부르심에 응답하여 신앙을 고백하고 주님의 제자가 될 준비를 갖추었습니다. 이제 이들이 우리의 공동체 반열에 함께 설 사람으로 환영하면서 그 의식을 시작하겠습니다.

(2) 호명(명단에 의하여 차례로 호명하여 세운다)

(3) 예식사

이미 유아세례를 받은 여러분들은 이제 성찬에 참여할 나이가 되어 어릴 때 부모가 여러분들을 대신하여 하나님께 서약하여 오늘에 이르기까지 주 안에서 양육을 받아 성인이 되었은 즉 이제 자기의 생각과 믿음으로 신앙을 고백하며 하나님께 직접 서약할 사람으로 성숙하였으므로 당회는 그리스도를 믿는 것과 성찬에서 주의 몸을 분변하는 지식을 문답한 결과 만족할만한 신앙고백을 하였으므로 이제 엄숙히 입교서약 문답을 하기로 하였습니다.

이제 물음에 진실한 마음으로 엄숙히 "예"로 답하시기 바랍니다.

(4) 입교서약 문답(목사와 입교자)

1. 문: 여러분들은 유아세례를 받을 때에 부모님이 대신하였던 신앙고백과 서약을, 이제는 장성하였으니 이미 받은 세례의 엄숙

한 약속과 서약을 하나님 앞에서 자기의 것으로 확신하고 다시 다짐하십니까?

답: 예.

2. 문: 여러분은 창조주 아버지 하나님을 믿으며 주예수 그리스도가 하나님의 아들되심과 죄인의 구주되심을 믿으며 복음에 말한 바와 같이 구원하실 이는 다만 예수 뿐이신 줄 알고 그를 받아들이며 다만 그만 의지하겠습니까?

답: 예.

3. 문: 여러분들은 지금 성령의 은혜만 의지하고 그리스도를 좇는 자가 되어 그대로 힘써 행하며 모든 죄를 버리며 그의 가르침과 모범을 따라 살기를 작정하며 허락하십니까?

답: 예.

4. 문: 여러분은 교인의 의무와 권리를 바르게 행사하며 교회의 관활과 치리를 복종하고 청결과 화평으로 교회의 덕을 세우는데 힘쓰기로 서약하십니까?

답: 예.

(5) 기도〈집례자〉

자비로우신 하나님 아버지 감사합니다. 오늘 저들은 어려서 부모의 서약과 신앙고백을 통한 하나님의 은혜 안에서 신앙으로 양육을 받아 이제 성인이 되어 자기의 신앙과 서약으로 다시 확인하여 하나님 앞에 재다짐하였사오니 이들을 통하여 영광을 받으시옵소서 주님의 은총과 성령님의 도우심으로 몸된 교회의 공동체로서 교인의 의무와 충성을 다하여 하나님 영광을 드러내게 하시고 영원한 나라에 이르기까지 거룩한 서약을 지키게 하시며 순종하는 생활로 인도하여 주옵소서. 주 예수 그리스도의 이름으로 기도하

옵나이다. 〈아멘〉

(6) 공포(집례자)

○○○등은 지금부터 대한예수교 장로회 ○○교회 입교인이 된 것을 성부와 성자와 성령의 이름으로 공포하노라. 〈아멘〉

(7) 성찬 참여 통지

여러분은 이제부터 성찬에 참여할 것이며 주님의 복이 늘 함께 하실 것을 빕니다.

3) 유아세례식

유아세례는 요청하는 부모의 양친이나 양친 중 한 사람은 성실한 신도이어야 하고, 후견인이나 양육자들도 신앙인으로 양육할만한 돈독한 신앙인이어야 한다.

유아의 부모(양육자, 후견인)는 유아를 동반하고 강단 앞 지정석에 앉게한 다음 공예배시에 시세한다.

(1) 개식사

사랑하는 성도 여러분, 유아 세례는 하나님의 은총에 근거하며, 그 은총을 입은 신자의 자녀들은 하나님의 언약의 상속자가 될 수 있다는 약속(행2:39)에 근거를 두고 있습니다. 유아 세례는 하나님의 백성의 공동적 신앙에 뿌리를 두며, 하나님의 은혜로우신 선물의 표지임과 어린이가 부모의 신앙을 함께 나눈다는 확신에 뿌리를 둡니다. 예수께서는 "어린이가 내게 오는 것을 금하지 말라. 하나님의 나라는 그들의 것이니라"라고 말씀하신 것을 우리 모두 기억하시기 바랍니다.

(2) 호명(명단에 따라 호명하여 부모와 함께 품에안고 일어서게 한다)

(3) 예식사

이 예식은 그리스도께서 세운 것이니 믿음으로 의롭다 하심을 얻은 인증(認證, certification)입니다.

구약 때 아브라함의 자손이 할례(circumcision)를 받은 것처럼 은혜 아래 있는 성도의 자손들에게도 이 특권이 있습니다. 그리스도께서는 만국 백성에게 명하여 세례를 받으라고 하셨고, 친히 어린이들에게 축복하셨으며 천국 백성은 이와 같아야 한다고 하셨습니다. 또한 복음의 허락은 성도와 그 집안에 미친다고 하셨고, 사도들도 이와 같이 집안 세례를 베풀었으니 우리의 성품은 죄과로 더럽게 된 것을 인하여 반드시 그리스도의 피로 씻으며 성령의 권능으로 성결함을 얻어야 하는 것입니다.

그런즉 부모는 하나님의 말씀으로 자녀들을 양육하며, 신구약 성경에 명시된 거룩한 종교의 원리대로 가르쳐야 합니다. 항상 자녀와 함께 기도하며, 바른 신앙 생활의 본을 보이고, 성령의 도우심을 받아 힘써 주의 교양과 훈계 안에서 자라게 할 것입니다.

(4) 유아세례 문답(집례자는 유아의 부모에게 서약케 한다)

1. 문: 여러분들은 각기 동반한 이 아이를 예수 그리스도의 피로 씻음과 성령의 새롭게 하는 은혜의 필요를 인식하십니까?

답: 예.

2. 문: 여러분은 이 아이를 위하여 하나님의 언약의 허락을 앙모하며 자신의 구원을 위하여 진력(effort)하는 것과 같이 이 아이도 주예수 그리스도를 신뢰하므로 구원얻을 줄로 믿습니까?

답: 예.

3. 문: 여러분은 지금 완전히 이 자녀를 하나님께 바치고 겸손한 마음으로 하나님의 은혜를 의지하며 바른 신앙생활의 본을 보여

주안에서 믿음으로 양육하기로 서약하십니까?
답: 예.
(4) 세례(집례자는 유아의 이름을 착오없이 확인하여 시세한다)
「예수 그리스도를 믿는 구원의 가정에 보내주신 하나님의 자녀 ○○○에게 내가 성부와 성자와 성령의 이름으로 세례를 주노라」〈아멘〉
"집례자는 어린이의 이름을 지칭할 때 물을 움켜 아이의 머리위에 부으며 손을 얹어 감싸 펴면서 세례를 선언한다"
(5) 기도
자비로우신 하나님 아버지시여, 복된 믿음의 가정에 보내주신 어린 선물들에게 세례를 베풀었습니다. 감격과 확신을 가지고 서약한 부모의 마음을 더 뜨겁게 하시사 일생동안 믿음 안에서 양육케 하옵시며, 그 아이의 일생을 인도하옵소서, 그리하여 하나님과 사람 앞에서 사랑스럽고 칭찬 받으며 성장케하여 주옵소서 우리 주 예수 그리스도의 이름으로 기도하옵나이다.〈아멘〉
(6) 공포
○○○등 이상 ○○명은 지금부터 대한예수교 장로회 ○○교회 유아세례 교인이 된 것을 성부와 성자와 성령의 이름으로 공포하노라.〈아멘〉"이 때 세례 증서를 수여한다. 한 부모가 대표로 받는다"

Ⅳ. 성찬의 원리와 실제(Ⅰ)

※ 성찬론은 카톨릭교회 화체설과 함께 부록(Ⅰ)에 추가 논급코자 한다.
성만찬 예식은 기독교 예전 가운데 세례와 함께 2대(二大) 예전 중의 하나로서 매우 중요한 신앙(교회) 의식이다. 교회의 본질적 가치와 의미는 "말씀"이 바르게 선포되고 "성례전"(세례와 성찬)이 바르고 의미 있게 시행이 되는 것을 전제하고 할 수 있는 말이다. 그런고로 이 말씀과 성례전은 기독교 신앙의 중심이며 또한 핵심이다.

1. 성만찬의 이해

1) 성만찬의 어원과 어원적 기원
이 "성만찬"(the sacrament of the Lord's supper)은 the Holy Communon으로도 표현되는 말로서, 보통 "유카리스트"(Eucharist)라고 하는데 이 Eucharist는 헬라어 "유카리스티아"($\varepsilon\acute{\upsilon}\chi\alpha\rho\iota\sigma\tau\iota\chi\alpha$)에서 온 말로서 그 말의 뜻은 "감사", "감사드리는 일", "성만찬의 거행"을 포함하고 있다.[34] 단적으로 표현하면 유카리스트(Eucharist)란 칭호는 예수의 "최후만찬"에서 '떡'과 '잔'에 대하여 선언한 "감사"에서 유래되었다.(막14:22, 마26:27, 눅22:17-19, 고전11:24) 그리고, 요21:20과 고전11:20에는 이 "만찬(晚餐)"을 "데이프논"($\delta\varepsilon\acute{\iota}\pi\nu o\nu$: deipnon)으로 표현하고 있다. 이것은 헬라어 "다파네"($\delta\alpha\pi\alpha\nu\eta$: dapane)와 동일한 어원으로서 "정찬", "저녁식사", "잔치", "저녁", "만찬석"등의 뜻

---
34) 박은규, 예배의 재발견(서울: 대한기독출판사, 1994), 8, 215.

을 가지고 있다.[35]

그리고 신약성경에 나타난 "성찬식"에 관한 용어를 분석해 보면, 최후 만찬에 대한 네 곳의 기사에서(마26:26-29, 막14:22-25, 눅22:15-20, 고전11:23-26) 마태는 마가에 의존한다. 사도 바울은 새로운 양상을 제공하는 반면에 누가는 다른 세 기사와는 중요한 차이가 있는 내용들을 제시한다. 공관복음의 기자들과 사도 바울의 의하면 예수께서 체포되기 전날 저녁 제자들과 식사하는 동안에, 떡을 떼서 그것에 "축복" 또는 "감사"(유로게사스: εὐλογήσας, eurogesas,마태, 마가;유카리테사스(εὐχαριτήσας), 누가, 바울은 그 낱말들은 거의 동의어적이다.(참조 고전14:16, "축복", "감사"는 하나님께 드리는 찬양의 행위다)를 선언하셨다. 그 떡은「이것은 내 몸이다」라는 말씀과 더불어서 제자들에게 나누어졌다. 그리고 나서 예수께서 잔을 가지시고 사례(εὐχαριτήσας:마태,마가)하신 후에 그것을 그들에게 주고 말씀하시되,「이것은 많은 사람들을 위하여 흘리는 언약의 피 곧 내 피다」고 하셨다. (ὑπερ πολλων, 마가; περίπολλων,마태;)바울은「내 피로 세우신 새 언약」이라고 표현했다.

그 밖의 신약성경 행2:42,46, 20:7,11, 고전10:16, 마지막 성구 속에는「축복의 잔」에 대해서 언급하고 있다. "주의 만찬"(큐리아콘 데이프논: κυριακόν δείπνον,고전11:20)이다. 특히 성찬식 제정의 말씀을 할 때 선언되는「축복」에 근거를 두고 있는 평행되는 단어 "유로기아"(εὐλογία: εὐλογήσας;eurogesas, 막14:22, 마 26:26)라는 것을 들 수 있다.[36]

---

35) 김상기. 이재오, 헬라어 원어사전(서울: 로고스, 1989). pp. 359-360.

2) 성만찬의 개념 또는 의미와 명칭

성만찬은 예수 그리스도가 잡히시기 전날 밤에 그의 제자들에게 '떡'과 '잔'을 나누어 주시면서 "이것은 나의 살과 나의 피"라고 주의 죽으심을 예고함과 동시에 그 희생을 기념(억)하고 재현하여 그리스도와 연합하고 자신을 바친 것과 그를 허락하신 하나님께 칭송함과 감사와 영적 봉헌이며 헌신과 복종의 행위이며, 메시야의 종말적 영원한 식탁을 함께 하는 예견(anticipation)이다. 이것을 다시 부연하면 성찬은 "성부께 대한 감사", "그리스도에 대한 기념"(anamnesis), "성령의 초대", "성도의 교제", "하나님 나라의 식사"등의 의미를 내포하는 기독교 핵심 예전으로서 "주님의 만찬"(Lord's supper), 성체성사(Eucharist), 성찬(Holy Communion), 최후의 만찬(Last Supper), 희생봉헌(offering of sacrifice)등으로 불리운다.

(1) 성찬의 3중적 의미[37]

첫째, 성찬은 그리스도 안에서 하나님의 구원의 역사를 기념하는 것이며 예수의 죽으심을 가시적 의미(bisible meaning)를 나타낸 것이다. 그러므로 성찬은 구원 역사를 기념하는 것이다.

둘째, 그리스도 안에서 현재적으로 거룩한 교통을 하며, 주님 안에서의 동참을 의미한다. 성찬 진행 중에 성도는 그리스도와 교제하며, 십자가 고난을 맛보게 되며 부활의 소망을 느끼게 되고 그리스도와 동일시 되며, 그리스도의 생명과 구속 사역에 동참하게 된다.(갈2:20)

---

36) 기독교백과사전(서울: 기독교문사, 1983). p. 285.
37) 김석한. 예배신학개론(서울: 양서원. 1996). pp. 290-291.

셋째, 선교의 소망을 선포하는 것이다. 세례에서와 같이 성찬도 선교적 차원에서 이해되어져야 한다. "주의 죽으심을 오실 때 까지 전한다"(고전11:26)

(2) 성찬의 영적 의미와 효과[38]

성만찬은 예수 그리스도의 말씀이다.(마26:26-28, 막14:22-24, 눅22:19-20, 고전11:23-25) 이는 귀로 듣는 말씀이 아니라 상징으로 받는 말씀이다. 이 성찬의 효과는 ① 죄로 더불어 싸우는 데 힘을 얻는다. ② 환란 중에 든든히 서게 된다. ③ 책임 이행에 새힘을 얻는다. ④ 사랑과 열심을 가지게 된다. ⑤ 신앙과 결심이 증가되며 ⑥ 양심의 평안과 영생의 소망으로 안위를 받게 된다.

이러한 복이 성찬을 합당하게 받는 자들에게 임하는 것은 그리스도의 속죄적 죽음에 대한 그들의 기억(깊이 생각함) 때문이다. 고전11:25, 눅22:19에 "기념"이란 말($\alpha\nu\alpha\mu\nu\eta\sigma\iota\nu$: anamnesin)은 "기억"이란 뜻을 가진다. 이것은 관념이 아니고 심리적 의지와 결단을 가리킨다. 기억하고 기념할 때, 그리스도와 연합을 이루게 되는 것이다.(요6:36)

(3) 현대교회와 성찬의 의미

① 하나님의 은총과 구속적 사랑에 대한 감사의 예전으로서의 성만찬(The Eucharist as Thanksgiving)이다.

② 그리스도와의 연합으로서의 성만찬(The sacrament as

---

38) Ibid.

union with the body of christ)으로서 새로운 계약이 성립되고 반복되는 예전이다.(요6:56)

③ 회상으로서 성만찬(the Lord's supper as Anamnesis or Memorial of christ)이다. 십자가의 수난, 부활의 주님을 회상하고 승리의 교훈을 되새기는 예전이다.(눅22:19)

④ 그리스도의 희생제(sacrifice)로서 성만찬 "이것은 너희를 위하여 흘리는 바 내 피 곧 언약의 피니라"하셨다.

⑤ 공동체의 모체로서 성만찬

성만찬은 공동체의 성격과 내용을 표해준다. 그리스도인이 살과 피를 받아 지체를 이룬 무리들이 동일한 신앙속에서 삶의 방향과 내용을 같이한다.

(4) 성만찬의 목적과 중요성 및 교훈[39]

① 성만찬의 목적(웨스트민스터 신앙고백서 관점에서)

성찬은 예수 그리스도의 몸과 피에 의한 성례전을 자기의 교회에서 세상 끝날까지 지키게 하기 위하여 제정하셨다. 이것은 자기의 죽음을 통해서 거룩하신 희생을 언제든지 기억케 하시고, 참신자에게 모든 은사를 인치시고 그의 안에서 신자들이 영적인 양식을 얻어 장성케 하고, 그들이 띠고 있는 모든 의무에 관여하고 그와 더불어 가질 교제의 매는 줄이 되고 약속이 되고 또한 이것은 그의 신비적 몸의 지체로서 서로 교제하기 위하여 제정해 주신 것이다.(고전11:23, 26, 10:16, 17, 21, 12:13)

② 성찬의 중요성

---

39) Ibid.

오스카 쿨만(Oscar Cullmann)은 성만찬을 가리켜 "새계약의 재다짐" 또는 "그리스도를 다시 뵙고 경험하는 예전"[40]이라고 그 중요성을 강조했다. 실로 이 성찬은 깊은 감격과 생명력을 지닌 예전으로써 기독교 예배의 핵심부분이 되었다. 이 예전에 참여하는 것은 그리스도와 만남(encounter)이요, 하나님의 은총과 만남이라는 생동적 신앙을 갖게 하여 주었다.[41] 그리고 이 성례전을 가리켜 기독교 예배의 중심적 행위(the central act)라고 말하게 되었던 것이다.

③ 성찬이 주는 교훈

첫째, 십자가의 죽음에 자신을 내 놓으신 그리스도의 위대한 사랑을 인식케 하는 것이다.

둘째, 언약의 약속들과 복음이 제시하는 모든 풍부한 것들이 자신의 것이라는 확증을 주는 것이다.

셋째, 구원의 복음이 현실적 소유로 되었다는 믿음을 확증시킨다.

넷째, 성찬은 신앙고백을 하는 표시가 된다.

2. 성만찬 참예자의 자세

성례전은 그리스도에 대한 공동적이고 상징적인 참여로서, 예수 그리스도에 대한 공동의 회상이며, 복음의 공동적인 증거이고, 소

---

40) Oscar Cullmann, Essayson the Lord's Supper(Richmond: John Knox press, 1972). p.19.
41) E.Schillebebeekx, Christ the Sacrament of the Encounter with God(New York: Sheed and word, 1963). p. 15.

망의 공동 표현이다. 이 성례전은 상호존경(고전11:33)과 상호판단(고전11:3)과 자기를 돌봄으로써(고전11:27-28) 그것에 어울리는 자세로(고전11:27), 예배적인 마음가짐(고전11:16)으로 수행되어야 한다.[42]

3. 성만찬의 역사 개요

1) 사도시대의 성찬식
(1) 사도행전의 "떡을 뗌"(행2:42,46)이 예루살렘에 있는 초대 교회의 생활의 특징들 가운데 하나로 언급되고 있다. 위의 두 구절 가운데 앞의 절(행2:42)에서 "떡을 뗌"은 초기 제자들의 특징이었던 교제에 대한 언급과 긴밀하게 연결되어 나타나며 또한 기도에 대한 언급이 뒤따라 나오고 있다. 두 번째 구절(행2:46)에서 제자들이 성전 예배에 매일 공식적으로 참여하는 것이 참여에 의하여 그들은 자기 민족들의 종교에 대한 그들의 충성심을 나타냈다.[43]

(2) 고린도에서 있었던 성찬식에 대한 바울의 기사(고전11:17-34)는 사도행전의 보다 더 충실하였다. 최후 만찬이 주님의 명령에 의하여 명령되었고 "그가 오실 때까지" 그의 죽으심에 대한 엄숙한 기념을 구성하고 있었다.

(3) 다른 구절(고전10:16)에서 바울은 우상숭배적인 축제들에

---
42) 이강호(李康鎬), 교회행정학(서울: 성청사, 1992). pp. 202-203.
43) 기독교백과사전(서울: 기독교문사. 1983). p. 289.

참여하는 기독교인들의 모순됨을 지적하였다. 희생제사에 참여한다는 것은 신과의 교제를 의미한다.(고전10:18,20) 바울은「우리가 축복하는 바 축복의 잔」과「우리가 떼는 떡」은 그리스도의 피와 "몸의 교제"(κοινωνία;koinonia)임을 말한다.[44]

(4) AD55-57년 사이에 있어서 성찬식은 종교적 식사의 주된 특징을 형성하였던 것으로 나타난다. 바울은 성찬식을 그리스도가 제정하신 것으로 보며 그것을 지키는 것은 그의 명에 기인한 것으로 간주한다. 이 사실은 행전 안에 있는 보다 초기의 언급들에 빛을 던져주며 행2:42,46, 20:7-11에 나오는 떡을 뗌이 성찬식을 포함하였다는 해석을 가능하게 한다.

사도시대에 성찬식과 관련이 있던 식사는 일반적으로 애찬(love feasts)으로 간주되어 왔다. 이 애찬은 유1:12에 처음으로 분명하게 명칭에 대하여 언급된다.[45]

2) 교부시대(AD100-800)의 성찬식

2세기, 사도시대 직후의 성찬식의 역사 자료는 희소하여 대부분 확실하지 않다. 로마의 클레멘스가 고린도인들에게 보낸 편지에 나타난 우연한 언급들「디다케」즉,「12사도의 교훈서」(AD100-140), 트라야누스에게 보낸 플리니우스의 편지(AD112), 이그나티우스의 서신들(AD110-117) 안에 있는 기사가 순교자 유스티누스의 시대 이전의 유일한 자료들을 구한다. 이것들 중에 가장 중요한 것이「디다케」와 이그나티우스의 서신들이다. 이들이 제공해

---

44) Ibid.
45) Ibid. p. 290.

주는 증거는 다음과 같이 요약될 수 있다.[46]

① 이 전례에 알려져 있는 명칭은 "성체성사" 제정시의 「감사드림」(유카리스테사스: εὐχαριστήσας, 막 14:23, 마 26:27, 눅 22:19, 고전 11:24)으로부터 유래된 「유카리스트」(Eucharist:ἡ εὐχαριστια) 즉 「감사물」이다. 디다케는 이 「감사드림」과 나란히 여전히 「떡을 뗌」(크라사테 하르톤카이 유카리스테사테(κλασατε ἄρτονκαί εὐχαριτήσατε)이라는 용어도 사용하고 있다. 주의 성찬식은 공동예배의 중심이며, 주의 날에 기념된다. 성찬식은 사도시대와 마찬가지로 공동식사와 관련이 있던 것으로 나타난다.[47]

② 은총의 수단으로서의 성찬식의 개념은 「디다케」에서 명백히 나타나지 않는다. 명백하게는 「신령한 음식」, 「신령한 음료」라는 관념들의 범주를 벗어나지 않는다. 이그나티우스에게 있어 성찬식이 「감사물」 이상의 의미를 지녔다는 것은 명백하다. 성찬식은 예수 그리스도와의 합일의 수단, 및 구속의 축복에의 참된 참여, 교회의 연합에 대한 표현이다.[48]

3) 중세시대의 성찬식(800-1500)

9-15세기의 기간은 신앙과 관습의 체계가 성장한 기간인데 16세기의 종교개혁은 바로 이 신앙과 관습체계에 대한 반동과 저항이었다. 중세에 전환이론이 널리 퍼지게 된 데는 세가지 이유가 있다. 그것은 ① 「이것은 나의 몸이다」, 「이것은 나의 피다」라는

---

46) Ibid. pp. 292-293.
47) Ibid.
48) Ibid.

말의 단순하고 축자적인 해석을 제공해 준다. 단순한 정신의 소유자들은 이러한 해석을 좋아했다. ② 그것은 모든 것을 구체적으로 생각하는 일상의 실재론적 사상과 일치한다. 한편 아우구스티누스의 보다 애매하고 영적인 언어는 그것을 물질화 시키려는 모든 노력을 거부했다. 그리고 중세의 저자들이 아우구르티누스가 화체설에 관해 말한다고 생각했던 것은 단지 tour de force에 의해서였다. ③ 전환이론에서 사용되는 언어는 기적을 더 좋아하게 하는데 기여했다.[49]

(1) 초기 중세시대의 성찬식 논쟁들

중세 성찬식 논쟁 역사는 884년에 쓰여진 파시카시우스 라드베르투스의 논문인〈on the Body and Blood of the Lord〉가 출현함으로써 야기된 논쟁과 함께 시작된다. 그 저자는 코르비의 수도사였으며 그 후 수도 원장이 되었다. 성찬식에 관한 지금까지의 논문들 중 가장 완벽한 논문이었던 그 책은 성례에 관한 전체 주제를 다루었으며 깊은 종교적 정신에 의해 영감된 작품이었다.[50]

① 빵과 포도주는 한편으로는 외적 감각적인 것이며 다른 한편에서는 신자들의 마음에 나타나는 내적인 것이다. 성찬식에서는 어떤 질료적인 기적도 없다. 외적으로 볼 때 그 요소들은 이전과 동일하다. 내적으로 볼 때, 즉 신자들의 마음에 대하여는 그 요소들이 그리스도의 몸과 피의 형상(figurate)으로 나타난다. 두 개의 상이한 본질들, 즉, 몸과 영혼이 따로 존재하는 것이 아니라 하나의 본질이 두 개의 측면에서 나타날 뿐이다. 즉 한편에서는

---

49) Ibid. p. 304.
50) Ibid.

빵과 포도주이고, 다른 측면에서는 그리스도의 몸과 피로 나타난다. 신체적인 특성에서 볼 때 그것들은 빵과 포도주이다. 힘과 영적 효능에서 볼 때 그것들은 그리스도의 몸과 신비들이다.[51]

② 성찬의 가시적 요소들이 그리스도의 몸과 피의 사실성에 대한 "서약"과 "형상"이지 그 사실성 자체는 아니라는 것을 보여주기 위해 두 개의 미사 기도를 인용하고 있다.[52]

(2) 베렌가리우스의 논쟁

성찬식에 관한 파시카시우스의 가르침과 조잡한 대중적인 언어가 널리 퍼지게 되자 11세기에는 전환이론에 대한 새로운 저항이 일어나게 되었다. 베렌가리우스는 파스카시우스의 가르침을 거부했으며 랑프랑에게 편지를 보내어 제단 성례에 관한 존 스코투스의 견해- 랑프랑은 이 견해를 위대하다고 말한 바 있었다. 그리고 이를 변호함으로써 그 주제에 대한 논쟁이 재개되었다.[53]

(3) 스콜라 신학자들과 실체론[54]

12세에 있어서 성찬론의 발달은 그 시대의 두 가지 일반사적 요인들에 의해 영향을 받았다. 첫째 요인은 교황청의 개혁과 십자군 전쟁의 설교에서 자극 받아 시작된 종교적 부흥 운동이었다. 이 영향으로 이 시대의 저자들이 성만찬의 개념을 보다 영적으로 해석했다는 것과 11세기의 유물론이 이 시대에 위축되었다는 점

---

51) Ibid.
52) Ibid. p. 305.
53) Ibid. p 305.
54) Ibid. p. 306.

이다. 예컨대 그리스도의 임재는 실재적이지만 영적이다. 그리스도는 하늘에 있지만 그는 성례속에 있다. 그 분의 임재는 권능과 효험의 임재이지만 그것은 성찬 속에 임재한다. 둘째 요인은 베렌가리우스와 로스젤리누스가 개척했던 지적 부흥 운동이었다. 성찬의 신비의 본질을 형이상적 용어들로 진술하려는 여러 시도들이 행하여졌다. 동시에 성례전들의 전체 개념이 수정되었는데 이 작업에 있어서 아우구스티누스의 영향이 중요한 역할을 하였다.

① 성찬은 수난에 대한 기념과 표상으로 간주된다.

○ 미사의 기도문은 그리스도의 삶과 죽음에 대한 그림같은 묘사(아말라리우스)

○ 잔의 섞음은 그리스도의 옆구리에서 흘러나온 물과 피를 상징(파스카시우스)

○ 빵과 포도주의 이중축성(페테루스롬바르두스, 알렉산더할레스)등의 사상들이 미사의 희생제물에 관한 후대의 개념에 영향을 끼쳤다.

② 이 희생제사의 효험들이 강조된다. 희생제사는 그것이 예배자들에게 끼치는 효험들에 의해 설명되며 또 그 효험들과 동일시된다.(아우구스티누스)

4) 종교개혁 시대와 종교개혁 이후의 성찬식[55]
(1) 개요

성찬의 본질에 관한 종교개혁자의 최초의 언급은 1518년 루터의 설교속에서 발견된다.

---

55) Ibid. p 313.

① 성찬은 그리스도께서 제정하신 성례전이다.
② 성찬은 기독교 예배의 중심 행위이다.
③ 성찬은 은총의 수단이다.

(2) 개혁교회에 있어서 성찬교리의 주요한 성구들
① 루터의 교설
　루터의 지대한 관심은 믿는 자들을 위해 성찬의 모든 불가시적 은총을 보존하는 것이었다. 츠빙글리 미사의 교리를 공격하였다. 특히 십자가의 희생제사의 반복, 갱신 또는 계속이라는 어떠한 사상도 공격했다.
　루터는 은총과 은총의 보장을 갈망하는 고통받는 양심이라는 관점에서 이 문제에 접근했으며 성찬으로부터 불필요한 기적들을 제거하는 데 만족하였다.[56]
② 츠빙글리의 교리
　루터의 교육은 수도원적이었고, 그의 신학적 연구는 본질적으로 스콜라학파적이었다. 츠빙글리의 교육은 휴머니즘적이었고 그의 신학적 연구들은 원래 교부주의적이었다. 루터의 최초의 성찬 논쟁은 지나치게 열렬한 종교개혁자들과의 논쟁이었고, 츠빙글리의 논쟁은 미사지지자들과 논쟁이었다.
　루터의 성례전 사상은 면죄부와 고해의 성례전에 관해서 로마와 갈등하는 중에 복음주의적 형식을 받았지만 츠빙글리의 사상은 세계에 관해서 재세례파와 논쟁중에 복음주의적 형식을 띠었다. 루터는 성례전에서 은총의 주술적 사상을 반대해서 인격적 이해와

---

56) Ibid. p. 313.

믿음을 강조하였지만, 츠빙글리는 개인주의적 개념들에 반대하여 기독교의 사회적 측면, 즉 성례전들의 공동체에 대한 관계를 부각시켰다.[57]

③ 칼빈의 교리

성찬에 대한 칼빈의 가르침은 쉽게 정의될 수 있다.

기독교 강요의 제일 판에서 빵과 포도주는 칼빈에게 있어서는 단순한 징표가 아니라 그리스도의 죽음의 상징이며 그리스도와 우리의 살아 있는 합일의 상징이기도 하다. 성만찬의 행동은 그리스도를 실재적이고도 참되게 수용하는 행동이다.[58]

칼빈의 주요한 사상은 다음과 같다.[59]

가) 빵과 포도주는 그리스도의 몸과 피의 징표들이다. 그러나 그의 임재를 나타내주는 징표들이며 도구적 수단들이다.

나) 비록 그리스도의 몸이 하늘에 있다 하더라도 성찬에는 그리스도의 실재적 임재가 있다.

다) 그리스도는 하나님 우편에 있기 때문에 그는 역동적이고도 효율적으로 임재할 수 있다.

라) 성찬은 은총의 실재적 수단이다. 왜냐하면 그는 그리스도와 우리의 실재적이며 살아있는 합일을 강화해주는 권능 속에 임재해 있기 때문이다. 교리에 관하여 칼빈은 츠빙글리와 루터 사이에 서 있다. 그러나 집례 양식에 있어서는 다르다. 루터가 교리를 제외하고는 옛 형식을 인정한 반면, 츠빙글리는 모든 구습을 배격하고 청산함으로써 새형식을 구축했다는 것을 정당화하지 않았다. 츠빙

---

57) Ibid. P. 316.
58) Ibid. p. 317.
59) Ibid.

글리 역시 칼빈에 반대하여 일방적으로 루터의 편에 서 있다.
  (3) 종교개혁자들의 사이에서의 성찬에 관한 논쟁의 역사
  (4) 영국의 개혁교회들에 있어서 성찬
  ① 스코틀랜드(1560년)
  ② 잉글랜드(1536)
  (5) 로마 카톨릭 교리
  위의 (3), (4), (5)항은 별도로 논의키로 하고 여기에서는 다루지 않기로 한다.

4. 성만찬 예식의 실제

〈성찬식의 집례식순 모형〉
집례자가 성찬대(상) 앞에 회중을 향해 서고 배찬위원(장로)이 나와서 성찬 상보를 벗겨 가지런히 접어 개어서 성찬상 한쪽에 둔 뒤 배찬위원들은 잠시 앞좌석에 앉아 대기한다.(이 때 집례자와 배찬위원들은 예식복과 장갑을 착용한다)

  (1) 개식사
  이제 주 예수 그리스도께서 친히 제정하시고 명령하신 성만찬 예식을 거행하겠습니다. 성도 여러분, 지금 이 성찬의 참뜻을 새기면서 경건한 마음과 감사하는 마음으로 이 예식에 겸손히 참여하시기 바랍니다.

  (2) 찬송(아래 곡 중에서 적의 택일한다.)
    ○ 144장(예수 나를 위하여)

○ 284장(주 예수 해변서)
   ○ 510장(겟세마네 동산에)
   ○ 281장(아무 흠도 없고)

(3) 기도와 신앙 고백
   ○ 기도(집례자가 기도한다)
  사랑의 하나님. 주님의 은총으로 우리 모두가 한 믿음과 한 영 안에서 살게 하여 주시옵소서. 오늘 주의 만찬에서 떡을 떼고 잔을 마실 때마다 그리스도의 귀중한 몸에 연합하게 하옵시고 주안에서 우리 모두가 하나님과 화목을 이루어 주님 성품을 닮게 하옵소서. 하나님의 구원 사역에 연합하여 교회 공동체의 일치를 이루어 주의 영광을 나타내게 하옵소서. 우리 위해 죽으시고 부활하신 우리 주 예수 그리스도의 이름으로 기도하옵나이다. 〈아멘〉
   ○ 사도신경으로 신앙 고백(계속하여 신앙을 고백한다)

(4) 예식사(근엄한 어조로 예식사를 간결하게 전한다)
  「이 예식은 우리 주님이 친히 세우셨습니다. 그리스도와 그의 고난을 기념하며 그가 다시 오실 때까지 그의 죽으심을 기억하게 하는 예식입니다. 이 예식은 신앙을 고백한 그리스도인들에게 새 힘을 공급하여 죄를 대적하며 고난과 유혹에서도 승리케 하며 더욱 믿음의 확신과 사랑의 수고와 우리 주 예수 그리스도에 대한 소망의 인내를 더 정착시키는데 큰 유익이 되는 것입니다. 그리고 이 예식은 세례교인만(유아세례자는 입교식을 거친자) 이 떡과 잔을 받을 것입니다. 그러나 신앙 양심에 가책을 받는 사람들은 이 성찬을 사양해야 할 것입니다. 끝까지 경건하게 동참하시기를 바랍니다.」

(5) 분병(분병을 하기전 다음 성경을 읽는다)
고전11:23-24이나 요6:47-51을 봉독한다.
이때 성찬분배 위원(장로)들이 집례자를 향해 성찬상 앞에 서면 떡 그릇을 위원들에게 주어 두손으로 받쳐들게 하고 그 중에서 떡 한덩이를 집례자가 들고 다음과 같이 설명하고 분병기도를 한다.
① 분병설명
주예수 그리스도께서 잡히시던 날 밤에 떡을 가지사 축사하시고, 이것은 나의 몸이라. 너희를 위하여 준 것이니 너희는 이것을 행하여 나를 기념하라 하셨습니다. 이 귀한 명령과 뜻을 알고 참회와 감사하는 마음으로 참여하시기 바랍니다.
② 분병기도(이때 집례자가 기도하기 전에 잠깐 묵상으로, 떡을 받기 전 참회 기도를 (부지부식간에 지은 죄와 은밀한 죄목에 대한) 함께 한 다음)「독생자 예수 그리스도를 십자가에 죽음으로 내어 주신 자비로우신 하나님 아버지 그 사랑을 감사하옵고 하나님께 영광을 돌립니다. 이제 우리는 주님이 세우신 뜻에 따라 주의 몸을 기념하는 떡을 나누고자 합니다. 우리의 회개한 죄를 용서하신 은총을 믿으면서 각자가 이 떡을 겸손히 받겠사오니 친히 임재하셔서 복을 주시옵소서. 이 예식에 동참한 자에게와 떡을 받는 자에 신령한 영생의 떡을 먹고 주님과 더불어 하나되는 새생명을 주시옵소서. 우리 주 예수 그리스도의 이름으로 기도하옵나이다.」〈아멘〉
③ 떡 분배 실시(위원들에게 분배를 지시하고 회중들은 기도하면서 받게 환기시킨다) 이때 집례자가 먼저 들고 있던 떡을 먼저

정중히 취하여 먹는다.
　④ 떡을 분배하는 동안

　집례자가 성경 고전11:23-29 또는 요6:47-51을 반복하여 봉독하면서, 성찬 예식에 적합한 찬송을 반주를 계속하게 한다. 성경을 읽는 중 양심에 가책이 있거나 떡을 받을 신앙의 준비가 없는 자는 사양하게 하며 주의 몸을 분변하고 죄를 회개하며 경건한 생활을 결심하는 자, 새로 세례나 입교를 한 자에게 바른 의미를 알고 동참케 하는 등의 내용을 곁든 말을 통하여 성찬의 참뜻의 정신을 고양시킨다.

　⑤ 분병에 빠진자 확인

　집례자는 위원들 회중들의 좌석에 분배가 끝날 무렵, "떡을 받으실 분으로서 받지 못한 분은 손을 들어 표해 주시기 바랍니다. 손을 드는 이가 있으면 분병위원 추가 분배토록 하여 누락이 없도록 한다.

　⑥ 위원에게 분병

　집례자는 회중에게 분병을 마치고 성찬접시를 성찬상으로 회수하여 놓은 다음 그 중 하나의 접시를 집례자가 들고 위원에게 직접 분병한다.

　(6) 분잔(분잔을 하기 전에 집례자가 다음 성경을 낭독한다)

　고전11:25-26, 요6:54-56, 마26:27-28등에서 선택한다.

　이 때 분잔 위원들이 분병 때와 같이 분잔대를 받기 위하여 성찬상에 둘러선 다음 집례자는 잔대를 나누어 주어 두 손으로 들게 한 다음 그 중 잔 하나를 들고 다음과 같이 설명을 한다.

　① 분잔설명

주님은 식후에 잔을 가지사 축사하신 후에 제자들에게 주시며 가라사대 "이잔은 나의 피로 세운 새언약이니 많은 사람의 죄사함을 위하여 흘림이라. 이것을 행하여 마실 때마다 나를 기념하라" 하셨습니다. 우리도 이제 이 잔을 받을 때 구속의 확신을 가지고 그리스도의 보혈의 능력과 공로를 믿고 헌신을 다짐하면서 언약하신 하나님의 복이 새로워 지시기를 바랍니다.

② 분잔기도(이 때 이미 잡고 있던 잔을 그대로 든채 기도한다)
「예수 그리스도를 십자가 위에 피흘려 죽음으로 내어주신 하나님 아버지 그 크신 사랑을 감사합니다. 이제 우리는 주님의 살을 기념하는 떡을 받고 잔을 이어서 받고자 합니다. 주님 친히 이 잔을 나의 피를 뜻하는 것이라고 제자들에게 나누어 주시던 주님 지금 우리에게 주시사 이 잔을 받고 주의 사랑 감격하며 사죄의 확신과 영생의 기쁨을 얻게 하시옵소서. 그리고 이 잔을 받으면서 주의 고난에 동참하게 하시며 영원한 구속의 보혈을 우리의 구원의 증거로 새롭게 확인하면서 주의 몸된 교회의 하나되는 믿음을 주시옵소서. 우리 구주 예수 그리스도이 이름으로 기도하옵나이다.」〈아멘〉

③ 분잔 실시(떡을 받은 자에 한하여 잔을 받으라는 주의를 환기하여 분잔을 실시한다. 이 때 집례자는 먼저 취한 잔을 마신다)

④ 분잔 동안(분잔이 실시되는 동안에 반주와 함께 다음 성구를 반복하여 읽어서 잔의 참뜻을 알고 참여케 한다)
성경, 고전11:28-29, 마26:27-28, 요6:54-57등을 적의 반복하여 낭독한다.

⑤ 분잔 누락 여부 확인
분잔이 끝나거나 끝날 무렵 "떡을 받고 잔을 받지 못하신 분은

손을 들어 표하여 주시기 바랍니다" 손드는 이가 있으면 추가 분잔한다.

⑥ 위원에게 분잔

집례자는 분잔대를 회수하여 성찬상에 놓고 그 중 한 잔대를 들고 위원들에게 직접 분잔한다.(이 때 분잔위원은 선채로 받든지 앉아서 받든지 관계없다)

분잔이 모두 끝나면 위원이 성찬상을 성찬보로 다시 덮는다.

(7) 성찬마감 성구

집례자는 마26:30(이제 저희가 찬미하고 감람산으로 나아가니라)을 선택하여(암기하여)읽는다.

(8) 찬송(찬송 전체절 또는 일부를 부를 수 있다)

찬송 141장(웬말인가 날 위하여)을 제창한다.

(9) 축도

성부, 성자, 성령의 축도 내용의 골격에 성찬의 뜻을 되새기고 확인 환기시키는 내용을 첨가하여 축도 내용을 구성하여 한다.

(10) 폐회

폐식을 간략한 말로 선언한다.

5. 성찬 잔여물 처리(聖餐殘餘物處理: disposal of Eucharistic remains)

1) 교부시대의 성찬 잔여물 처리

교부시대에는 성찬시에 축성(祝聖, benediction, consecration)된 성체를 경건하게 처리해야 마땅하다는 것이 일치된 견해였다. 일찍이 〈테리툴리아누스〉에게서도 "어떤 포도주나 떡 심지어 우리들 자신의 포도주나 떡이라도 땅에 버리게 되면 우리는 고통을 느낀다"는 글을 읽을 수 있다. 성찬을 배령(拜領)한 뒤 남은 것은 식이 끝나면 성구 보관실로 옮겨졌다. 일부 희생제물 처리에 관한 모세율법(레7:17)의 교훈을 따라 성찬 잔여물은 최소한 하루동안 보관되었다. 그런 뒤 이 잔여물들은 사제들이 먹거나 아니면 일부 지역에서는 유대교의 관습(레17:7)을 따라 소각되었다. 또 에바리우스(Evagrius)에 의하면 타락하지 않는 소년들에게 주기도 하였다. 성찬식 직후에 갖는 정결의식의 관습은 서방교회에서는 잔여물 처리(먹음)가 결국 미사 종료전에 교회 자체 내에서 행해졌음을 의미하였다.[60]

2) 동방교회의 관습

동방 교회에서는 초대교회의 관습, 즉 성찬식후에 성구보관소에서 처리하는 관습이 계속 유지되었다. 성공회의 관습은 중세와 근세의 로마 교회 관습, 즉 모든 수찬자가 성체배령을 다하고 난 뒤 남는 것은 즉시 먹고 마셔버리는 관습과 유사하다.

---

60) Ibid. p. 323.

루터교회에서는 남은 떡과 포도주를 흔히 앞으로 거행될 성찬식에 쓰일 성체들과 함께 저장하지만 때로는 버리기도 한다.

개혁교회의 관습은 균일하지 않으나 때때로 소각하기도 한다. 감리교회에서는 남은 포도주를 병에다시 붓고 떡은 새들에게내주거나 버린다.[61]

3) 우리의 입장

① 성찬 준비시에 수찬자의 수를 감안하여 준비하되 예측한 수에 10퍼센트 정도를 더 준비하여 당일 타교인 참석 인원을 감안하는 것이 좋을 것이며 이것도 예비 그릇에 담아 놓았다가 추가할 수가 있을 시 잔에 주입하면 된다.

② 성찬이 끝난 다음 잔여분(떡과 포도즙)은 당회실에 옮겨 집례자와 배찬위원(장로)들과 함께 정중한 자세로 "기도"하고 나누어 먹는다.

③ 분병, 분잔에 쓰이지 않았던, 준비시에 남은 떡(빵)이나 포도즙의 경우 빵은 전항의 절차 없이 기타인에게 나누어 처리하고 포도즙은 다음 성찬용으로 보관한다.

---

61) Ibid.

제 2 장
장례예배의 이론과 실제
〈기독교장례식(funeral) 지침서(guide book)〉

I. 근거

대한예수교장로회 헌법의 예배모범 제13장 1~2 항의 지침

1항. 장례 때에 마땅히 행할 예식은 적당한 시나 찬송을 부르고 합당한 성경을 낭독하고 목사의 생각한 대로 합당한 설명을 하고 특별히 비참한 일을 당한 자로 하나님의 은혜를 받게 하며, 저희와 슬픔이 변하여 영원한 유익이 되게 하며 저희가 보호하심을 받아 비참한 가운데서 위로함을 받게 기도한다.

2항. 이 장례식(funeral service)은 주례(officiating at ceremony)목사의 의견대로 하는 것이 많으나 그 주요한 뜻을 잃지 말지니 경계함과 훈계함과 생존자 위로함을 주의하고 하나님의 말씀을 오용(Wrong use)하여 신앙 없이 생활하다가 별세한 자도 복음의 소망이 있다고 하는 일이 없도록 주의하여야 한다.

※ 1925년 조선예수교장로회는 제13회 총회에서 장례식서를 채택하였는데, 이 장례의식순이 오늘까지 계승되어 임종·입관·발인·하관으로 구분하는 장례식이 한국교회에서 실시되고 있다.

II. 장례식의 의의

기독교 장례식은 교회가 슬픔을 당하고 있는 사람들에게 위로와 지도를 주기 위해 마련하는 예식이다. 효과적인 예식 절차는 유가족(bereaved [surviving] family)들에게 그들이 슬픔을 당하고 있는 동안의 일을 도울 수 있으며 인간의 전 존재와 장래 생활을 위한 목적을 발견하도록 도울 수 있을 것이다. 장례식 예배의 근본적인 목적은 삶의 의미를 깨닫게 하고 슬픔을 당하고 있는 사람들이 그들의 생애에 대한 하나님의 요구하심에 순응하도록 격려하는 것이다.

장례식 예배는 가까운 사람을 잃어버림으로 고통을 당하고 있는 이들에 대한 교회의 관심을 보이는 행위이다. 교인들은 죽음의 위기에 처한 사람들에게 힘을 주기 위해 친교에 더욱 힘써야 하다.

장례식은 또한 고인(故人: the deceased, the departed)에 대한 적절한 추도(追悼, mourning) 이기도 하다. 기독교는 삶에서 인간의 존엄성을 생각할 뿐 아니라, 또한 죽음에서도 인간의 존엄성을 생각하는 것이다.

III. 장례 예식의 종류

장례 예식에는 임종예배(臨終禮拜, Worship hour of death), 입관예배(入棺禮拜, the rite of placing the body in a coffin), 발인예배(發引禮拜, carrying a coffin out the house), 하관예배(下棺禮拜, lower a coffin into the grave)의 네 가지 중요한 예식이 있으며, 부득이하여 화장(火葬,

cremate)을 할 경우에 수행하는 화장예배도 있다. 그중 입관예배, 발인예배, 하관예배는 매우 중요하다. 우리가 일반적으로 장례식이라고 부르는 것은 주로 발인예배를 말한다. 사실 전술한 네 가지 장례식 중에 고인의 생명이 아직 지속되고 다소의 의식이 있거나 본인의 운명(殞命, death : breathe one's last) 전 유언(遺言one's, will)을 남기고자 할 때가 중요하며 특히 생을 마감하는 회개화 구원의 확신과 구주 예수를 바라보면서 삶을 믿음으로 잘 마감할 수 있도록 유도하고 지켜보면서 예배하는 것이 매우 중요하지 않을 수 없다.

Ⅳ. 장례식 지도 지침

목사는 다음과 같은 사항을 습득하고 기독교 교리에 어긋나지 않는 범위 내에서의 장례 절차를 준수하고 유가족의 위로와 교인 간의 친교에 힘쓰며 장례식에 관련된 예배를 엄숙하게 인도하여야 한다.

1. 사람이 죽었다는 소식을 듣는 즉시, 그곳이 병원이든지, 가정이든지 간에 목사는 곧 그 가족에게 가야 한다. 함축성(significant) 있는 간략한 위로의 말로 삼가 애도(哀悼, grief)의 뜻을 표하고, 성경을 읽고 짧고 절실한 기도를 드려야 한다. 장례식 청탁을 받게 되면 정중한 태도로 수락하고 장례식 계획을 세우도록 상의할 시간을 약속하여야 한다.

2. 목사는 약속된 시간에 장례식 예배 계획을 위해서 상가(喪家

: mourner's house)로 간다. 장례와 일시(日時)는 유가족들과 목사가 상의해서 결정해야 한다. 목사는 교회의 규례(rules and regulations of Church)나 기독교 교리에 배치되지 않는 한 유족들의 요청을 존중하며 그 지방의 관습(custom)이나 전통을 참작해 줄줄 알아야 한다.

3. 장례식 예배의 근본적인 목적은 정상적인 방법으로 슬픔을 당하고 있는 유가족들을 돕는 데 있다. 목사는 유가족들의 감정을 흥분시켜서는 안 된다. 그러나 정상적으로 그들의 감정을 표현하도록 슬퍼하는 사람들을 격려해야만 한다.

4. 장례식 예배는 사람들이 삶의 실재(reality)에 직면하는 것처럼 죽음의 실재에 직면하도록 인도해야 한다.

5. 장례식 예배에서 교회는 목사를 통해서 기독교 신앙에 대한 교회의 증언을 나타낼 기회를 가진다. 기독교의 위대한 진리, 특히 부활의 능력과 기독교인의 위탁(Christian Commitment) 의미를 설명해야만 한다.

6. 간단한 장례식 묵상기도(默想祈禱, silent [tacit] prayer)가 보통은 적절하다. 묵도의 목적은 진리를 긍정하기 위해서, 유가족을 후원하여 위로하기 위해서, 장래생활을 위한 도전을 대비하기 위해서 묵도하도록 설명해야 한다. 목사는 고인(故人 : deceased)의 허물과 죄를 비난하거나 강조해서는 안 된다. 하나님의 진리의 말씀을 필요 적절하게 해석해야 한다.

7. 시신(屍身, dead body)을 보여 주는 것은 죽음과 이별과 상실의 실재를 받아드리는 것을 뜻깊게 할 수 있을 것이다. 이것은 장례식 전에 행해져야 한다. 보통은 입관(入棺)예배 전에 마지막으로 고인의 모습을 보도록 한다. 장례식 예배 때에는 관(棺)은 뚜껑을 닫아야 하는데 그 이유는 생존자와 고인은 이제 구별된 신분임을 알려주기 위함이요, 또한 영적이며 영원한 의의를 지적한 것이다.

8. 고인(故人)의 약력(brief [personal] history)을 장례식 예배 순서에 넣는 것은 무방하나 지나친 찬사(讚辭, words of praise)는 피하는 것이 좋다. 고인의 약력을 꼭 소개해야 할 필요는 없다. 소개하지 않는 것이 더 좋을 때도 있다. 단, 고인을 추모(追慕, Cherish the memory of a deceased)의, 정을 높이고 그의 유덕(遺德, posthumous in fluence)을 회상하는 의미가 있으므로 약력을 소개하는 것을 부정할 필요는 없기도 하다.

9. 장례식 예배는 교회가 유가족을 돌보는 목회적 관심의 마지막이 아니다. 목사와 교인들은 자주 그리고 필요한 만큼 오랫동안 후원하고 지도하기 위해서 그 유가족을 방문해야 한다. 유가족들에게는 당분간은 더 참기 어려운 고비가 닥칠 수 있는 것이다. 슬픔과 실의(失意)에 빠졌을 때, 목사에 의해 받는 위로와 도움은 매우 효과적일 수 있다.

10. 교회와 교회 내의 각 단체에서는 유가족들을 위한 기도와 봉사로써 그들을 격려해야 하며, 생활에 적응하도록 도와주어야

하고 뜻깊은 유대를 맺도록 도와주어야 한다.

Ⅴ. 장례식에 관해 유의(Keeping in mind) 할 사항

장례식은 인생대사이다. 믿음 안에서 침착하고 규모 있게 준비하고 엄숙하게 진행해야 한다. 장례식을 통한 하나님의 위로와 복은 실로 큰 것이며 그리고 전도의 효과도 크게 드러낼 수가 있는 것이다. 임종에서 하관예식까지 장례기간 중에 알아두어야 할 사항(matters to be attended to)이나 준비 사항은 다음과 같다.

1. 임종(臨終 : The hour of death)

임종은 일생 중 가장 심각한 시간이며 영혼과 육체가 분리되는 시간이요, 낙원과 음부(陰府(Hell) : $ᾅδης$;삼상2:6)가 결정되는 시간이다. 예수님의 십자가 우편의 강도는 임종시에 예수님을 영접하고 낙원을 약속 받았다. 임종시에는 흩어져 있는 가족들을 불러모아 둘러앉게 하고 유언을 들으며 구원을 확신시켜 드리고(특히 불신자 가정에서는 전도의 사역에도 힘쓰며) 계속 찬송하고 기도하는 가운데 소망 중에 운명하시도록 해야 한다.

(1) 임종을 알 수 있는 방법
① 가래가 끓는다. ② 호흡을 몰아쉰다. ③ 말문이 막힌다.
④ 혈압이 내려간다.

⑤ 눈동자 초점이 흐려진다. ⑥ 탈지면(脫脂綿 : absorbent cotton)을 코에 대면 호흡이 있나 없나를 알 수 있다.
⑦ 가슴(심장) 부위에서 먼 곳으로부터 점차 손발이 차가워지며 굳어진다는 등을 확인할 수 있다.

(2) 임종시 가족이 하여야 할 일
① 방이 좁을 경우 세간(世間 : household furniture)을 밖으로 일시 치운다. ② 시신을 방 한 쪽으로 모신다. ③ 깨끗이 세탁한 옷으로 갈아 입히고 기저귀(diaper : swaddling cloths)를 채운다. ④ 눈·코·입·귀 등을 탈지면으로 막고, 턱을 받치고 고정시킨다. ⑤ 흰 홑이불 내지 기독교 십자(十字) 위생보로 시신을 덮는다. ⑥ 방의 온기(溫氣)를 없앤다.

(3) 유언(遺言 : one's will)
고령(advanced age)으로 임종을 예기(豫期 : expectation)하였을 때, 또는 병세가 위독한 중 조금 의식이 있을 때 자손들에게 재산 관계, 기타 훈계(訓戒 : admonition)를 남기는 것을 유언이라고 하는데, 이는 나중에 법적 근거가 되는 경우가 되는 것이니 잘 보관하여야 한다.

① 유언의 방식
자필증서, 녹음, 공정증서(公正證書), 공정증서유언(公正證書遺言), 비밀증서, 구수(口授 : oral instruction ; dictation) 증서의 다섯 종류만이 법적으로 인정되어 있다.

② 유언의 효력

재산 및 상속관계에만 법적 효력이 있을 뿐이며 윤리적 사항에는 구속력이 없다.

③ 기타 유언에 관련된 사항은 민법(民法) 유언에 관련 조항을 참조할 것(단, 종전 조항은 민법 1060조 ~ 1111조 등이 관련 법조문이었다)

2. 임종후의 준비 사항

(1) 교회에서 모르고 있다면 곧 연락한다.
(2) 기독교상조회(장의사)에 알린다. 수세(水洗 : flushing, washing) 및 입관(入棺) 등의 장례 절차를 기독교 상조회에 의뢰하여 진행하는 것도 무리는 없을 것이다(이때도 목회자는 그 절차를 알고 있어야 하고 또한 입회(立會)하는 것이 좋을 것이다).
(3) 장례에 관한 모든 절차를 목사와 유가족이 의논하여 결정한다. (장례식 성격, 장지(葬地), 장례일시 등)
(4) 장일(葬日)과 장지가 결정되면 곧 부고(訃告, obituary : report of death)를 보낸다. 이 부고는 친척과 친지들에게 개별적으로 보내기도 하고 신문지상의 부고로써 이를 대신할 수도 있다(요즈음은 전화를 이용 할 수도 있다).
(5) 기독교상조회와 상의하여 장의물품(葬儀物品)을 준비한다 (수의, 관 등).
(6) 의사에게 사망진단서를 발급 받아 동사무소에 제출하고 사망신고를 하며(기독교인의 죽음을 사망이라고 하지 않음이 좋다),

주민등록증을 반납하여야 한다(사망신고는 기일(忌日)부터 한달 이내), 사망진단서 양식은 병원측 소정 양식을 사용한다).

(7) 매장(埋葬 : burial) 신고
① 매장신고는 사망 후 24시간이 경과하면 법적으로 매장할 수 있다. 단 변사(變死 : Accidental), 교통사고사, 약물중독사 등의 경우는 예외임(사인(死因) 규명이 되어야 하고 후속처리가 있기 때문임)
② 주소지 관할 시, 읍, 면, 동사무소에 다음의 구비서류를 첨부한 매장, 또는 화장(火葬) 신고를 마쳐야 장례를 치를 수 있다.
(가) 시체 매(화)장 신고서는 시, 읍, 면, 동사무소에 비치되어 있음.
(나) 사망진단서(자연사(自然死), 병사) 또는 시체검안서(변사, 교통사고사, 약물중독사 등)
(다) 묘지(墓地 : graveyard)사용 승낙서 - 관계 기관과 협의

(8) 호상 또는 호상차지(護喪・護喪次知 : funeral director)
호상은 친척, 친지 또는 교인 중에서 적당한 사람이 장례를 시종(始終) 맡아 주장하여 보살피는 것이다. 조문객(弔問客 : caller for condolence ; condoler)의 출입과 물품의 출납과 부의 금품(賻儀金品 : donation for funeral expenses)의 수입을 기록하며, 기타 장례에 관한 일을 맡아본다.

3. 수세(소염) (水洗 : 消炎)

임종하신 다음에는 곧 수세를 하고 시신의 수족을 잘 거두어야 한다. 기독교상조회에 의뢰하면 수세 시부터 하관까지 전문적인 도움을 받을 수 있다.

(1) 준비
탈지면, 창호지, 칠성판(七星板 : bottom lining board of a coffin : 관속 시체 밑에 까는 널빤지), 흰 홑이불(기독교십자가 위생보), 병풍, 영정사진(影幀寫眞 : portrait), 모실 상(模實像), 향로(香爐 : incense burner), 향, 촛대, 양초(또는 꽃병, 꽃)등.
여기서 향로는 냄새(악취)를 막고자 하며, 촛대와 양초는 혹 유교적 상징으로 보아서는 안되며, 향로와 향대신 꽃병과 꽃이 좋을 듯하고 꽃은 부활을 상징하는 의미로도 보는 것이다.

(2) 수세(水洗)와 수시(收屍)
① 옷을 벗고 있으면 입혀드린다.
② 탈지면으로 코, 입, 귀, 그 이외의 공기 주입 통로를 막고, 탈지면으로 얼굴을 가린다음 창호지를 덮고 목댕기로 턱을 고정시킨다(특히 간암, 간경화, 폐질환 환자는 탈지면으로 단단히 막아서 처리하여야 한다) 하절기에 쉽게 시신이 부패할 우려가 있는 경우 드라이 아이스(dry ice 고형(固形 : 상표명은, 이산화탄소)를 사용한다(부패수를 번지지 않게 하기 위해서 비닐(vinyl)을 사용한다).

③ 창호지로 손발을 싸서 두 손을 가슴위에 곧게 펴놓고 두발은 한데 모아 창호지 띠로 묶어 고정시킨다. 또한 창호지로 가슴과 하체를 덮은 다음 창호지 띠로 시신 전체를 5~7군데를 묶어둔다.

④ 칠성판을 창호지로 싸고 바침대 3개 정도를 받친 다음 창호지 따방 베게나 수세용 베게를 사용하여 칠성판 위에 시신을 곱게 모신다.

⑤ 온기가 없는 적당한 곳에 시신을 안치하고 흰 홑이불을 덮는다.

⑥ 소독약이나 살충제를 뿌려 벌레의 접근을 막고 방향제(芳香劑, aromatic)를 뿌려 공기를 환기시킨다.

⑦ 시신을 성화(聖畵) 병풍으로 가리고 그 앞에 상(床)을 놓고 영정사진과 고인이 사용하던 성경책과 찬송가를 같이 놓는다.

⑧ 상앞 향로에 향을 피우고 좌우에 촛대를 놓아 촛불을 켠다. 또는 꽃병을 준비해 놓고 꽃을 꽂아둔다.

전술한 바와 같이 촛불은 유교의 제사법에서 도입이 된것이라고 이견이 있으나 향은 악취제거이니 향을 피우는데 편리하기 위해서 라는 의미로 촛불을 켤 수 있고, 꽃병을 준비하여 향기로운 꽃이나 약물로써 악취를 제거하는 것도 좋을 것이다. 그러나 이것도 역시 목사의 지도를 받아서 행하는 것이 타당하다고 생각한다.

⑨ 문 앞에 조등(弔燈)을 설치하고 기중(忌中) 표시 및 상가표시를 (상중 : 喪中) 부착한다. 또한 상주, 목사님, 기독교상조회가 함께 장의 물품 및 입관예배시간, 장례 일정에 관한 의견을 나눈다.

(3) 임종 또는 소천(召天: go to Heaven or Calling to

Heaven)예배
　① 집례하는 목사의 인도를 받아 진행한다.
　② 사정상 임종예배는 수시(收屍 : laying out a body for burial)를 걷기전에 미리 시행할 수도 있다.

4. 입관식(入棺式 : The rites of placing the body in a coffin)

입관(入棺) : (염 또는 염습 : 殮, 殮襲 : shrouding ; wrap dead body in a shroud : 죽은 이의 몸을 씻은 다음에 수의를 입히고 염포(殮布)로 묶고 시신을 관에 넣는 일)

보통 24시간이 지난 다음에 입관을 한다. 그 이유는 혹 살아날 가능성이 있기 때문이다. 입관작업(염습)은 입관 예배 1시간 전에 시작하는 것이 적당하다.

　(1) 준비
　수의, 관, 알콜(antiseptic solution), 탈지면, 창호지, 기타 부속일체.

　(2) 염습(殮襲)
　곡(哭)을 하지 않는 정숙한 상태에서 고인의 맨살이 보이지 않도록 시신을 조심스레 다룬다.
　① 칠성판에서 시신을 내리고 수시(收屍 : laying out a body for burial)했던 모든 것을 푼다.
　② 먼저 상의(上衣) 단추를 풀고 소매를 가위로 따갠 다음 상체

를 약간 들고 따개진 반대방향에서 밑으로 상의를 벗긴다. 하의(下衣)는 발을 들어 둔부를 바닥과 띄운 상태에서 벗긴다.

③ 소독수에 적신 탈지면을 사용하여 손, 가슴, 배, 허벅지, 발 순으로 닦은 다음 옆으로 제껴 등을 닦고 창호지와 솜으로 만든 기저귀를 채운다.

④ 가슴을 창호지로 덮고 손발 순으로 창호지로 손과 발을 싸고 악수(幄手 : 소렴(小殮)할때에 시신의 손을 싸는 검은 헝겊)와 버선을 입힌다.

⑤ 수의를 입힐 때 상의는 상의대로 속적삼, 겉적삼, 두루마기, 도포 순으로 결합을 해놓고, 하의는 하의대로 속옷과 겉옷을 결합해 놓은 다음 하의부터 시작해서 수의를 입히고 상의를 입힌다.

⑥ 가렸던 얼굴을 풀고 소독수, 탈지면으로 얼굴을 닦고 머리를 빗긴다음 유가족들에게 마지막으로 고인의 얼굴을 보여 드린다. 그런다음 탈지면을 얼굴에 대고 창호지로 두상을 싼 다음 턱받침 목댕기를 매고 면모(綿帽 : cotton cap : 두건과 같은 모양의 모자)로 얼굴 전체를 싼다. 이때 얼굴에 화장을 하고 향수를 뿌려도 무방하다.

⑦ 관에 창호지를 깔고 장매(長매 : 동매)와 요, 베개를 놓고 시신을 입관한 다음 창호지 띠를 푼다. 초석(草席 : 짚자리)을 채워 시신을 고정시키고 장매(시신을 세로로 동이는 줄)를 접고 이불을 덮고 창호지로 덮어 마무리진 다음 관 뚜껑을 조금 열어 놓은 상태에서 성화병풍을 관뒤로 치고 영정 사진과 성경책을 관 뚜껑 위에 올려놓고 이때 유가족들은 상복(喪服 : mourner's gard : mourning clothes)으로 갈아 입고 찬송을 부르며 입관예배를 준비한다.

(3) 상복

상복은 간소하고 정결하며 문상객에게 혐오감을 주지 않게 갖추어 입어야 한다. 상복을 따로 마련하지 않고 한복일 경우 백색 또는 흑색으로 하고, 양복은 흑색으로 하는 것이 좋겠으나 평상복에 상장(喪章 : mourning band (badge)을 패용(佩用 : wearing) 할 수도 있다. (여상복은 하절기에는 흰 깔깔이, 동절기에는 흰 데드롱 치마저고리)

상주완장(喪主腕章)은 베 중앙에 검은 줄을 친 완장을 사용하고 복인(服人)은 베완장을 사용한다.

(4) 입관예배

집례하는 목사의 인도를 받아 진행한다.

(5) 안치(安置 : placing)

① 입관예배 후 관 뚜껑을 덮고 나무 못을 치고 소창(무명실로 성글게 짠 천)으로 관을 서너군데 묶는다. 이를 결관(結棺 : bind coffin) 이라 한다.

② 명정(銘旌 : funeral banner)을 덮고 관보를 씌운다.

③ 관을 적당한 장소(대개 입관전의 장소)에 안치시키고 성화 병풍을 친 다음 그 앞에 상을 놓고 수시(收屍)를 한 후의 형태대로 영정사진, 향로, 촛불 또는 꽃병을 배열한다.

5. 장례식(발인식 : 發靷式)

장례식은 보통 임종일로부터 3일째 되는 날에 거행하나, 이는 대개 유교적 문화인식이 짙고, 다만 기독교인의 장례는 예배일을 피하고 준비관계와 고인의 유족들의 귀향 소요 시간등을 감안하여 장례 일정을 적의 잡을 수 있다. (홀수, 짝수일을 운운함은 기독교적이 아니다)

(1) 준비
고인의 약력, 헌화할 꽃, 운구때 필요한 면장갑, 운구할 사람 7명정도 발인장소 꾸미기.
① 병풍을 관뒤로 치고 영정사진과 고인이 사용하던 성경책과 찬송가를 관위에 올려놓고 2개 정도의 조화(弔花)를 양쪽으로 놓고 발인예배 준비를 한다.
② 장소가 협소할 시에는 밖에서 예배 참석도 무방하다.
③ 발인예배전에 장지에서 필요한 모든 물품을 영구차(靈柩車 : (motor) hearse : funeral carriage)에 적재시켜 예배 후에는 관만 모실 수 있도록 모든 조치를 취하는 것이 편리하다.

(2) 발인예배
집례자의 인도를 받아 예배를 엄숙하게 수행한다. 이때 발인예배 식순 담당자를 사전에 집례자와 유족 대표와 사전 협의하여 계획하여야 한다.

(3) 발인
묘지를 향해서 출발한다 (이때 장지에는 미리 연락이 되어 있어야 하며 수세나 입관시에 기독교상조회와 묘지에 관한 협의를 한다).

이때 영구차를 이용할 경우 상주등 유가족들은 영구를 모신차를 함께 타도록 하며, 직계 상주들은 영구를 모신 관 옆 좌석에 앉아야 한다.

6. 하관 (下棺)

(1) 준비
① 영구가 장지에 도착하면 묘역 평평한 자리에 관을 내려놓고 유가족들은 관 옆에서 하관식을 기다린다.
② 하관할 때 결관을 풀고 결관을 푼 것으로 관을 지실(地室)에 하관하면서 좌향을 바르게 하며 관 옆을 회(灰)와 흙으로 채우고 관위에 명정을 깔고 횡대(묘실에 하관한 후 묘실을 덮는 덮개판)를 덮으며 위에서 3번째 횡대만을 열어놓고 하관예배를 수행한다.
③ 취토(取土)와 흙과 삽을 준비한다.
④ 장지에 도착시 하관예배를 준비하는 동안 몇 분은 점심식사를 준비한다.
⑤ 취토는 횡대(橫帶 : 관을 묻은 뒤 광중(壙中) 위를 덮는 널)로 덮고 상주로부터 관에 흙을 퍼서 던지게 하고 선고하는 것으로서 그 선고는 「지금 우리가 마지막으로 우리 중에 떠나신 이에 예의를 행하게 되었습니다. 이 영혼이 하나님으로부터 왔다가 이제 하나님께로 돌아 갔은 즉, 우리가 그 시체를 땅에 안장하매 흙은 흙으로 돌아가고 재는 재로 돌아가고, 먼지는 먼지로 돌아갈지라도 말세에 묻힌 성도가 일제히 부활하여 우리 주 예수 그리스도로 말미암아 내세의 영광을 얻을 것이오,……」라는 선고의 말씀의 뜻을 담고 취토한다.

Ⅵ. 추가적인 참고사항

1. 임종

　죽음이 가까우면 본인과 가족들의 마음 준비를 시키고 임종예배를 시행한다. 운명전에 예배를 갖는 것이 바람직하며 죄의 고백과 그리스도를 믿음으로 용서받음을 확신케하여, 부활의 신앙과, 내세관을 통해 죽음을 긍정적으로 받아 들이게 도와주어야 한다. 찬송을 불러 믿음을 격려하며, 성경말씀을 들려주어 용기를 주며 기도로써 희망을 일으켜야 한다.

　(1) 시신처리
　① 팔, 다리의 관절을 주물러 바른 자세로 펴준다.
　② 남자는 왼손을, 여자는 오른손을 위에 올려 놓는다(이것은 신앙적 의미라기 보다는 전통 문화로 모방하는 것이다. 즉 음(陰)과 양(陽)을 의미하는 것으로서 남자의 왼손은 "양", 여성의 오른손은 "음"이 된다는 뜻이다. 단, 길사(吉事)에는 그 반대이다).
　③ 염습(殮襲)은 시신을 씻고 수의를 입히고 염포(殮布)로 묶는 일을 말한다.
　④ 고인이 남성인 경우는 남자 상주가, 여성인 경우는 여상주(주부)가 앞 가리개(곤포(梱包) : (거적이나 새끼로) 짐을 꾸려 포장함)로 시신을 가리며 상·하의를 벗긴다.
　⑤ 머리를 빗긴 머리카락과 긴 손톱을 자른 것은 입관시 별도로 싸서 관에 넣는다(시신과 관벽사이에 넣음)

(2) 임종과 관련된 장례 용어
(가) 권시(捲屍) : 베로 시신을 싸는 것(몸 감기)
(나) 권포(捲布) : 면주(명주)나 가는 베

(3) 관속에 부장품을 넣는 풍습은 시정되어야 한다(고려장 때의 풍습)

(4) 입관하여 결관이 되면 관(棺)이라 하지 않고 구(柩)라고하며 입관 후 위생처리하고 꽃으로 장식하여 발인 때까지 안치 한다.

2. 문상예문(問喪例文)

(1) 신자간의 문상
① 당하신 슬픔을 무어라 위로의 말씀 드릴 수 없습니다.
② 하나님의 위로가 함께 하시기 바랍니다.
③ 슬픔중에 신앙으로 위로를 받으시기 바랍니다.
④ 하나님의 위로중에 소망을 가지시기 바랍니다.
⑤ 부활의 소망을 가지시기 바랍니다.
⑥ 참으로 뜻밖의 일입니다.

(2) 일반적인 문상
① 상사말씀 무어라 드릴 수 있겠습니까?
② 친상을 당하셔서 얼마나 망극하십니까?
③ (부모상인 경우) 얼마나 망극하십니까?
④ 춘추는 높으셨으나 갑자기 돌아가실줄은 몰랐습니다.

⑤ 얼마나 상심되십니까? (손아래 사람의 상사인 경우)
⑥ 얼마나 마음이 아프시겠습니까? (손 위 사람의 상사인 경우)

3. 부고문 (訃告文 : report of death)

부 고(obituary)

　ㅇㅇㅇ 아버님(어머님)　ㅇㅇㅇ 장로 (ㅇㅇㅇ 권사) 병환으로(또는 딴 이유로), 19 년 월 일 시에 자택(또는 ㅇㅇ 병원)에서 별세(소천) 하시어 하나님께로 가셨음을 알려드립니다.

　발인예배
　일 시 : 19 년 월 일(요일) 시
　장 소 : 고인의 자택, 또는 ㅇㅇ병원 영안실
　장 지 : ㅇㅇ도 ㅇㅇ군 ㅇㅇ면 ㅇㅇ리 선영(또는
　　　　　ㅇㅇ공원묘원(소재지 기재)
　집 례 : ㅇ ㅇ ㅇ 목사

　상　제
　아들 : ㅇㅇㅇ　ㅇㅇㅇ　ㅇㅇㅇ
　손자 : ㅇㅇㅇ　ㅇㅇㅇ
　　딸 : ㅇㅇㅇ　ㅇㅇㅇ
　사위 : ㅇㅇㅇ　ㅇㅇㅇ

2000 년 월 일
친족대표 ㅇ ㅇ ㅇ
교회대표 ㅇ ㅇ ㅇ
호　상 ㅇ ㅇ ㅇ

4. 장례식의 인용성구

(1) 임종예배 : 요3:16 요5:24 묵도성시 : 시23편 고후5:8-9
(2) 입관식 예배 : 요14:1-3, (묵도시), 성구:살전4:13-18, 계21:1-8, 14:13, 시90:3-4, 10, 12,
(3) 장례식(발인)예배 : 묵도시 : 약4:14, 요11:25-26
   성구 : 요11:25, 고후5:1, 딤전6:7, 살전4:14-18, 계21:1-8, 요5:24-29, 히9:27
(4) 하관(매장)식 : 요5:25-29, 고전15:15:51-58, 사10:6-8, 고전15:19-20, 살전4:13-18, 요14:1-3, 18-19, 롬8:35-39, 계1:17-18

5. 장례식 인용찬송곡

439장 222장 224장 230장 291장 293장 295장 434장 541장 543장 544장 545장

6. 명정(銘旌)의 예시(例示 : illustration, exemplification)

명정은 보통 붉은 천에 은빛(또는 금빛)으로 사용하는 것이 상례(常例)이며 한문이나 한글로 써도 무방하다.

(1) 남성 고인의 경우
　†聖徒安東金公之柩.　　　†성도안동김○○지구.
　†牧師(長老)密陽朴公之柩.　†목사(장로)밀양박○○지구.

(2) 여성 고인의 경우
†勸士(執事)全州李氏之柩.　　†권사(집사)전주이○○지구.
†聖徒金海金氏之柩.　　　　†성도김해김○○지구.

7. 주의 사항

(1) 상을 당황하지 말고 침착하게 맞이하고 대처하며 별세는 하나님이 정하신 섭리이므로 이에 순응하고 고인이 하나님 나라에 간 것을 믿고 위로 받으며 크게 슬퍼하는 일을 절제해야 한다.
(2) 고인의 생전의 사진이나 육성 녹음테이프 등을 준비해 두는 것이 좋다.
(3) 상가에서 주류 사용이나 도박은 피하여야 한다.
(4) 영구앞에 고인의 사진을 세우는 것 외에는 음식이나 제상을 차려서는 안된다.

VII. 장례의 매장과 화장

장례에 있어서 매장(Earth burial)과 화장(cremation)은 장묘(葬墓, grave yard)의 방식 또는 장법(葬法)을 말하는 것으로서 운명(殞命, death, breath one's last)한 시신(dead body) 처리의 분묘(墳墓, tomb, grave)의 여부를 결정하는 장례의 유형을 구분하는 표현이다. 이 장법(funeral form)에는 매장과 화장 외에도 풍장[1](風葬, aerial sepulture), 수장[2](水葬, water burial)

---
1) 시신을 땅위에 그대로 두는 방법(Sub aerial deposit)으로 식인들의 풍습

또는 해장(海葬, burial at sea)등이 있고 불교에서 시행하는 다비(茶毘, jhapita, creation, reduce the body to ashes)라는 장례 형태도 있다. 그 외에도 시신을 약품처리를 하여 가옥에 안치(preservation in deposit), 동굴에 안치(Cave deposit), 납골당 안치(charnel house deposit)등의 시신처리 방식이 있으나 여기에서는 매장과 화장에 관하여 논의코자 한다.

1. 매장(埋葬, Earth burial) 또는 토장(土葬, interment)

1)매장에 대한 이해
(1)매장의 정의(Definition of brial)
　매장이란 사람의 시신이나 유골(ashes)을 땅에 묻는 것을 말하는 것으로서 그 특징적인 것을 지적하여 부연하면 "매장"은 시신이 자연스럽게 땅속에서 해체(taking to pieces, disjoint)되어 흙으로 돌아가도록 하는 시신처리 방법을 뜻하는 것이다. 즉 시신을 인위적으로(artificiality) 급격한 변화를 가하지 않고 자연스럽게 해체되게 하는 장묘 방식을 말한다.

(2) 매장에 대한 이해
　사망이 인류에게 온 것은 그들이 하나님의 명령을 불순종하고 선악과(善惡果, the fruit of the Tree of Knowledge)를 먹었기 때문이다.(창2:17, 3:16-19) 그러므로 모든 인류가 최초의 인

　　(cannibalism)인데 시신을 동물들이 먹어치우거나 부패하여 풍화(weathering)가 되어버림.
2) 시신을 바다에 던져 장사하는 원시적 장묘방식.

간의 범죄로 인하여 죄인이 되었으므로 영혼과 육체의 분리라고 할 수 있는 "죽음"을 죄의 대가로 경험하지 않을 수 없게 되었다.(롬5:12) 그러나 예수 그리스도의 보혈로 사죄함을 받아 하나님의 자녀가 된 신자들은 죄의 결과인 사망으로부터 놓임을 받고 영생을 "하나님의 은사"로 누리게 되었다.(요일1:7, 고전15:22, 롬6:23)

그렇다 하더라도 하나님의 자녀요 성도들에게도 육체적 죽음은 예외 없이 맞게 된다. 그 이유와 의의는 하나님의 자녀들로서 징계를 받음이요, 또 믿음의 시련과 연단을 위함이다.(히12:6, 벧전4:12)

①죽음의 이유

성경은 "죽음"이 "자연법칙"이 아니라 죄에 대한 "형벌"이라고 가르친다. 그리고 예수 그리스도 안에 있는 하나님의 은혜로 말미암아 형벌로서의 죽음에서 해방된 하나님의 자녀들이 죽어야 하는 이유는 죄악에 오염되어 온 육신으로부터 우리의 영혼들이 분리됨으로써 완전 성결을 소유할 수 있기 때문이라고 말할 수 있을 것이다. 그러나 그것은 하나님의 성도들이 죽어야 하는 것에 대한 부분적인 이유요 설명에 불과하다. 하나님의 자녀의 죽음에 대한 더 큰 이유와 더 큰 의의는 하나님께서는 그의 기뻐하시는 뜻을 따라 하나님의 자녀들의 영혼의 유익을 위하여 그들에게 육체적 죽음을 징계로 허락하신다는 것이라고 말할 수 있을 것이다.[3]

---

[3] Robert Dabney, Lecture in sysbematic Theology, Lecture LXLX: Death of Believers, Grand Rapids:Zondervan, 1878, pp.817-818, 신학지남 통권제258호, 1999년봄호 「장례문화에 대한 고찰」(박아론). p. 17에서 recited.

②죽음의 긍정

성도들의 죽음은 형벌이 아니라 하나님께서 사랑하는 자녀들에게 "매를 드시는 것"이기 때문에 하나님께서는 불신자들의 죽음과는 달리 성도들의 죽음을 "귀중히 보시며", "복된 죽음"이라고 성경은 특별히 긍정적인 어조로 가르치고 있다.(시116:15, 계14:13)

이와 같이 성도의 죽음이 형벌이 아닌 하나님께서 귀중히 보시는 죽음이요, 복된 죽음이라는 이유 때문에, 아간의 경우와 같은 "형벌의 죽음"(수7:25,26)이나 사울의 경우와 같은 "멸망적 죽음"(삼상31:10-13)에 대하여 치르는 장사의 방식인 화장(火葬)으로 하나님의 성도들의 죽음을 처리함은 잘못된 것임을 지적할 수 있다.

매장은 사랑하는 이들의 신체를 "잠자는 자세"로 보존하는 것이므로 미래의 부활로 말미암아 영원히 사람의 한 부분이 될 신체에 대하여 존중을 표시하는 뜻에서 바람직하다. 그리고 성경이 매장의 정당성을 원리적으로 가르치고 있으며, 예수 그리스도를 비롯한 성경 인물들의 매장된 사례들이 그리스도인들에게 모범을 보여주고 있다.[4]

바울은 우리의 육체의 고귀함을 "성령의 전"으로 묘사하여 강조하였고(고전5:9), 또 부활장인 고린도전서 15장에서는 우리가 씨를 뿌려서 "알갱이"뿐인 것이 생물로 나타나게 하는 것과 우리의 몸이 앞으로 썩지 않으며 영광스러운 "신령한 몸"으로 부활할 것을 바라보는 것 사이에 유추(類推, analogy)를 두어 말하기도 하

---

4) 박형룡「박형룡 박사 저작전집 Ⅶ 교의신학」(내세론), (서울: 한국기독교 교육 연구원, 1997) p. 77 Ibid에서 recited

였으니(고전15:35-49), 이는 우리의 이 죽고 썩어질 육신이라 할지라도 잠시나마 잘 보관하여 부활시에 "죽지 않고 썩지 않을 몸"으로 변화할 것에 대비하라는 뜻이 암시(暗示, hint, suggestion)되어 있다고 볼 수 있겠다.[5]

(3) 매장의 성경적 이해
① 구약의 매장의 예시

구약의 장례는 매장이었다. 그 예로, 아브라함이 사라를 매장했고 야곱이 라헬과 레아를 매장했으며, 아브라함, 이삭, 야곱, 요셉, 다윗, 솔로몬등이 다 매장되었다. 모세가 모압땅에서 죽었을 때 하나님께서 모압땅 골짜기에 매장하셨다.(신34:5-6, 히브리어 원문에 하나님이 매장하셨다 라고 하였다) 구약에 이스마엘(창25:17) 이삭(창35:29), 야곱(창49:33), 아론(민20:24, 26 신32:50)등이 "열조(烈祖, ancestors:unto his people)에게 돌아가다"로 표현된 것은 매장을 전제한 것으로 볼 수 있다.[6]

가) 구약의 매장 행위의 근거

창3:19 "필경은 흙으로 돌아가리니 그 속에서 네가 취함을 입었음이라. 너는 흙이니 흙으로 돌아갈 것이니라"고 선언했다.

나) 기타 매장의 근거 본문

○ 욥기 34:15 "모든 혈기 있는 자가 일체로 망하고 사람도 진토(塵土, dust and soil)로 돌아가리라"

○ 시편 104:29 "주께서 낯을 숨기신 즉 저희가 취하며 주께서

---

5) 박아론, 장례문화에 대한 고찰「신학 지남」(1999년 봄호, 통권 제258호), p. 18
6) 권성수,「장례문화의 발상전환(pradigm shift)을 위한 제언」Ibid. p. 37

손을 펴신 즉 저희 호흡을 취하신 즉 저희가 죽어 본 흙으로 돌아가나이다."

○ 전도서 3:20 "다 흙으로 말미암았으므로 다 흙으로 돌아가나니 다 한 곳으로 가거니와" 등에서도 거듭 밝혔다. 물론 여기 흙으로 돌아간다는 그 방법이나 과정에 대해서는 언명이 없다. 즉 흙으로 돌아가는 과정에 어떤 형태의 인위적인 변화를 가해서는 안된다거나 가해를 해도 된다는 언급이 없다. 그러나 본문은 시신이 자연스럽게 해체되어 가는 것은 인체의 생명이 끊어진 후에 하나님이 자연에 두신 질서에 따라 시신이 자연스럽게 해체되는 것이 본문의 자연스런 해석일 것이다.[7]

다) 성경이 매장을 인정한 장묘 방식

앞서 말한 바와 같이 구약 이스라엘 백성들이 채택한 유일한 사체처리 방법은 창세기 3:19과 신명기 21:23을 중요시하여 매장을 하여 왔다. 특히 히브리인들이 매장을 중요시한 예는 아브라함 아내 사라가 죽었을 때 헷 족속으로부터「막벨라」밭을 사서 가족묘실(墓室, graveyard)로 삼았다.(창23장) 아브라함이 죽었을 때 아들 이삭은 막벨라(Machpelah)굴에 장사하였고, 에서와 야곱은 아버지 이삭을 같은 굴에 장사하였고(창35:27-29) 야곱의 아들도 야곱의 시신을 같은 굴에 장사하였다. (창50:12-14) 여호수아의 일생도 죽어서 매장되는 것으로 끝맺음을 했으며(수24:30) 사사 기드온(삿8:32), 사무엘(삼상25:1)등이 모두 장사되었다.[8]

라)매장에 대한 하나님의 관심

---

7) Ibid. p. 98
8) 이상원, 장묘방식에 관한 기독교 윤리학적 성찰「신학지남, 1999 통권제258호」pp. 101-102

길르앗 야베스 거민들이 불사른 후 에셀 나무아래 묻었던 사울과 그의 아들 요나단의 뼈를 가져다가 벤냐민 땅의 기스의 묘에 장사하고 난 후에야 비로소 하나님이 그 땅의 기도를 들으셨다는 사실은 하나님이 매장에 기울이신 관심이 어떠한가를 보여주는 예이다.(삼하21:9-14)

다윗은 하나님의 진노를 받아 예루살렘 거민들의 죽은 시신이 매장되지 못한 채 짐승과 새의 밥이 되고 있는 것을 탄식했으며(시79:1-2), 거짓 선자들은 장사지내지 못하는 벌을 받을 것이요(렘14:15-16) 매장되지 못한 자는 하나님의 복의 대열에서 벗어난 것으로 간주되었다.(전6:3-4)[9]

그래서 이스라엘 백성들은 나라를 잃고 유배(流配, banishment) 당할 때도 매장 습관을 유지하면서 화장을 택하지 않았고, 화장을 이교적 우상 숭배적 관습으로 보고 배격하였다.[10]

②신약의 매장

신약성경에도 신자들은 화장보다 매장을 선호한 사례가 있다. 예수님의 시신도 매장되었고(마27:60), 세례요한도 매장되었고(막6:29), 나사로도 매장되었으며(요11:17), 아나니아 삽비라도 비록 징계를 받아 죽었으나 매장되었다.(행5:6,10) 예수님께서 죽은 상태를 "잔다"고 표현하신 것(요11:11)과 바울이 죽은 신자들을 "주안에서 자는 자들"이라고 표현한 것(살전4:14 cf:행13:36, 고전11:30,15:51)은 모두 매장을 전제한 표현들이다.

화장된 자들을 잔다고 표현한 것은 매우 부적절한 것이므로 신약의 성도들도 구약의 신자들과 같이 영혼과 육체를 포괄하는 전

---

9) Ibid.
10) Ibid.

인개념(全人槪念 concept of the whole man)과 육체를 포함한 인간이 성령의 전(temple of God)이라는 개념(고전3:16-17, 6:19) 및 전인 부활 개념 때문에 매장을 선호(preference)한 것 같다.[11]

요한복음 19:40에 "예수의 제자들은 선조들(구약)의 장묘 방식에 의하여 예수님의 시신을 무덤에 안치(安置, placing; laying down)하였다. 행 9:37에 "욥바의 다비다(Tabitha)의 시신을 씻어 향유를 바르고 다락에 뉘우니라" 했는데 이는 떠나간 자에 대한 존경심의 표현이라고 볼 수 있을 뿐 아니라 시신처리를 어떻게 해야함을 시사하고 있다.

요한복음 19:39-40에 예수님의 시신도 백근이나 되는 몰약(沒藥; myrrh)과 침향(香, aloe) 섞은 향료로 시신에 바르고 세마포에 쌈으로써 극진한 존경심을 표현했다.[12]

믿는 자들의 몸은 성령의 전이었을 뿐 아니라(고전3:16, 6:19) 장차 부활하여 영화를 받을 몸이기 때문에(고전15:42) 시신을 존중히 처리하였다. 이를 뒷받침할 수 있는 몇 가지 근거는, 초대 교회 폴리갑(Policarp)이 순교 당하여 시신이 불에 태움을 당한 후 남은 유골을 모아 매장을 치루면서 이 유골을 보석과 금보다 더 소중하게 다루었다. 이것은 앞서간 신앙의 경주자들을 기억함과 뒤에 오는 자들을 훈련시키고 격려하는 기회를 삼았던 것이다.[13]

---

11) 권성수 op. cit. p. 40
12) Cyclopedia of Biblical, Theological and Ecclesiastical Literature Vol I. p. 21
13) 어거스틴의 저서 「하나님의 도성」에서 언급) The Martyrdom of Polycarp 18, Early Christian Fathers Vol. I.(Philadelphia: Westminster Press), 156

한편 어거스틴(Augustine)은 "성령의 도구"로 사용되었던 시신을 소중히 다루어야 하고 정중히 매장할 것을 강조했다.[14]

2) 매장의 역사적 과정과 논증
(1) 매장의 관습(유대인의 전통)[15]

창세기 46:4에 "내가 너와 함께 애굽으로 내려가겠고, 반드시 너를 인도하여 다시 올라올 것이며, 요셉이 그의 손으로 네 눈을 감기리라" 하였는데 이것은 유대인에게 있어 세상을 떠나는 자의 눈을 감겨준다는 표현은 임종(臨終, the hour of death)을 함께 한다는 의미로 해석된다. 유대인들의 죽은 자의 태도이다.

신명기 21:23에 보면 죽을 죄를 범하여 죽임을 당한 자라고 할지라도 그 시신을 나무위에 밤새도록 두지 말고 그 당일에 장사하도록 되어 있었다. 시신은 나무관, 즉 관이나 상여(喪輿, bier)에 놓여졌다.(삼하3:31, 눅7:14)

그리고 시신을 관속에 가두지 아니했다.(왕하13:21) 관을 메는 것은 주로 친구들이 하였는데, 때로는 이웃 사람들이 하기도 하였다.(행5:6,10)

① 가족장의 관습

가족적 연대감은 "자기 조상들에게 돌아갔다"는 표현속에 나타난다. 가족들을 위하여 상속된 무덤이 있을 때 그곳에 매장되지 못하는 것은 수치였다.(왕상13:21-22) 그래서 바르실래도 그의 고향 부모의 묘결에서 죽기 위하여 다윗과 동행하기를 청하였던 것이다.(삼하19:37) 사람들은 가족 묘지에 친척들이 함께 매장되

---

14) 어거스틴의 저서 「하나님의 도성」에서 언급
15) 최홍석(崔弘錫), 「죽음 그 이후」 op. cit. pp. 68-72

는 것을 특전으로 여겼다.(창23장, 49:22-, 왕상13:22, 삼하 21:14)

리브가의 유모 드보라가 죽으매 벧엘 아래 상수리나무 아래 장사한 후, 사람들이 그 나무의 이름을 곡함의 상수리로 불렀다.(창35:8) 이삭이 그의 부친 아브라함과 모친 사라를 막벨라 굴에 함께 장사한 것과 같은 일, 즉 가까운 혈족의 경우 합장(合葬)하는 것은 경건한 유대인들의 정성어린 의무였다.(창25:9-10, 23:19) 매장되지 못한 것은 치욕스런 일이었다.(암2:1, 왕상14:11, 16:4, 21:24, 왕하9:10)

② 죄로 형벌의 죽음을 죽은 시신도 안장

렘16:4의 경우는 형벌 받은 경우이다. 형벌은 나귀처럼 매장된다는 것으로 묘사되기도 하였다.(렘22:19)

왕상 14:13에 "여로보암 집에 재앙이 내렸으나 그는 죽어 묘실에 들어갔는데 그것은 그 아이가 여호와를 향하여 선한 뜻을 품었기 때문이라"고 했다.

겔 39:14에 "지면에서 발견된 시체를 매장하는 것은 그들의 의무였다." 심지어 죽을 죄를 범한 자의 시신도 장사하도록 되어 있었다.(신 21:23) 큰 명예를 지닌 자들을 자신의 가족 묘지에 안장하게 한 경우가 있었다.(창23:6, 대하24:16, 마27:60)

③ 정원 묘지의 예

자신의 거주지나 넓은 정원을 가진 자는 거기에 곧 동산에 묻히기도 하였다.(삼상25:1, 왕상2:34, 왕하21:18,26)

④ 애곡과 애도(wailing and grief)의 예

장사하는 일에 수반된 것은 곡(哭)함과 애도(哀悼)였다. 사무엘서에 아브넬을 헤브론에 장사하고 그의 무덤에서 왕이 소리 높여

울고 백성들도 울었다는 기록이 나온다.(삼하3:32) 시신을 무덤에 안장할 때, 그들은 슬피 울었다.(왕상13:29-30, cf. 렘22:18, 34:5) 그들은 시신 옆에서나 매장할 때 큰 소리로 곡하거나 애도하였다. 그들의 애곡했던 예로서 "슬프다 내 형제여", 혹은 "슬프다 내 자매여"(렘22:18), 심지어 전문적으로 돈을 받고 곡하는 울음준 여인들을 동원하기도 했다.(렘9:17, 암5:16, 마9:23, 막5:38) 그들은 독자를 위하여 애통하는 듯했다.(슥12:16) 예레미야는 요시야를 위하여 애가(哀歌;elegy, sad song)를 지었으며, 모든 노래하는 남자들과 여자들은 요시야를 슬피 노래하였다.(대하35:25) 때로는 팔레스틴의 무덤에서는 이 여인들의 눈물병을 발견한다.(시56:8)

⑤ 애도의 표현 형식
 · 옷을 찢음(상하1:11, 13:31)
 · 굵은 베로 허리를 묶음(창37:34, 렘6:26, 암8:10, 사3:24)
 · 재나 티끌을 자신이 미리 뒤집어 씀(삶의 불안정과 요동을 나타냄)(수7:6, 삼하1:2, 13:19, 사61:3)
 · 티끌이나 재에 앉음(욥2:8, 사3:26, 47:1)
 · 맨발로 걷는 것으로 슬픔을 표현(cf.삼하15:30)
 · 손을 머리위에 두기도 함(삼하13:19)
 · 가슴이나 머리를 치기도, 몸을 베기도 함(렘16:6)
 · 몸에 상처를 냄(렘41:5, cf. 47:5)(법에 금지사항 신14:1, 레19:27,28)
 · 머리카락과 수염을 깎이기도 함(사3:24, 15:2, 22:12, 렘16:6, 암8:10, 미1:16)
 · 애곡은 피리부는 것에 따라 함(렘48:36, 마9:23)

· 장례후 간단한 식사 준비(렘16:7, 겔24:17,22, 호9:4)
· 애도하며 금식도 함(삼상31:13, 삼하3:35)

상기와 같이 유대인들의 장례 관습은 시신을 소중히 여기며, 고인의 이별에 대한 인간의 정을 표현하는 애도의 관행과 매장이 시신을 다루는 정상적인 방법임을 시사하고 전통을 유지해 왔다.

(2) 매장에 대한 논증(proof, demonstration)

로레인 뵈트너(Lorain Boettner)는 사람의 시신처분 방법에는 큰 문제가 없다고 보았다. 믿는 자를 부활시키실 하나님의 무한한 능력은 "부활 때에 땅속에 묻힌 자들과 화장된 자들이나, 야생동물에게 삼킴을 당했거나, 바다에 빠졌거나, 폭탄 폭발로 인하여 파열 되었거나 한 사람들 사이에 어떤 차이가 있다고 믿지 않는다. 확실히 신앙을 위하여 육체들이 불에 타서 재가 바람에 흩어진 순교자들이 부활때에 일어날 것이며 매장된 자들과 조금도 다름이 없이 영광스러울 것이다라고 하였다.

그럼에도 뵈트너(Boettner)는 화장과 매장 사이에 차이가 없다고 주장하면서 그는 두가지 큰 이유에서 매장을 옹호했다.

첫째는 인간의 정서적인 면에서 그러하고,

둘째는 성경의 실례들이 함축하고 있는 의미들을 살펴볼 때 그러하다는 것이다. 뵈트너의 논증의 요지를 요약하면 첫 번째 이유에서는 "정상적인 조건에서는 우리의 가족이 평안하게 잠든 모습으로 안장되어 있는 것이 자연스럽다. 화장을 품위있게 하더라도 거기에는 포악과 파괴의 관념이 따르게 된다. 육체를 불구덩이에 넣는 것은 무자비하다"

두 번째 이유와 관련해서는 "성경에서 불은 죄로부터 오는 멸망의 상징이나 형벌로 나타났다. 희생제사에서 제물은 정죄받은 사람의 죄를 담당한 후 불로 태워 졌다. 때로 성경에서는 죄의 심각함과 중대함을 드러내는 표로서 화형에 처형했다.(수7:25-26)

사울의 경우도 이와 비슷하였다. 사울이 불순종한 후 블레셋 사람들과의 전쟁에서 패하여 비참하게 죽었으나 사실은 자살한 것이었다. 그의 세 아들도 그렇게 죽었고 이스라엘의 군대는 퇴각했다. 블레셋 사람들이 사울왕의 머리를 베고 그의 갑옷을 블레셋인들의 이방사당에 걸고, 그의 시신은 벨산 성벽에 못박았다.(삼상 31:10-13) 사울의 이 사건들은 모두가 비정상적이며 처절과 절망적이었다.

뵈트너는 방향을 돌려 매장이 히브리인들의 일반적인 장례방법이었다는 것을 증명하고 있다. 즉 모세가 모압땅에서 죽어 매장되었으며(신34:5-6) 아브라함도 사라를 위해 안장할 묘지를 구입했으며, 야곱 또한 레아와 라헬을 매장하였고 구약의 여러 인물들 즉 아브라함, 이삭, 야곱, 요셉, 다윗, 솔로몬등이 모두 매장되었다. 구약의 이와 같은 장례법은 신약에도 연결되어 예수님의 경우와 세례요한의 시신이 매장되었다. 화장은 신구약을 통하여 하나님의 백성들이 행한 일반적이며 정상적인 방법은 아니었다. 그것은 이방 세계의 유행하던 방법이었고 로마제국시대의 풍속이었던 화장을 거부하고 유대인들의 장례 습관을 좇아 매장하였다고 뵈트너는 주장한다.[16]

---

16) Ibid. pp. 76-77.

2. 화장(火葬, cremation)

1) 화장에 대한 이해
(1) 화장의 정의(Definition of cremation)

화장은 시체를 불사르고 남은 뼈를 모아 장사지냄을 뜻하나 그 특징적인 것을 지적하여 부연하면, "시신에 두드러지게 인위적인 변화를 가함으로써 그것을 급격하게 해체해 버리는 시신처리 방법을 말한다.

(2) 화장의 성경적 이해

성경에는 매장에 관하여 더 옹호하고 있다는 인상을 짙게 가지게 되는 것은 사실이다. 그러나 화장도 언급되어 있다. 아모스 6:10에 "죽은 사람의 친척 곧 시체를 불사를 자가 그 뼈를 집으로 가져갈"것을 말함으로 화장의 경우 친척에 의하여 정중하게 집행된 것을 암시하고 있다. 사울왕과 그 아들들의 시신들도 길르앗 야베스 사람들 중의 장사들에 의하여 화장되었으며, 이 소식을 들은 다윗왕은 그들을 칭찬하여 "너희가 너희 주 사울에게 이처럼 은혜를 베풀어 장사하였으니 여호와께 복을 받을찌어다"고 하였다. 물론 다윗의 칭찬은 장례방식 곧 화장 그 자체를 칭찬한 것이 아니라 비참하게 처리된 사울과 그 세 아들의 시체를 위험을 무릅쓰고 못 박힌 성벽에서 끌어내려 정중하게 장사하였기 때문이다.

결국 성경은 장사의 방법에 있어서 매장이냐, 화장이냐 그 어느 쪽을 강조하지 아니하고 형편에 따라 두 가지 방법이 다 가능한 것을 가르친다. I.V.F. 사전 "Dictionary of Jesus and Gospel"에 의하면 화장 습관은 주전4세기부터 주후 2세기까지 로

마제국에서 일반화된 것으로 알려지고 있다.[17]

　교회사적으로 보면 속사도 교부들도 화형으로 순교했고 종교개혁의 선구자 존 위클리프와 존 후쓰도 화형으로 순교했다.[18] 한가지 분명한 것은 화형에 의한 장례가 성경적으로나 교회, 역사적으로 유족들에 의하여 선호된 처리는 아니었다.

　그러나 화장 형식의 시체 처리가 성경적으로 합당치 못하다고 할 수 없다. 시신이 흙 속에 묻혀 흙으로 변하든 불에 타서 재로 변하든 부활을 믿는 우리 그리스도인들은 장례의 방법에 큰 의미를 부여할 필요는 없다고 본다. 신체가 불에 타서 바람에 날아간 순교자들이라고 해서 부활하여 일어날 때에 땅에 매장된 성도들보다 그 영광스러움이 결코 덜할 것은 아니다. 흙으로 사람을 만드신 하나님께서 불에 타고 재가 된 자들의 신체를 그 분의 권능으로 회복시킬 수 있음을 우리는 믿는다.

　그런고로 화장은 성경적으로나 신학적으로 기독교인에게 전혀 문제가 없다. 기독교의 부활 신앙은 완전히 흙으로 변한 몸이 하늘에 있던 영과 다시 합하여 영원히 썩지 않는 영광스런 몸으로 변한다. 능력의 하나님께서 영화롭게 된 인간의 몸을 다시 만들어 주기 때문에 화장을 해도 전혀 문제가 없다. 장지가 모자라는 한국의 좁은 땅에서 화장은 기독교인들에게는 권장할만한 방법이다.

　(3) 화장의 부정적인 면과 긍정적인 면

---

17) J.B. Green, S.Mcknight, Dectionary of Jesus and the Gospel, IVF pvess, 1992. p. 89.
18) 김의환 「基督敎會史」총신대학출판부, 1998. p. 247. 김의환,「한국교회와 장례문화」(신학지남 통권제 258호, 1999년 봄호), pp. 8-9에서 재인용.

① 화장의 부정적인 면
(가) 화장의 범죄와 관련

시신을 불태우는 것은 성경에는 형벌의 방식으로 나타난다. 물론 성경은 매장이나 화장 가운데 어떤 장묘방식이 기독인이 선택해야 할 방식인지 명확한 명시는 없다. 즉 화장의 근거를 제시하지 않고 있다. 구약성경에 등장하는 화장의 특징은 장묘 방식이라기 보다는 범죄에 대한 처벌의 형식으로 제시되고 있다.

먼저 살아 있는 인체를 불사르는 행위는 명백히 죄에 대한 형벌로 제시되었는데 그 예를 들어보면 "유다"는 며느리 "다말"이 행음(committing adultery)한 것이 발각되어 끌려 나왔을 때 행음에 대한 형벌로 불사르라 명령을 내렸다.(창38:24) 모세의 율법은 아내와 장모와 모두 성관계를 갖는 경우와 제사장의 딸이 행음하는 경우에 인체를 불사르는 형벌을 가하도록 명령했다.(레 20:14, 21:9)

한편 앞에와 같은 살아 있는 인체를 불사르는 경우와는 달리 죽은 자의 시신을 화장으로 처리한 사례의 대표적인 것들을 말해보면 사무엘서와 아모스서에서 찾을수 있는데 사무엘서에 보면 길르앗 야베스인들이 사울의 시신을 화장으로 처리했다.(삼상3:11-12) 이와 관련된 성경의 내력은 아17:5-6, 삼상11:1-11, 신 28:16,27, 렘16:4, 19:7, 34:20, 삼상21:12-14 등에 산사람이나 시신을 불사르는 행위는 악행에 대한 형벌이라고 보는 모세오경(레20:14, 21:9)을 떠올릴 수 있다.

또한 아모스서에 화장의 경우는 하나님의 형벌의 일환으로 시행되었음을 명시하고 있었다. "죽은 사람의 친척 곧 그 시신을 불사를 자가 그 뼈를 집 밖으로 가져갈 때에 그 집 내실에 있는 자에게 묻기를 아직 너와 함께 한 자가 있느냐"(아모스6:10) 여기서 죽은 자들은 이스라엘 백성의 타락한 지도자를 가리킨다. 이들이 형벌로 죽임을 당했다는 사실이 암6:8-9에 밝히고 있다. 이와 관련한 성경은 아모스 9:1-11, 9:1-6, 9:7-11등을 들 수 있다.

(나) 화장에 있어 불의 상징성

성경에는 불을 하나님의 심판의 상징으로 사용된다. 화장에 따르는 불의 심상(心像: mental image)은 구약성경 전반에서 하나님의 심판을 상징하는 이미지로 쓰이고 있다.

· 아론의 아들 나답과 아비후가 여호와가 명하지 않은 다른 불로 여호와께 분향하다가 여호와 앞에서 나온 불에 삼키움을 당해죽었다.(레10:1-2)
· 출애굽한 이스라엘 백성들이 가나안을 향한 여행중 어려움을 당해 불평을 했을 때에 이들을 향한 여호와의 진노가 불로 나타났다.(민11:1)
· 예수님은 좋은 열매 맺지 아니하는 나무마다 찍혀 불에 던져짐을 당하리라고, 열매 없는 자들에게 불사름을 당하는 심판이 임할 것을 경고하셨다.(마3:10, 7:19, 눅3:9)
· 주안에 거하지 않는 자들은 불에 던지워서 사름을 당하리라고 하셨다.(요15:6)
· 믿지 않는 자들이 갈 지옥은 불이 타는 것으로 묘사하고 있다.(사66:24, 마13:42, 18:8-9, 25:41, 막9:42,43,47)
· 범죄한 소돔과 고모라는 비같이 쏟아 붓는 유황불에 의하여 멸망을 당했다.(창19:24) 이것은 그리스도의 재림 때 불심판의 예표로 인용되었다.(눅17:29)

· 고라의 무리가 모세에게 반역했을 때 땅이 갈라져서 삼킨 후 분향하던 이백오십명이 불에 소멸당했다.(민16:35)
· 범죄한 다메섹(암1:4), 가사(1:7), 두로(암1:9,10), 에돔(1:11,12), 암몬(암1:13-14), 모압(2:1-2), 유다(2:4,5)등이 모두 불사름을 당하는 하나님의 심판을 예고한다.

이상과 관련해서 사66:15-16, 겔38:22,39:6, 계20:9, 살후1:7, 히 10:27, 히 12:29, 벧 후 3:7,10,12, 계 8:7,8:10-11,13,9:2,9:15-18 등의 기사들은 모두 악에 대한 처벌의 방편으로, 하나님의 심판의 도구로 사용했으니 성도들의 시신을 불에 태우는 장례 방식이 바람직한 것인가?

② 화장의 긍정적인 면

다우만(J.Douma: 캄뻰 신학대학교의 윤리학 교수)은 화장을 옹호하기 위해 다음과 같이 몇가지 논증을 했다.

(가) 화장은 매장보다 더 위생적이다. 화장은 환경을 오염치 않는다.
(나) 화장은 매장보다 경제적이다. 관, 비석, 땅 등의 재정부담이 없다.
(다) 화장은 매장보다 공간 관리에 더 유익하다.
(라) 화장은 매장보다 더 심미적(審美的: appreciation)이다. 시신의 부패 분해로 인한 비위생적인 면이 없다.

(3) 화장은 선악(善惡:good and evil)과 무관

그리스도 안에 있는 자들에게 화장은 그 자체에 있어서 선하지도 악하지도 않다. 매장도 주를 위해, 화장도 주를 위해 한다면

누가 그를 정죄할 수 있겠는가. 매장이 성경과 기독교 전통에 비추어 정상적인 방법으로 볼 수 있으므로 가능하면 자연스러운 방법이 좋을 것이나, 한편 위생적인 문제, 경제적인 문제, 공간적인 문제, 심미적인 문제, 생존환경 문제등이 해결의 과제로 남아 있다.

2) 화장도 매장도 부활체에서 같다.

히11:37에 사람이 어떤 형태로 죽든, 가령 돌에 맞아 죽든, 톱으로 켜서 죽든, 칼에 맞아 죽든 또한 장례가 어떤 형태로 치러지든 부활체에는 영향이 없다. 부활체에 관한한 매장이든 화장이든 문제가 될 것 없다. 빌리 그래함(Billy Graham)은 화장을 하든 묘지에 있든 몸은 똑같이 완전히 없어져 버린다. 부활에 관한 한 몸이나 묘지가 어떻게 되든 전혀 상관 없다고 했다.

우리의 부활은 그리스도의 부활과 관련되어 있다.(고전15장) 예수님이 무덤에서 나오셨을 때는 그의 몸이 너무 변해서 사람들이 쉽게 알아보지 못했다. 바울은 고전15장에서 우리의 매장된 상태에 관해서 "너희 뿌리는 것은 장래 형체를 뿌리는 것이 아니요"라고 했다.(고전15:37) 부활하는 몸은 매장된 몸과 같은 형체로 된 것이 아니라, 멸하지 않고 부패하지 않는 몸이다. 우리의 부활된 몸은 영원한 집으로서 일시적인 육체와 같은 것이 아니다.

외양은 유사하지만 실체는 다르다. 그러므로 화장은 부활에 전혀 방해가 되지 않는다.

신약의 관점에서 볼 때 매장이냐 화장이냐 하는 문제는 로마서 14장-15장과 고전 8장에 거론된, 이래도 돼고, 저래도 되는 "아디아포라"의 문제이다. 성경은 "아디아포라" 문제를 다룰 때 사랑과 건덕(健德:edification)의 관점으로 다룬다. 그렇다면 매장을 화장으로 전환하기에 앞서 어떤점이 고려되어야 하는가? 하는 것은 유념할 필요가 있다.

3. 바람직한 장묘방식

성도 시신의 장묘방식은 매장이든 화장이든 어느 한 가지를 한정하여 단정하여 교훈한 바가 없으므로 성경적 사례나 신앙 정서상 매장 방식을 재 검토해야 할 필요가 있다. 가령 가족단위로 다층구조 묘지를 사전 준비하는 것이든지 굳이 화장을 한다고 하면 남은 유골을 수습해서 일정한 용기에 담아 역시 가족단위의 합동 묘실을 조성하여 용기 표면에 별세인의 인적사항과 가계(家系:family line)적 관계(직계 또는 방계 존비속)를 기록하여 묘실에 안치하고 묘실 표면에 비문(碑文) 처리를 하여 후손의 성묘(visit one's ancestral grave)표식(mark)을 하는 방법도 가능할 것이다. 또한 선진국과 같이 묘지가 꺼림의 장소가 아닌 휴식 내지는 문화 공간으로 심미적(審美的) 관점에서 조성하여 예술공간, 창작공간, 놀이공간, 휴식공간등의 일련의 문화공간화하여 좁은 국토를 효율적으로 활용하는 것이 바람직할 것으로 본다. 이러자면 국가적 차원에서 장례 문화 개선의 정책적 고려가 선행되어야 할 줄로 믿는다. 이렇게 하여 민족적 정신문화 개발과 죽음에 대한 관념도 새롭게 인식하도록 계도해야하며 후손들의 역사관 조상관의 의식을 심어주어야 한다.

이러한 몇가지 대안이 잘 고려될 때 가능하면 비록 시신이라 할지라도 화장과 같은 인위적 강제해체 방법 보다는 매장을 하여 흙

으로 돌아가라는 하나님의 명령을 좇아 시신이 가장 자연적인 소명방법을 취할만한 것으로라고 생각된다.[19]

Ⅷ. 장례예배의 실제

1. 서두(The beginning, prologue)

장례예배와 관련하여 "의인은 죽음에도 소망이 있다."(잠 14:32)는 것과 "티끌로 돌아가 잠자던 자가 깨어나 영원히 사는 자가 있다"(단 12:2)는 것과, "저희에게 영생을 주어 영원히 멸망치 아니하고 저희를 내손에서 빼앗을 자가 없다(요 10:27-28)고 한 말씀을 상기(想起:remember)하면서 장례예배 개식과 함께 도입할 수 있다.

사별로 슬픔을 당한 사람에게 장례식을 통하여 안위와 돌봄으로 교역자의 헌신적 사랑이 장례의 절차에 큰 의미를 지니게 된다. 염과 장례과정의 지도와 유가족의 보살핌, 기도와 용기의 북돋음 등이 보다 큰 믿음으로 승화를 시키게 된다.

그런 의미에서 기독교 장례예배는 신학적 통전성(通典性)과 예배 구조에서 정체성(identity)을 지녀야 한다.

새로운 의미의 장례예배는 유가족을 위로하는 차원을 넘어서 그것을 포함하여 "죽음과 부활의 예배"(Aservice of Death and Resurrection)의 특성을 지녀야 할 것이다. 이점을 유념하면서 장례 예배의 목적 구조 및 실제에 관하여 논의코자 한다.

---

19) 김의환, 「한국교회와 장례문화」(신학지남 통권제258호, 1999년 봄호 pp. 24-28에서 부분적 인용.

2. 장례예배의 목적

기독교 장례식은 대개 두 가지면에 관심을 두었다. 첫째는 슬픔을 당한 사람들을 위로하고 돕기 위하여 하나님의 사랑과 교회의 봉사를 하는 일과 둘째는 별세 교인을 하나님께 위탁하는 일이다. 그리고 나아가서 "죽음과 부활의 예배설정"을 하는 일이다. 그러므로 기독교 장례 예배의 기본 목적은 ①유가족의 위로 ②고인을 하나님께 위탁 ③죽음과 부활의 뜻을 증언하는 예배설정 등이다.

첫째, 유가족의 위로
죽음에 대한 비통(grief)과 비탄(mourning)과 위기감 및 상실감(喪失感)에 빠진 사람들을 위로하는 문제이다. 사람의 비통감이란 함께하던 사람과 사별(死別;bereavment)하게 될 때 상실감으로 몹시 아픔을 느낀다. 이것이 곧 비통이다. 이를 위로를 하되 그것은 진실되고(real) 현실적(realistic)이어야 하며 감상주의(sentimentalism)에 빠지지 않도록 해야 한다. 교역자는 위로의 말씀으로, 시 90:1,3-4,13,16과 시 116:3-6,7-8,12-15,17, 시 130:1-8,146:3-10등과 롬 18장, 요 14장, 고전 15장의 내용을 적절하게 인용할 수 있다.

둘째, 고인(故人:deceased)을 하나님께 의탁(dependence) 혹설은 신앙인으로 죽은 사람을 위하여 기도하는 것은 미신적(迷信的)이라고도 하나, 신자가 죽은 후 하나님의 도움을 받을 수 있는 곳에서 돌보심을 받는다는 것을 믿기에 하나님의 영원한 세계의 하나님의 품으로 의탁하는 것은 당연한 일이기도 한 것이다. 예수님도 십자가 상에서 마지막 순간에 "아버지, 께 영혼을 아버지 손에 맡깁니다"(눅23:46)라는 기도를 하였다.

셋째, 죽음과 부활의 예배
 성경에 근거한 믿음은 죽음과 부활에 대한 믿음과 관련된다. 사실 기독교의 복음은 죽음과 부활의 메시지이다. 인간타락, 대홍수, 언약, 유월절, 출애굽, 약속의 땅, 포로 생활, 마른 뼈의 골짜기, 성전 재건 등의 사건들은 죽음과 부활의 양상을 말해준다. 예수님의 복음선포, 하나님의 나라에 대한 교훈, 치유사역, 그의 인성, 구원사역등은 궁극적으로 죽음과 부활 메시지를 선포한다. 인간은 하나님을 대항, 반역, 불신앙등으로 죽음을 경험한다. 그러나 예수를 믿는 자는 그리스도와 함께 죽고 그리스도와 함께 부활할 것이다. 부활은 하나님의 본성에 속하는 것이요 예수를 죽음에서 일으키신 하나님의 능력 있는 행동에 속하는 것이며 하나님의 은혜의 행동이다. 부활은 미래의 실재(future reality)와 현재의 가능성(present possibility)이다.
 이러함으로 죽음과 부활은 장례예배에서 동시에 선포할 내용이다. 교역자는 성도가 부활신앙을 갖도록, 성경적 신앙, 교화, 신학적 이해, 심리적 직관, 예배의 역량, 이성적 판단등을 가져야 한다.

3. 장례예배 기본구조

 장례 예배의 목적 정신을 바탕으로 다음과 같은 예배 구조가 적절하다고 생각한다.

1) 장례 예배 순서

〈장례 예배 순서의 예문〉
집례: ○ ○ ○목사

○입장과 경배
　전주(촛불점화)
　입장 행진
　은혜의 말씀
　인　사
　찬　송
　성경봉독
　기　도
○말씀 선포와 응답
　성경봉독
　설　교
　말씀에 대한 응답
○위탁기도
　약력낭독(소개)
　조가(특별찬양)
　위탁기도
○인사와 광고
　인　사
　광　고
○찬송과 축복
　찬　송
　축　도(복의 선언)
○폐식과 퇴장
　폐식선언
　퇴　장
○출관(出棺) 또는 발인(發靷)
　(carrying a coffin out of the house)

2) 장례예배 순서 해설

(1) 장례예배는 복음의 선포와 구원과 치유의 사건을 도출.

여기 도입 성경은 엡2:1-11을 들 수 있다.

(2) 지나친 엄숙과 침울 분위기가 아닌 자연스러운 구성과 진행.

장례 문화가 전통을 고려한 예배를 구성하되 상황적, 정서적 요소를 적의 조화를 이루되 영적 치유까지 유념을 해야 한다. 그것을 위해서 성도로 하여금, "죽은 후의 새 삶에 대한 약속"을 굳게 믿게 해야 한다.

여기에 도입될 성경은 요일3:2-3을 들 수 있다.

(3) 장례예배의 예전 색깔

예전의 색깔은 흰색이다. 이 흰색은 그리스도의 순결과 승리의 표상이며, 또한 죽음과 부활을 다 표상한다. 그러므로 집례자나 설교자는 검정색 이에 흰색의 스톨(stole)을 두르고 그외의 순서 맡은 사람과 반주자도 예복을 입는 것이 적합하다. 그것은 죽음에 대한 애도의 표시는 물론, 주님과 함께 부활하는 것을 상징하는 것을 강조하는 뜻을 가지기 때문이다.

4. 장례예배 순서의 항목별 해설

○ 전 주(predude)

예배는 전주와 함께 시작한다. 전주는 "성령의 임재"를 증거한다. 그런고로 고전음악이나 장송곡보다는 찬송가를 연주하는 것이 적절할 것이다. 전주곡은 531장, 533장, 535장, 536장, 543장등이 좋을 것이다.

○ 입장행진

장례예배의 입장행진은 기독교 예배의 특성을 표현하는 것으로서 그 행렬(行列: procession)은 다음과 같이 할 수 있다.
- 부활을 상징하는 촛불
- 집례 목사
- 순서를 맡은자(설교, 기도, 조사, 조가, 약력 보고자 등)
- 성가대원(성가대는 미리 지정석에 앉을 수 있다)
- 고인의 사진 또는 영정(影幀, portrait)(상주가 들고 입장한다)
- 운구(運柩)(6명의 운반자가 둘 입장한다)
- 유가족(직계가족 기타 친인척은 미리 자리에 앉는다)

부활의 촛불(Easter candle) 혹은 유월절의 촛불(the paschal candle)은 복음의 상징이며 부활하신 그리스도의 상징이며 모든 믿는 자의 부활을 확증하는 것으로서 그 위치는 관 머리 부분에 놓는 것이 좋다.

○ 은혜의 말씀

운구 과정에서나 관이 안착된 후에 선포할 수도 있다. 집례자는 관의 머리 부분에 가까이 서서 말씀을 회중에게 들려준다. 이 때 말씀은 하나님의 자기계시, 자기희생, 용서와 구원, 그리스도의 죽음과 부활, 새생과 영생의 약속을 포함한 성구를 낭독한다.

○ 인 사

집례자는 모임의 인간적 특성을 자연스럽게 표현하면서 간단한 장례의 목적과 고인을 거명(擧名, naming)하면서 사람들의 비통의 감정을 인정하는 동시에 장례예배에 참석한 회중(조객: Visitor for condolence)에게 정중한 인사의 말씀을 전한다.

○ 찬 송

하나님의 위대하심과 선하심에 관한 찬송으로서 유족이나 조문객의 위로가 아니라 복음선포와 하나님의 응답과 죽음과 부활에 대한 기독교적 이해를 표현하고 부활신앙을 반영하는 것이 적당하며 동시에 가족이 원하고 회중에게 익숙한 찬송일 때 좋은 것이다. 그것은 290장(괴로운 인생길 가는 몸이), 292장(내 본향 가는 길), 543장(저높은 곳을 향하여), 544장(잠시 세상에 내가 살며), 534장(세월이 흘러가는데) 등에서 선곡(selecting of music)하면 될 것이다.

○ 성경봉독

찬송과 교독은 회중이 참여할 수 있는 중요한 부분이며 큰 위로와 희망을 줄 수 있는 위한 예식 절차이다. 교독문의 예시를 하면 찬송가 후편 성시 교독문 번호로는 9번(시23편), 10번(시27편), 46번(요14장), 62번(부활절)등이다.

○ 기 도

이 부분은 말씀 선포와 함께 중심적 요소이다. 기도는 사람의 요구와 영적 상황에 관련 뿐 아니라 예배 전체의 감각을 지녀야 된다. 그러자면, "하나님의 도우심의 청원(은혜, 빛, 생명, 사랑)과 "성도의 교제의 감사"(주안에서 새생명과 영원한 생명을 나누는 것), "죄의 고백과 용서를 구하는 일"(회개와 구원의 확신과 하나님의 자비와 사랑을 구함), "그리스도의 죽음과 부활에 따른 성도의 궁극적인 소망"(주와 같이 죽고 주와 같이 살아 영생을 누리는 것)

이 기도는 기독교 전통과 특수한 정황에 따라 주례자는 조건을 조성하여야 한다. 여기에는 예문기도나 준비한 기도로 하는 것이 좋을 것이다.

○ 성경봉독

성경봉독은 단순한 낭독의 의미를 갖는 것이 아닌 예배 안에서 선포적(Kerygmatic) 의미를 갖는다. 그러므로 여기에는 구약, 신약(복음서, 서신)중에서 각각 한 부분을 선택하는 것이 의미가 있다. 여기에 취할 성구는 구약에서는 시23편, 90편, 121편, 이사야40:6-8, 시27:1, 27:7-9, 신33:27상반절, 시28:6-7 상반절과 신약에서는 요11:25-26, 고전15:12-15, 15:16-19, 요14:1-6, 롬8:14-18, 24-25, 8:31-35, 8:37-39, 엡3:14-21, 살전4:13-18, 딤후4:7-8, 벧전1:24-25, 약4:14, 계21:2-7, 15-17, 27, 22:12-13등에 각각 한부분을 선택한다.

○ 설 교

설교는 길지 않으면서도 예수 그리스도의 복음의 핵심을 효과적으로 증거하는 것이 좋다. 이 때 설교는 고인을 칭찬하는 축사나 도덕적, 신학적 강연이나, 심리적 치료의 권면도 아니다. 복음을 선포하는 것이며, 위로와 평화가 깃들게 하고, 죽음과 부활과 영복에 대한 하나님의 위대하신 선한 경륜을 체계적으로 선포한다.

○ 말씀에 대한 응답

설교를 들은 후 응답(신앙적 반응)으로서 사도신경으로 신앙을 고백하거나, 회중찬송이나,

또는 기악을 연주하면서 집례자가 시편을 낭독할 수 있다.

○ 고인의 약력(brief<personal> history) 낭독(소개 보고)

약력은 미리 준비하여(장례예배 순서 지상에) 인쇄된 대로 집례자나 다른 사전 지명된 자로(목사) 하여금 수행한다.

○ 특별찬송 혹은 찬양

조가(dirge, funeral song)적 성격을 지닌 독창자의 찬송이나

성가대의 특별찬양을 수행하는 부분이다. 물론 장례 예배에 부합한 선곡을 하여 부른다.

○ 위탁기도(trust <commission> prayer)

집례자가 부활과 영생을 약속하신 하나님께 고인을 영접하신 위탁의 기도인 바 중재 기도의 형식을 갖는다. 이 기도는 유가족의 슬픔을 위로와 희망을 갖게 하는 것과 용기 있는 믿음생활과 교인의 의무와 사후에 하나님 나라에서 기쁨과 평화를 누릴 것을 포함하여 고인의 천국감을 확신하는 기도의 내용을 담는다.

○ 인사 및 광고

이 부분은 전체의 상례를 포괄적으로 대리하여 할 수도 있고 호상(護喪, the funeral director)으로 하여금 할 수도 있고, 또는 유가족 대표가 인사 부분은 맡되 상사(喪事)에 협조한 일을 감사의 뜻을 전할 수 있다. 다만 광고 사항은 유가족과 사전 협의된 사안과 장례 진행의 일정과 방법과 방침등을 회중에게 알리고 자원적 협력을 구한다. 그리고 조의(弔儀)와 조화(弔花) 및 조전(弔電), 기타 편익을 제공한 일에 대한 사의도 표한다. 광고자는 사전 메모로 누락없이 준비한다.

○ 찬 송

이 찬송은 부활과 영생의 확증을 표현하는 내용을 담은 곡을 선택하되 그 예시는 289장(고생과 수고가 다 지난 후), 291장(낮빛보다 더 밝은 천국), 292장(내 본향가는 길), 293장(천국에서 만나보자), 295장(후일에 생명 그칠 때)등을 들 수 있다.

○ 축도(혹은 복의 선언)

집례자가 목사일 때는 기도의 형식으로 축도 또는 복의 선언을 할 수 있으며, 비안수 교역자는 주기도를 같이 하거나 복을 기원하는 기도로 마감할 수 있다.
　○ 퇴장과 출관(발인)(오르간으로 후주)
　찬송 후주와 함께 퇴장한다. 퇴장 순서는, 집례자가 관 앞에 서서 퇴장한다. 고인의 영정을 든 사람이 그 뒤에 따르고, 관이 그 뒤를 잇는다. 그 다음에 유가족들이 그 뒤를 따르며 출관하여 장지로 나간다.
　퇴장할 때 찬송은 292장(내 본향 가는 길)과 293장(천국에서 만나보자)등이 알맞아.

5. 장례예배의 진행의 실제

　장례예배는 임종예배와, 입관식과 하관식의 예배가 연속적으로 수행하게 된다. 우선 장례예배의 실제를 열거(enumeration)코자 한다.
장례예배의 예문〈장년의 죽음〉

　상주와 가족과 친척과 조객들로 관을 향해 앉거나 서게 한 후 집례자는 관 앞에 적당한 자리에서 장례예배를 인도한다. 고인이 교회 직분이 없는 고령자에게는 ○○○성도, ○○○어른, ○○○선생님, ○○○할아버지, ○○○할머니 등의 적절한 칭호를 사용한다.
　· **전 주**
　　은은하게 장례예배 분위기에 적합한 곡을 연주한다.
　· **입장 행진**
　　앞에서 논의한 순서로 하되, 그렇지 못할 환경일 때는 관을 중심으로 미리 자리를 배정한다.

· **은혜의 말씀**

하나님께서는 인간의 죄와 죽음에서 구원의 은총을 베푸셨습니다. 누구든지 예수 그리스도를 구주로 믿는 자에게 구원을 얻게 하신 것은 하나님의 크신 은총입니다. 예수님께서 인간의 속죄와 구원을 위해 십자가에 못 박혀 죽으시고 또한 부활하심으로써 죄와 죽음에서 승리하여 구원을 확증하시고, 믿는 자에게 영생을 약속 해 주셨습니다. "하나님이 세상을 이처럼 사랑하사 독생자를 주셨으니, 누구든지 저를 믿으면 멸망치 않고 영생을 얻으리라"고 이렇게 복된 약속의 말씀을 하셨습니다.

· **인사(집례자의 인사)**

여기 우리는 고 ○○○장로(형제, 성도, 집사, 권사, 자매)님의 별세를 애도하며 장례 예배를 위해 모였습니다. 우리 곁에서 우리와 함께 사시던 고인이 육신적으로 우리와 잠시 함께하지 못하게 된 점은 슬픔이기도 하지만 지금 고인은 영원한 본향, 하나님의 품으로 가셨으므로 우리 믿는 자의 죽음은 또 다른 귀한 의미를 가지게 됩니다. 고인의 시신을 부활 때 까지 잠시 안장키 위해 이 예배를 거행하게 됩니다. 하나님께는 영광을 돌리고 가족들에게 큰 위로와 소망을 얻으며 우리 모두는 주안에서 부활과 영생을 재확인하는 사랑과 은총이 함께 하시기를 바랍니다.(이외의 추가할 인사는 적절하게 곁들인다.)

· **찬송(아래 곡 중에 적절한 곡을 선택)**

292장(내 본향 가는 길), 291장(낮빛보다 더 밝은 천국), 50장(큰 영화로신 주), 55장(하나님의 크신 사랑), 543장(저 높은 곳을 향하여)

· 성경봉독

요한복음 14장 1절에서 6절까지와 요한복음 11장 25-26절까지를 교독

집례자: 너희는 마음에 근심하지 말라 하나님을 믿으니 또 나를 믿으라

회 중: 내 아버지 집에 거할 곳이 많도다. 그렇지 않으면 너희에게 일렀으리라.

집례자: 내가 너희를 위하여 처소를 예비하러 가노니 가서 너희를 위하여 처소를 예비하면

회 중: 내가 다시 와서 너희를 내게로 영접하여 나 있는 곳에 너희도 있게 하리라.

집례자: 내가 가는 곳에 그 길을 너희가 알리라.

회 중: 도마가 가로되 주여 어디로 가시는지 우리가 알지 못하거늘 그 길을 어찌 알겠습니까

집례자: 예수께서 가라사대 내가 곧 길이요 진리요 생명이니

회 중: 나로 말미암지 않고는 아버지께로 올 자가 없느니라

집례자: 예수께서 가라사대 나는 부활이요 생명이니

회중 : 나를 믿는 자는 죽어도 살겠고 살아서 믿는 자는 영원히 죽지 아니하리라.

· 기도(지명받은자)

생명과 빛이 되시고 사랑이 극진하신 하나님. 죽음을 피할 수 없는 연약한 인생을 긍휼히 여기시옵소서. 우리는 육신적으로 고인을 보내게 되는 슬픔을 금할 수 없습니다. 이런 비통이 있을

때마다 생명과 소망의 근원이 되시는 하나님의 은혜로우신 사랑을 깨닫습니다. 이 세상을 떠나 하나님 앞으로 가신 고○○○의 보호와 여기 모인 우리 모두에게도 큰 안위를 베풀어 주시옵소서.

　자비로우신 하나님, 고인이 세상에 살 때 주님의 교회를 중심하여 살도록 믿음을 주시고 구원을 얻어 주의 일에 봉사케 하신 하나님의 은혜를 감사합니다. 간절히 비오니 이 예배에 함께 하셔서 죽음 너머 있는 영생을 확신케 하옵시며 복음을 깨달아 죄를 회개하고 부활신앙을 가지게 하여 주옵소서 그리고 고인이 두고 가신 남은 가족들에게 크신 위로와 소망을 주시며 우리 모두가 하나님 앞에 부름받을 때까지 굳센 믿음을 갖게 하여 주시며 고인의 시신을 안장키 위한 모든 과정의 일들을 잘 진행하여 마칠 수 있도록 돌보아 주옵시고 이 예배의 참뜻을 가슴마다 새기는 귀한 시간이 되도록 성령님이 우리 모두에게 충만히 오시옵소서 예수님의 이름으로 기도 하옵나이다. 아멘.

· 성경 봉독(집례자 또는 봉독 순서를 맡은사람)

　시편23:1-6, 27:1-6, 90:1-4, 121편, 124:8, 103:17, 신33:27, 시28:6-7상반적, 요11:25-26, 롬8:11, 8:18, 8:24-25, 8:31-35, 8:37-39, 살전4:13-18, 고후5:1, 딤후4:7-8, 벧전1:24, 약4:14, 계21:2-4 등에서 적절히 선택한다.

· 설 교

(1) 서론: 고인이 떠나가신 일을 내용으로 인생이 왜 죽어야 하는지? 죽은 사람은 어떻게 될 것인가?

(2) 본론

죽음은 두렵고 슬프지만 믿는 자는 성경에서 죽음의 의미로운 세계를 발견하게 되고 죽음 너머의 약속된 세계를 확인하게 된다. 하나님의 자녀들은 믿음의 도구를 통하여 죽음은 영원한 생명으로 인도하는 관문으로 해석된다.

예수 그리스도는 죽음에서 부활하심으로 "잠자는 자의 첫 열매가 되셨다" 주님의 죽으심은 인간의 죽음의 대표성을 가지고 그의 부활이 또한 믿는 자의 부활이 대표성을 갖게 된다.

고인이 떠나심은 섭섭하지만 주님의 승리에 동참하신 신앙을 지키다가 가셨으므로 세상에 무거운 멍에를 벗고 영광의 나라로 가셨으니 우리는 소망의 신앙을 확인하는 기회가 되어야 겠다. 바울은 죽음을 생의 큰 승리로 보았다. 부활 신앙을 가진 자에게는 죽음이 끝이 아니라 새로운 시작이다.

죽음은 양면성을 가진다. 그 한면은 눈물과 슬픔을 담고 있지만 다른 한면은 하나님의 영광스런 세계, 곧 영원한 삶의 집을 가리키고 있다.

남은 우리도 이 땅에 남아 살아 있는 동안 언젠가 맞을 죽음이 있음을 깨달으면서 영원을 준비하고 하나님을 기쁘게 뵐 수 있는 신앙생활을 잘해야 한다. 고인이 남긴 신덕을 그리며 못다한 일을 우리가 감당하는 헌신의 삶을 살아야 겠다.

(3) 결론

이제 우리는 비통과 눈물을 거두시고 부활과 영생의 소망을 가지고 생명지속의 세월을 살아가면서 하나님의 섭리에 순종하여 후회없는 신앙생활을 잘해가도록 하자.

· 사도신경(받은 말씀에 대한 고백적 응답)
　일제히 고백한다.

· 약력낭독(보고, 소개, 준비된 내용)
   (1) 출생(아버지○○○와 어머니○○○의 사이의 몇째 아들 또는 딸로 태어나심)
   (2) 혼인 관계 사항(배우자의 양친 사이의 몇째 따님과 혼인)
   (3) 신앙과 신급
   (4) 학력사항
   (5) 경력사항
  1) 교회적 2) 사회적(업적과 공적)
  (6) 저술(모든 저서)
  (7) 소천연월일(벨세의 처소를 곁들임)
  특별찬양(장례예배에 적합한 찬송이나 성가를 부른다: 독창 또는 성가대)

· **위탁기도**

우리의 영원 소망과 생명이 되시는 하나님 모든 사람들은 하나님 능력과 보호아래 있음을 믿습니다. 이제 이 세상 우리 곁을 떠나서 하나님께로 돌아간 고 ○○○를(을) 하나님의 사랑의 보호 아래 의탁하오니 하나님의 선하신 약속을 이루시사 부활과 영생의 은총을 베풀어주시옵소서. 그리고 유가족과 친지와 우리 모두에게 위로와 평안 주시고 그리스도 안에서 주님과 같이 부활할 것과 영생의 참 소망을 갖게 하여 주옵시고, 성령의 역사와 감동으로 이 땅위에 더 살아가는 동안 죄악과 죽음을 이기고 영원한 하늘 나라 기업을 누리기까지 믿음과 용기로써 승리하며 살게 하옵소서 우리 주 예수 그리스도의 이름으로 기도하옵나이다. 아멘.

  · 인사 및 광고(호상이나 친족 대표 또는 교회의 지명받은 사람)

장례에 따른 과정의 협조와 조의를 표해 준 조객들에게 사의의 뜻을 전하며, 장례예배 이후에 있을 모든 사항을 알린다.

· **찬송**

293장(천국에서 만나보자), 295장(후일에 생명 그칠 때), 292장(내 본향 가는 길)중 택일

· **축도(혹은 복의 선언)**

집례자 기도 형식의 축도를 하든지, 복의 선언을 할 시는 정선되고 간결한 문체로 미리 선언문을 준비하여 하는 것이 좋다.

· **퇴장 및 출관(집례자로부터 차례로 퇴장한다)**

입장, 퇴장 절차를 수행할 장례 예배 처소(환경)가 원활치 못할 경우는 적의 폐식을 선언하고 관을 정중히 이동하여 출관하되 영구(靈柩, coffin) 차량으로 장지까지 운구 (carry coffin)할 시는 차량 관함에 넣는 일에서부터 장지까지를 출관으로 본다

· **후주(後奏:postlude)**

장례예배에 알맞는 찬송을 천천히 연주하되 식장의 의식적 대열과 분위기가 마감이 되었다고 판단될 시점까지 연주한다.

〈임종 예배의 예문〉

(1) 임종예배의 순서

①식사 ②기도(묵도) ③찬송 ④성경봉독 ⑤설교 ⑥신앙 고백 ⑦찬송 ⑧기도 ⑨축도 등으로 진행한다.

(2) 임종예배의 실제

○ 식사(집례자):

임종에 이르는 당자에게 믿음을 일깨우는 이야기와 부활의 소망을 바라보게 권면한 다음 이제 ○○○의 생명을 우리 하나님께 의탁하며 소망 중에 생을 마칠 수 있을 것과 죽음에 대한 하나님의 섭리 앞에 믿음과 용기를 가지고 의연히 맞을 마음자세를 환기시키는 식사를 간략히 한다.

○ 묵상기도

회중이 묵도를 선언함과 동시에 집례자는 요14:1-3이나 시편23편을 근엄한 음성으로 낭독한다.

"여호와는 나의 목자시니 내게 부족함이 없으리로다 …… 가 여호와의 집에 영원히 거하리로다"

"너희는 마음에 근심하지 말라……나 있는 곳에 너희도 있게 하리라."

○ 찬송(545장 또는 434장, 231장을 택한다)
○ 성경봉독

집례자가 요3:16, 5:23등을 봉독한다.

○ 설교(신자, 불신자 또는 임종이 가까운 자와 이미 운명한 자일 때 각각 구별하여 적절한 교훈을 받도록 한다)

이 세상에 태어난 인생에게는 어길 수 없는 두가지 일이 있다.

첫째, 죽는 일이다.

빈부귀천 남녀 노소 구별없이 언젠가는 꼭 죽게 된다.

둘째, 사후 심판이 있다.

신앙인일 때는 부활의 신앙과 영생의 소망을 확신케 하고 비신앙인 일 때는 예수를 영접하고 죄를 회개하며 내세의 소망을 가지도록 권면의 교훈을 담은 말씀을 한다. 단 이미 운명을 하였다면 신자와 불신자를 구별하여 이에 적절한 설교를 신앙 유족을 위해 선포한다.

믿는 자가 누릴 영복과 불신자의 심판이 있음을 근엄하게 설명한다.

○ 기도

인간의 생사화복을 주장하시며 죄인을 용서하시고 구원하시기를 기뻐하시는 자비로우신 아버지 하나님이시여 지금 이 시간 ○○○성도(씨)를 기억하시고 성령으로 주장하여 감화하사(예수를 영접하게 하옵소서) 예수 그리스도의 십자가를 든든히 의지하는 믿음을 주시사 하늘 나라의 영원한 소망을 바라보게 하셔서 주의 품을 사모하게 도와주옵소서. 악령의 세력이 틈타지 못하게 하시고, 영혼을 천군천사로 지켜주시고 보호하며 인도하여 주옵소서 여기에 모인 가족들과 성도들에게 은혜를 내려주사 의지할 것은 우리 주님 밖에 없음을 깨달아 믿게 하옵소서, 예수님의 이름으로 기도하옵나이다. 아멘.

○ 신앙고백

(설교의 응답으로 일제히 사도신경으로 신앙을 고백한다)

○ 찬송(545장을 부른다)

○ 축도(혹은 주기도)

〈입관식 예문〉

입관식은 고인의 시신을 먼저 관에 모시고 관 뚜껑을 완전히 닫치지 않게 반개관(半開棺) 상태로 한다음 주례자는 관머리 쪽에 위치하고 상주와 가족들과 참석한 교회 직분자 또는 교우들을 관을 향하여 안게 한다음 예배를 인도한다. 고인이 교회의 직분자였으면 그 직분을 호칭하고 직분이 없는 고령자였으면 어른, 선생님, 여사, 할아버지, 할머니, 성도등 적합하고 자연스러운 명칭을 지칭한다.

1. 개식선언

지금부터 고○○○(집사, 장로, 권사, 자매, 성도형제, 선생님)의 입관식을 거행하겠습니다.

2. 은혜의 말씀

예수께서 말씀하시기를, "나는 부활이요 생명이니 나를 믿는 자는 죽어도 살겠고 살아서 믿는 자는 영원히 죽지 아니하리라."

3. 찬송

188장(만세 반석 열리니)

543장(저 높은 곳을 향하여)

541장(저 요단강 건너편에 찬란하게)

4. 기도

우리의 구원의 하나님, ○○○를 이 땅에 보내주시고 예수 그리스도를 구주로 영접하여 귀한 생을 살게 하여 주심을 감사합니다.

이제 하나님 섭리 속에서 부름을 받아 주의 품으로 돌아가신 ○○○의 시신(유해)을 입관하게 되니 육신적인 정으로 슬픔이 적지 않으나 부활과 새생명의 영복을 누릴 은혜를 베푸심을 믿습니다. 고인의 생존시에 우리가 주님을 믿는 도리와 사랑을 충분히 베풀지 못한 잘못을 회개하오니 주의 용서를 구하옵나이다. 이제 고인의 시신을 입관하고 장례를 준비하고자 하오니 성령님이 임재하사 슬퍼하는 모든 사람들을 위로와 소망을 주시고 장례마칠 때까지 모든 절차에 하나님의 도우심을 베풀어주시기를 간구 하옵고, 주 예수님의 이름으로 기도하옵나이다. 아멘.

5. 성경봉독
성경은 롬8:11과 시103:7 또는 계14:13등을 선택하여 봉독한다.

6. 말씀증언(본문 선택에 따라 "주안에서 죽은 자"의 주제들)
세상 삶이 짧음과 병고와 근심 걱정 무거운 멍에와 사람은 예외 없이 죽음의 관문을 거친다는 사실을 재확인하는 내용과 함께 믿는 자의 부활의 소망과 영생의 약속을 하나님 지켜주실 것에 대한 확신을 환기시키면서 주안에서 죽은 자는 ①수고를 그치고 쉬게 한다

②행한 일의 갚음을 받는다

고인이 육신적으로 우리 곁을 떠남은 아쉽지만 고인의 영혼을 하나님이 영접하시고 영화로운 몸으로 부활할 것을 은혜 주셨음을 강조하여 모든 가족과 참석자들에게 위로와 평강이 있을 것을 확인하는 내용의 설교를 한다.

7. 설교자의 기도

8. 찬송(아래 곡 중에 선택한다)
534장(세월이 흘러 가는데)
535장(어두운 후에)
231장(주가 맡긴 모든 역사)
290장(괴로운 인생길 가는 몸이)

9. 주기도(혹은 축도)
길이요 진리요 부활이신 예수 그리스도의 은혜와 영생 복락을 유업으로 허락하시는 하나님의 사랑과 낙담자와 슬픈 자의 위로가 되시는 성령님의 위로와 교통하심이 사별의 슬픔을 당한 유가족과

회중위에 함께하실찌어다 아멘

〈하관식 예문〉

〈The ceremony of lower a coffin into the grave〉
　장지에 도착하여 묘실에 먼저 하관하고 묘실을 횡대로 덮되 세 번째 획대(획帶, lid board)만을 열어 놓고 하관식을 한다.
　화장일 경우에는 화장 준비를 다하고 화장 직전에 집례한다. 집례자는 영구차에서 무덤까지는 관(棺) 앞서서 간다.
　1. 개식선언
　지금부터 고○○○(직분명, 성도)의 하관식을 거행하겠으니 다같이 정숙한 마음으로 예식에 동참해 주시기 바랍니다.
　2. 은혜의 말씀
　"모든 육체는 풀과 같고 그 모든 영광이 풀의 꽃과 같으니 풀은 마르고 꽃은 떨어지되 오직 주의 말씀은 세세토록 있도다"(벧전 1:24)
　3. 묵상기도
　4. 찬송
　188장(만세반석 열리니)
　545장(하늘가는 밝은 길이)
　5. 기도
　사랑과 은혜가 풍성하신 하나님 아버지! 이제 저희들이 사랑하는 ○○○의 유해를 이 곳에 매장코자 합니다. 여기 이 사실은 누구도 피할 수 없는 길임을 깨닫습니다. 우리의 연수가 길지 아니하여 죽음의 경지가 멀지 아니함을 깨달아 알게 하시고, 우리도 이와 같이 땅에 묻힐 수 밖에 없음을 명심하고 깨어 믿음으로 준비하게 하옵소서. 아버지 하나님, 이 시간 우리의 믿음이 더욱 독실하게 하시고 하늘 나라 영생의 소망을 더하여 주옵소서. 특히 비통에 젖은 유족들의 눈물을 닦아주시고 신앙을 통한 위로가 넘치게 하시며 여기 묻힌 고인의 유해가 여기에서 영화로운 몸으로 부활하게 됨을 우리 모두가 확신하게 도와주옵소서. 주 예수님의 이름으로 기도하옵나이다. 아멘.

6. 성경 봉독

요한복음5:25-29, 고전15:51-58등을 택일하여 봉독한다.

7. 설교(간략하게 성경의 뜻을 설명함)

(1) 봉독한 성경의 교훈은 사람은 누구나 세상에 왔다가 언젠가는 떠나게 되고 육은 땅에 묻히고 영혼은 하늘로 간다.

(2) 죽은 사람을 땅에 장사 지낼 때는 누구나 다 같다. 그러나 신앙인은 부활로, 불신앙인은 심판의 부활로 나오게 된다

(3) 고○○○은 주안에서 믿음으로 살다가 갔다. 육신은 영생의 부활에 참예하게 될 것이다. 우리 모두와 유족들의 남은 생애를 주안에서 하나님의 뜻대로 살다가 주님 재림때 생명의 부활에 동참하게 되기를 기원한다.

8. 취토(取土)와 선고(취토는 상주와 집례자 순으로, 선고는 집례자)

이 때 세 번째 횡대를 마저 덮고 상주가 먼저 흙 한줌을 관을 덮은 횡대위에 가볍게 뿌린 뒤 이어서 집례자가 역시 흙 한줌을 던지며 아래와 같이 선고한다.

· 취토의 본래의 뜻은 하관시 광중(壙中)네 귀 조금씩 놓는 길방(吉方)에서 가져온 흙으로써 관의 굄 역할로 하관한 뒤에 바

(rope)를 쉽게 뽑기 위하여 넣는 것을 뜻하나, 다만 이것은 마지막 흙으로 돌아가는 육신적 최종 고별이며 안장을 뜻하는 유족의 책임행위이다.

9. 선고(집례자)

고○○○는 지금 우리가 마지막으로 우리 중에서 떠나신 이에 예의를 행하게 되었습니다. 이 영혼이 하나님께로부터 왔다가 이제 하나님께로 돌아갔은 즉 우리가 그 시신을 땅에 안장하매 흙은 흙으로 돌아가고, 재는 재로 돌아가고, 먼지는 먼지로 돌아갈지라도 말세에 뭇 성도가 일제히 부활하여 우리 주 예수 그리스도로 말미암아 내세의 영생을 얻을 것이요 주께서 두 번째 강림하시어 영광과 위엄으로 세상 사람을 심판하실 때에 육지와 바다 가운데 장사한 사람들을 내어 주실 터인데 물론 그리스도 안에서 잠자는 자들은 예수께서 만물을 굴복케 하신 능력으로 저들의 썩은 몸을 변화하여 자기의 영화로우신 몸과 같게하여 눈물도 없고, 사망도 없으며, 애통하거나 곡하는 것이나 아픈 것이 다시없는 영원한 하늘 나라로 우리를 인도하실 것입니다. 아멘.

10. 기도

슬픈자, 약한자를 위로하시고 지켜주시는 은혜로우신 하나님 아버지 죄 많고 약한 저희들이 그리스도를 믿는 믿음으로 말미암아 사망의 권세를 이기게 하심을 감사합니다. 이제 여기 고 ○○○는 언제까지나 이 무덤에 머물러 있을 것이 아니라 주께서 호령과 천사장의 나팔소리와 함께 하늘로 좇아 강림하실 때 까지리니, 그날에 무덤 속에서 나와 구름속으로 끌어 올려 공중에서 주를 영접하게 될 것으로 믿습니다. 그런즉 소망없는 다른 이와 같이 슬퍼하는 자가 되지 말고 영광의 하늘 나라에서 다시 만날 소망을 가지고 견고한 믿음 가지고 영원한 생명을 누릴 때까지 주의 일에 힘쓰는 자들이 되게 하여 주옵소서. 주 예수 그리스도의 이름으로 기도하옵나이다. 아멘

제 3 장
혼인예식 예배의 원리와 실제

※본장의 내용 중 "결혼"은 "혼인"으로 이해할 필요가 있다."혼인"은 결혼의 과정적 용어이고 결혼은 "혼인"의 결과적 용어이기 때문이다.

Ⅰ. 장로회 예배모범상의 혼례식(헌법중 예배모범 제12장)

대한 예수교 장로회 헌법중 예배 모범상의 혼례식 예법은 다음과 같다.

1. 혼례는 성례도 아니요, 그리스도 교회에만 있는 것도 아니다. 하나님의 세우신 신성한 예법이다. 국가는 국민의 유익을 도모하기 위하여 혼인 규칙을 제정하여 모든 국민으로 지키게 한다.
2. 성도들은 마땅히 주 안에서 결혼할 것이니 혼례의 특별한 훈계와 적당한 기도로 행하기 위하여 목사나 그 밖의 교역자로 주례(主禮)하게 함이 옳다.
3. 혼인은 다만 1남 1녀로 하고 성경에 금한 혈족과 친족 범위 안에서는 못한다.
4. 남녀가 각각 상당한 나이에 도달하여야 할찌니 부모나 후견자의 동의를 얻고 목사앞에 증명한 후에야 목사가 주례한다.
5. 부모는 그 자녀의 혼인을 강제로 하지 말며 또한 저희의 혼인을 상당한 이유없이 금지하지 말라.

6. 혼인은 공동한 성질을 가진 것이다. 국민 사회의 복리와 가족 상 행복과 종교상 명예에 깊은 관계가 있으니 그러므로 그 혼인 예식 거행할 일을 여러날 전에 작정하고 널리 공포한다. 목사들은 이 일에 깊이 주의하여 하나님의 법을 범함과 국가의 법률에 저촉함이 없도록 하며, 가정의 화평과 안위를 손상하지 않기 위하여 이 혼인에 반대되는 것이 없다 하는 쌍방의 증명을 요한다.
7. 혼인은 충분한 증인 앞에서 행할 것이며 목사는 그 요구를 따라 혼인 증서를 준다.
8. 목사는 성례(成禮)한 자의 씨명과 날짜를 혼인 명부에 상세히 기록하여 후일 요구하는 자의 열람에 편리하도록 한다.

II. 신도게요(信徒揭要) 제24장, 결혼과 이혼에 관하여

1. 결혼은 한 남자와 한 여자 사이에 이루어져야 한다. 즉 어느 남자가 동시에 하나 이상의 아내를 가지는 것도, 어느 여자가 동시에 하나 이상의 남편을 가지는 것도 합법적이 아니다.(고전7:2)

2. 결혼은 남편과 아내의 상호 협조를 위해(창2:19), 합법적인 자식에 의한 인류의 증가와 거룩한 씨에 의한 교회의 증가를 위해(말2:15, 창9:1) 또 부정을 방지하기 위해 제정되었다.(고전7:29)

3. 판단력을 가지고 동의할 수 있는 모든 종류의 사람들은 결혼하

는 것이 합법적이다.(히13:4, 딤전4:3) 그러나 오직 주 안에서 결혼하는 것이 그리스도인의 의무이다. 그러므로 진정한 개혁신앙을 고백하는 자들은 불신자나 로마교회 교인이나, 우상숭배자와 결혼해서는 안된다. 또 생활이 유명하게 악독한 자나 혹은 위험한 이단을 주장하는 자와 결혼함으로 경건한 사람이 부동등(不同等)하게 짝짓지 않도록 해야한다.(고전7:39, 고후6:14, 창34:14, 출34:16, 왕상11:4, 느13:25-27)

4. 결혼은 말씀에 금한 친족 혹은 인척(姻戚)의 친등(親等)안에 이루어 져서는 안된다.(고전5:1, 레18장) 또 이같은 근친 상간적(近親相姦的)인 결혼은 쌍방이 남편과 아내가 동거할 수 있도록, 사람의 법에 의해서든지 또한 쌍방의 동의에 의해서든지 결코 합법화 될 수 없다.(마6:18, 레18:24-28, 20:19-21)

5. 간음이나 사통(私通)은 비록 약혼후에 범했더라도, 결혼전에 발견되면, 순결한 편에서 약혼을 해소할 수 있는 정당한 근거를 준다.(신22:23-24) 결혼후에 범한 간음의 경우에 있어서는, 순결한 편에서 이혼 소송을 제기하고(마5:31-32) 이혼 후에는 죄를 범한 쪽이 죽었다는 듯이 다른 사람과 결혼하는 것이 합법적이다.(마19:9)

6. 사람의 부패는 하나님이 결혼에서 합하여 주신 사람들을 부당히 나누려고 변론들에 노력하기 쉬우나 간음외에는 결혼의 속박(束縛)을 해소하기에 충족한 원인이 아무것도 없다.(마19:9, 19:6) 이혼하는 경우에는 공적이며 질서적인 절차를 밟아야 되고, 당사자들은 자기 자신들의 사건에서 자신들의 의지와 판단에 방임되어서는 안된다.(스10:3)

III. 혼인예배의 원리와 지침

1. 서설(Introduction)

 최근 목회와 기독교교육의 주요 관심중의 하나는 생의 주기(life cycle)에 관한 관심이며 그 중 결혼도 중요한 위치를 차지한다. 그것은 부모의 부양조건(Dependentcondition)으로부터 배우자(spouse: life partner)를 만나 삶의 독립이 시작되기 때문이다. 따라서 남과 남이 만나 혼례를 향하여 새 삶이 시작되므로 이는 마땅히 교회적 관심사이며 협력해야 할 과업이 아닐 수 없다.
 일찍이 카톨릭 교회에서는 "혼인은 부부의 계약을 예수께서 성사(聖事:Sacrament:Divine service)로 만든 것이다."(Catholic 교리사전, p.180)라는 신념 위에서 혼인성사(matrimony)를 일곱 가지 성사 중 하나로 인정하였다.
 그러나, 종교개혁자들과 개신교회는 혼례를 성례전(Christian Ceremonies: sacred ceremony)으로 받아들이지 않았다. 그 이유는 첫째, 예수 그리스도께서 혼례에 대한 분명한 명령을 주시지 않았다는 것과, 둘째, 성경에 근거를 찾을 수 없기 때문이다. 그리하여 일반적으로 개신교의 여러 교회는 결혼 축하를 중심을 하는 결혼식(Wedding ceremony)을 오랫동안 수행하여 왔다.
 그러나 최근에 와서 북미의 교회나 한국 교회도 "결혼예배"(a service of Christian marriage)를 선호(preference)하는 추세(trend)에 있다. 그렇다고 혼례를 성례전으로 보아 구원의 필요조건으로 인정하는 것은 아니고 하나님의 은혜의 방편(means)이 될 수 있다고 보기 때문이다.

한국의 개신교회들의 기본적으로 혼례에 대한 이해와 시행에서 신학적인 검증이 없이 여러 가지 모호한 점과 개선 과제를 지니어 온 것이 사실이다.

그간에 개신교회는 여러 교역자들이 제기되어 온 문제는

첫째, 개신교회는 '결혼예배' 보다 '결혼식'을 올려야 하지 않는가?

둘째, 개신교회는 결혼의 경우에도 예배의 형식을 마련해야 하지 않는가?

셋째, 혼례를 예식장에서 거행할 때나 교회에서 거행할 때 각각 어떻게 하는 것이 바람직한가?

넷째, 결혼 예배의 경우 예배의 분위기, 주례 목사의 복식, 또는 주례는 목사이어야 한다. 기타 교역자 또는 비성직자도 관계없는 것인지, 그리고 혼인서약의 내용과 기도와, 찬송의 선곡 및 찬송은 몇 곡 정도가 알맞은 것이며, 성혼선포문의 내용, 기도와 축도는 누가 하는 것이 좋은 것이며, 설교라고 해야 하나, 권면이어야 하나, 주례사라고 하나, 그리고 그 길이는 몇 분 정도, 선물 교환은 해야 하며, 주례, 집례와 식순 사회의 분담 여부 등의 대한 질문이 가능하며 여기에 대한 정확하고 구체적인 지침이 없는 문제

다섯째, 결혼은 개인적 행사이냐? 교회적 행사이냐? 그 성격을 어떻게 구분하며

여섯째, 결혼을 기독교 예배로 할 때 신랑, 신부 퇴장시는 교회안에서 쌀이나 공기 테이프를 던지는 일, 액체분사, 기독교식 결혼예배를 행한 후 또다시 한국의 전통적(교회적 예정이나 기독교 문화가 아닌) 후속예식을 또 올려야 하는

지? 폐백(幣帛:gifts offered to the parents of the bridegeroom by the bride)과 채단(采緞:silks offered to the bride bythe bridegroom)등

이상과 같은 대체적인 질문이 제기되고 있음은 우리의 현실이다. 그러므로 우리의 결혼식은 예배학적으로나 신학적으로 재조명(relightening)할 필요가 있다. 그러나 여기에 완전한 해답을 내기란 쉬운 일은 아니다.

다만 우리가 살고 있는 시대와 신도들에게 의미를 주고 적합한 결혼예배를 설정해야할 책임감을 가져야 한다고 생각한다. 그런 의미에서

1) 새로운 결혼예배를 향한 이론적 근거와
2) 결혼예배 설정 지침과
3) 결혼예배 순서의 개선방안
4) 새로운 예문과 결혼 설교에 관련한 법례를 연구 또는 탐구하는 일은 매우 중요하고 이 시대에 기독교적인 결혼예배의 원리적 전형(典型:model, pattern)을 구성하여 올바른 결혼예배와 기독교적 결혼 문화를 창조하는 것은 우리에게 매우 소중한 일이 아닐 수 없다.

2. 혼인예식 예배의 이해

1) 결혼예배의 이론적 근거(theoretical basis)

개신교의 교회는 대체로 "결혼은 신랑과 신부를 위한 것이다"라는 이념을 주축으로 하여 모였으므로 결혼식(the wedding ceremony)을 거행했다고 볼 수 있다. 그러나 결혼의 의식을 교

회에서 수행할 때마다 "그 예식의 특성은 의식(ceremony)이 아니라 예배(service)이어야 하지 않겠느냐?"는 문제가 제기되어 왔다. 이와 관련하여 한국의 개신 교회의 혼례현황을 살펴 볼 때 두 가지 모순점을 가지고 있었다. 교회에 따라서 그 첫째는 내용적으로는 "결혼식"이면서 표제는 "결혼예배"로 정하는 일이 있고, 둘째로 결혼예배의 형식을 갖추면서도 내용상의 "결혼예배"대신에 "결혼식"의 말을 쓰고 있다.

그러므로 결혼식과 결혼예배의 특성을 명확하게 구분하고 있지 않음을 보여준다.

그러면 결혼식과 결혼예배의 다른 점은 무엇이며, 결혼예배의 역사적 변천과 그 신학적 근거(theological basis)는 무엇인가라는 것이다.

(1) 결혼식과 결혼예배의 차이점(The differences of the wedding ceremony and service of christian mattiage)

◇ 결혼식(Wedding ceremony)
① 신랑, 신부 두 사람의 성혼(marriage)에 중점을 둔다.
② 신랑, 신부 사이의 언약에 강조점을 둔다.
③ 개인과 가정의 범주 안에서 진행된다.
④ 식전에 참여하는 회중은 수동적이요, 방관적 경향을 지닌다.
〈The United Methodist Church, Companion to the Book of Service, Supplemental Worship Resources〉〈Nashville: Abingdon Press, 1988), p.96〉 결혼 예배는 참여

하는 회중으로 하여금 수동적이기보다 능동적으로 증거하는 것이어야 한다고 언급했다.
⑤ 대체적, 애정적, 우정적 사랑에 관여한다.
⑥ 가끔 가족 중심의 사적(private) 모임의 성격을 지니기도 한다.
⑦ 신랑과 신부로 하여금 법적 서약과 상호적 결단을 적합하게 이루는 것을 강조한다.
⑧ 전통적인 중세기적 색채를 반영하는 예문이 포함된 것이 계속 사용되어 왔다.

◇ 결혼예배(a service of Christian marriage)
① 하나님을 승인하면서 결혼과 관련한 "말씀의 예배"에 중점을 둔다.
② 하나님의 언약과 두 사람 사이의 언약에 모두 강조점을 둔다.
③ 개인과 가정뿐만 아니라 예배하는 공동체 범주 안에서 포괄적으로 진행된다.
④ 회중은 자발적으로 예배하며 증거하는 능동적 태도를 지닌다.(결혼식의 ④항 다음에 열거한 주(註)와 같다.)
⑤ 그리스도의 십자가와 부활을 통해 계시된 아가페적 사랑에까지 관여한다.
⑥ 언제나 신앙공동체를 중심으로 한 공적(public) 예배의 특성을 지닌다.
⑦ 법적 서약뿐 아니라 교회와 함께 그리스도와 거룩한 언약을 이룬 "평등한 동반자(equal partners)가 되었음을 확신케 하는 것을 강조한다.

⑧ "기독교적 결혼의 관점을 표현하는 예문과 현대적 관점에서 부합한 남녀 사이의 관계성을 표현하는 예문"이 의미 있게 사용된다.

이상과 같이 언급한 것은 "결혼식"의 위치를 격하시키기 위한 것이 아니라 "결혼예배"의 특징을 설명하기 위한 대조 또는 비교한 것이다.

결혼식은 결혼식장에서 의미 있게 거행될 수 있다고 본다. 그러나 이 결혼의 의식이 교회에서 거행될 때는 결혼예배의 심오한 (recondite) 특질을 포함하지 않으면 안된다고 생각한다.

결혼예배를 효과적으로 설정할 수 있는 길을 찾기 위하여 기독교의 결혼관에 관하여 탐구할 필요가 있다.

(2) 결혼예배의 성경적 근거

성경 안에는 결혼의 예배에 관한 언급이 구체적으로 들어 있지 않다. 그런데 구약 성경안에는 결혼에 관한 두 가지 근본적인 견가 나타나 있다.

① 결혼의 성립이 하나님의 창조 질서에 근거

창세기 1:27에 "하나님이 자기 형상, 곧 하나님의 형상대로 사람을 창조하시되 남자와 여자를 창조하시고"했다.

창세기 2:31에서 창세기의 첫 기사에 의하면, 하나님의 창조는 그가 보시기에 심히 좋았다고 하였다. 여기에는 남자와 여자의 창조도 심히 좋았음을 포함하는 것이다. 성(sex)은 하나님이 창조하신 것의 한 부분인데 이 성을 인간에 의해 남용될 수도 있고 또한 하나님의 선물로 바르게 사용될 수도 있다.

② 하나님과 이스라엘 사이의 언약관계에 근거

하나님과 이스라엘 사이의 굳건한 언약 관계는 모든 인간 관계의 모형인데 그 관계는 특히 남자와 여자 사이의 관계와 비교하여 설명되었다는 것이다.

〈註:John H. Wesrerhoff Ⅲ & William H. Willimon, Liturgy and Learning Ghrough the Life cycle (Minneapolis, Minnesota: The Seabury Press, 1980.), p.104〉

하나님의 확고 부동한 사랑은 남자와 여자 사이의 성실한 사랑과 비교하여 설명되었다. 여기서 성(性)은 남녀 사이의 관계에서 성실성과 자기 희생적 사랑과 동시에 전생의 헌신을 표현하는 것이어야 함을 시사하고 있다.

③ 신약 성경에서 예수 그리스도는 남녀가 평등하게 창조되었음을 언급

마가복음 10:6-9 "…… 둘이 한 몸이 될지니라 …… 하나님이 짝지어 준 것을 나누지 못할지니라."

- 그리스도께서는 "일부일처"의 관계에 "평생관계" "음행 연고 없이 이혼을 금함"(마19:9)
- 구약성경에서 "이방 여인 아내 삼는 일을 금하고 그 소생도 내보내라는 명령이 있다.(스10:3)
- 말라기에서는 "한 아내에게 성실하라"는 언급이 있다.(말2:15)
- 말라기는 하나님께서 이혼과 아내학대를 미워한다는 언급이 있다.(말2:16)

④ 예수 그리스도의 결혼관의 요약
· 결혼은 하나님의 창조 질서의 한 부분이다.
· 결혼은 부모로부터 독립하여 남녀가 한 몸을 이루어 성실한 생을 나누는 것이다.
· 결혼은 하나님의 창조에서 하나되게 하시는 일의 좋은 범례이다.
· 결혼은 인간이 나누는 가장 친숙한 관계의 본보기이다.
· 결혼은 일부일처주의(monogamy)에 충실하고 남녀 평등의 삶을 구성한다.

⑤ 바울의 남녀평등 주장
· 바울은 남녀 평등을 분명히 했다.(갈3:27-28)
· 바울의 성(性)의 평등 주장과 "여성의 남편에게 복종"의 관점 (엡5:22-23) 여기에서 바울은 부권적(husband's rights: paternal authority) 관점에서 복종을 강요한 듯 하나 가까이 보면 복종(subjection)은 제1차적 원칙이나 상호복종 (mutual subjection)을 제언하고 있다.

이 상호 복종은 그리스도께서 우리에게 나타내신 관계의 본질에서부터 연유하는 것이며, 바울은 "그리스도를 경외함으로 피차 복종하라"(엡5:21)고 권면한다. 그러므로 그리스도안에 있는 부분의 특징은 기본적인 상호 복종을 통해서 평등한 관계를 이룬다.

· 바울은 남편의 위치를 그리스도의 주되심(Lordship)의 특성을 유비(類比: analogy)로 삼았다.
· 여기 주되심의 의미는 지배나 통치의 뜻이 아니라 봉사, 고통, 상호복종적 자기 희생을 의미한다.

- 그렇다면 바울의 "상호복종"(mutual submission)보다 "상호헌신"(mutual devotion)으로 해석함이 좋을 것 같다.
- 바울의 상호복종, 상호헌신적 남녀 평등성을 고전7:3-4에 강조하였다. (필독요망)
- 그리스도인의 결혼은 그리스도안에 남녀 사이의 평등성과 상호복종(상호헌신)의 관계를 중요시함과 나아가서 그리스도인의 결혼의 궁극적 표준을 그리스도안에서 계시된 하나님의 사랑 곧 영원 불변하는 자기 희생적 사랑이다.

2) 결혼예배의 역사적 배경
(1) 초대교회의 결혼식

초대 교회의 결혼식은 그 지역의 관습과 제재규약(sanction)에 의하여 수행되었는데 보통 주일 예배 후에 거행되었다. 이 결혼식은 9세기에 이르러서 그리스도인의 결혼 예배로 출현하였다. 이 때 민간당국은 결혼주례에 대한 입장을 굳혔고 기묘한 풍습들이 각 지역에서 출현하였다.

(2) 초기 카톨릭교회와 중세기 관습
① 신부를 신랑에게 넘겨주는 일.
② 반지를 교환하는 일.
③ 쌀을 던지는 것.
④ 신부가 신랑에게 결혼 케이크(cake)를 먹여주는 일.

(3) 중세기의 결혼예배

중세기의 결혼예배는 법적 의미와 종교적 의미를 지니었다. 당시 서약 없이는 결혼 서약은 법적 의미를 지니고, 결혼은 교회 안에서 축복 받은 종교적 의미를 갖기도 하였다.

특히 카톨릭 교회는 1939년 플로렌스 공의회(The Council of Florence)에서 일곱 가지 성례전을 공식적으로 승인 공포하였는데 그것은

① 성세성사(baptism), ② 성체성사(eucharist), ③ 견진성사(confirmation), ④ 고백성사(penance), ⑤ 병직성사(extreme untion), ⑥ 혼인성사(matrimony), ⑦ 신품성사(prdination) 등이였다.

여기에서 다섯 가지 (①-⑤)성례전이 구원의 불가결 조건으로 보았으나, 마지막 두 가지는(혼인성사, 신품성사)는 임의로 선택할 수 있는 것으로 보았다. 이에 대하여 보에트너(Loraine Boettner)는 7성례 제정의 목적에 의구심을 나타냈다. "요람에서 무덤에 이르기까지 신도들의 삶을 완전히 통제하기 위함이었고, 성례전의 체계는 사제가 인생을 통제할 수 있게 기획된 것이다"라고 하였다.

특히 보에트너(Loraine Boettner)는 결혼을 성례전으로 승인하는 과정에서 틀리게 번역한 라틴어 성경(제롬이 번역한 Vulate)의 부분 때문에 잘못이 생겼다고 지적했다. 즉 문제의 성구 엡5:31-32의 번역은 "이 비밀이 크도다"(5:32)인데 라틴어 성경(Vulgate: 일반에게 유포된 불가타 성경으로 405년에 완역된 라틴어 성경)은 "이것은 큰 성례전이도다"(This is a Great Sacrament……")라고 수정되었다. 그런데도 카톨릭 교회는 결혼이 하나의 성례전이라고 계속 가르쳤다.

· 아우구스부르크에서 루터를 적대하는 입장에 섰던 카제탄 후기경(Cardinal Cajetan)은 바울이 "이것은 큰 성례전이도다"라고 쓰지 않고 "이것은 큰 비밀이 되도다"라고 썼다고 솔

직히 시인하였다.
  (4) 16세기에 개신교의 종교개혁자들의 결혼의 성례전을 부정
  종교 개혁자들은 결혼이 구원을 위한 필요 방편이라고 보지
  않았다.
 ① 루터와 칼빈은 독신생활(Celibacy)이 결혼보다 보다 높은
  생활의 질서라고 주장한 카톨릭 교회 이념을 거부하였다.
 ② 트렌트(Trent) 공의회가 독신 생활이 결혼보다 더 훌륭하고
  복된 것이라고 단언한데 대해 루터와 칼빈은 이를 거부했다.
  그것은 독신생활을 교회법을 통해 규제하는 일은 하나님의
  뜻에 어긋나기 때문이다. 〈Roy W. Fairchild and John
  Charles Wynn, Fanilies in the church: A
  Protestant Surrey (New Yo가: Association Press,
  1961), pp.96-97〉
 ③ 루터와 칼빈은 신학적으로 결혼생활이 독신생활과 동등한 지
  위를 차지하며 독신생활은 특별한 은사를 받은 소수인에게
  필요한 것이라고 보았다.

3. 결혼의 목적(Purposes of Marriage)

1) 사회적 동반성
 전통적으로 결혼은 자녀 출산의 방편이요, 범죄를 피하는 수단으로 여겨 왔으나 칼빈은결혼의 제1차적 목적은 사회적(sociology)인 것으로 보아 동반성(同伴性: companionship)을 결혼의 기본적인 목표로 삼았다.

2) 자녀출산과 성욕충족

아내들이 자녀출산, 남성의 성욕충족 역할에서 해방되어 동반성(同伴性)을 강조했다.(calvin)

3) 하나님께 봉사

동반성의 이념은 현재의 상호적 행복(Mutual Happiness)과는 대조점이 있었지만 우정어린 희생과 하나님께 봉사를 위한 연합 이념은 결혼관의 발전에 공헌했다.

4) 결혼의 목적에 대한 고전적 의미

(1) 자녀 출산(Procreation)
(2) 죄를 피하는 일
(3) 동반성(companionship)을 나누는 일

이것은 그리스도인의 결혼의 내용을 충분히 반영하지 않기 때문에 비판되어 왔다.

5) 결혼 목적에 대한 비판적 견해

(1) 자녀 출산 혹은 생식(Procreation)의 목적

이는 신학적 실제적 논의의 여지가 있다. 자녀 출산은 자연법의 우주적 요구에 근거하기 보다 결혼의 신뢰에 따른 양친의 결정에 근거한다고 볼 수 있다.

① 기독교 가정은 자녀 없이도 기본적 사랑을 완성할 수 있다.
② 양자녀 혹은 자녀부양을 통해 기독교 가정의 의미를 함께 나눌 수 있다.

(2) 죄를 피하기 위한 편법의 결혼 목적

① 이는 성욕(sexual desire)이 좋고 나쁨의 의구심을 자아낸다.
② 고대에서는 성관계를 부정적으로 보았다.
③ 오늘의 성적 결합은 친숙성과 사랑의 표현이요, 결혼언약상의 자기를 주는 사랑의 중요한 방편이다.
④ 결혼의 성적결합 그 이상의 가치가 있으나, 성은 결혼관계 안에서 즐길 수 있도록 허용된 하나님의 선물이다.

(3) 부부의 동반성(companionship)의 목적

동반성을 나누는 것은 필요하다. 기독교인의 가정 공동체는 사적인 우정(Private Friendship) 그 이상의 것이다.
① 기독교 가정은 하나님의 권속으로서 교회안에 그리고 교회에 속한 관계성을 가진다.
② 카톨릭 교회가 바티칸 제2공의회에서 가정을 "집안에 있는 교회(a dome-stic church)"라고 한 것은 의미 있는 말이라고 본다.

(4) 기독교 결혼은 자녀출산, 죄를 피하는 일, 동반성을 나누는 일 이상의 것이다.
① 바티칸 제2의 공의회에서 지적한 것과 같이 그리스도인 배우자들은 그리스도와 교회 사이에 존재하는 연합과 산출력 있는 비밀을 나타내고 참여하며(엡5:32) 성결을 실천하며 자녀 양육을 서로 도와야 한다.
② "집안에 있는 교회"로 칭해지는 가정 속에서 부모는 말과 모범된 행동을 통하여 자녀들에게 기독교 신앙을 증거해야 한다.

4. 기독교 결혼의 추가적 목적(포괄적)

남편과 아내가 육체적, 정신적, 영적 영역에서 한 몸을 이루어 가정적 친밀성을 취할뿐 아니라, 가정으로 하여금 사회를 위해 그리스도인 공동체 안에서 의무와 책임을 다할 수 있게 하는 것이다.

1) 하나님 나라 실현을 위한 선물

기독교 교인의 결혼은 둘만의 행복을 추구하는 데 한정되지 않고 가정, 교회, 사회 안에서 하나님 나라를 실현해 나가는 도움을 줄 수 있도록 설정된 하나님의 선물이다. 그리고 가정은 이 일을 위한 "가장 중요한 학교"이다.

2) 언약의 지속

결혼을, 부부와 하나님 사이의 언약(covenant), 그리고 그리스도의 새 언약 위에서 행복해지는 남편과 아내의 사이의 언약이 의미 있게 계속 지탱 될 수 있도록 가정과 교회는협력해야 하며 "현대적 가정 목회"를 효과적으로 수행할 수 있도록 해야한다.

5. 결혼 예배의 예배적 가치와 그 장소

1) 결혼예배의 가치

결혼의 의식은 개인적, 혹은 가정적 범주에 제한할 것이 아니라 예배하는 공동체 안에서 수행하는 것이 적합하다고 인지하게 된다. 예배는 무엇보다 하나님이 승인하는 행위이며 계시와 응답의 행위이다. 예배안에서 신도들은 영광을 돌리며 하나님과 함께 기

뿜을 나눈다.

예배 속에서 회중들은 성화(sanctification)의 길을 되찾으며 신앙강화(edification)의 동력을 얻는다. 진정으로 예배하는 자는 하나님과의 언약과 함께 자신을 모두 바치어(self offering) 신령과 진리로 하나님께 경배와 찬양을 드린다.

2) 결혼예배는 교회에서

결혼의 생의 주기(life cycle)에서 가정생활을 출발하는 중요한 기점이라고 볼 수 있다. 그러므로 개신교 신자는 교회에서 결혼예배를 수행하는 것이 바람직 할 것이다. 따라서 이 결혼예배를 수행하는 것이 바람직할 것이다. 따라서 이 결혼예배는 개신교 예배의 기본정신에 바탕을 두면서 개신교의 결혼 목표를 성취하는 균형 잡힌 예배가 되어야 할 것이다.

6. 결혼예배의 지침(guide of marriage service)

결혼 의식을 통하여 남녀의 결혼을 확증하고 경축하는 일에 가담하는 일은 성스럽고 교역자에게 특별한 기회이다. 이 기회는 예배의 기회요 또한 목양의 기회이다. 그러므로 결혼예배의 집례할 목사는 집례 허락전 합법적 성혼의 법적 자격 여부를 확인해야 한다. 만날 약속의 일시와 장소를 정하여 혼전 상담(premarital counseling)을 시행해야 한다.

1) 혼전 상담(婚前相談: premarital counseling)

혼전 상담에는 두 가지 영역이 있는데 그 하나는 결혼예배 자체에 관한 계획이요, 다른 하나는 신랑, 신부의 기독교적 결혼생활을 위한 계획이다. 〈Jerald J. Daffe. J. Daffe, Handbook for Special Services(Lima, Ohio: The C.S.S. Publishing Company, Inc, 1977), pp.9-15를 참고할 것)

(1) 결혼예배 계획에 관한 상담

목사는 주례하기로 결정한 후, 결혼예배의 일시와 혼전 상담, 그리고 결혼예배의 예행(rehearsal)을 상의한다. 이때, 신랑, 신부는 상담의 기본 내용을 메모해서 유념케 한다.

① 예배 순서와 이에 관련된 제반 사항을 의논하여 계획을 세움

이때 예배 순서의 다양한 형(style model)을 제시하여 내용에 관한 의사를 교환한다. 필요하면 결혼예배의 예문(Illustrative-sentence: example)을 복사하여 두 사람에게 각각 나누어주어 집에서 예배순서 전체의 구성과 흐름을 확실히 이해할 수 있게 한다.

② 순서 중 광고사항에 고려해야 할 부분을 사전 조정한다.

혼례 진행 중 촬영, 투미(投米), 피로연(wedding reception)에 관한 구체적인 광고를 원할지 모른다.

가) 예배 중 촬영을 금지

나) 퇴장시 쌀을 던지지 말 것 등을 자연스럽게 안내하되 "신랑신부가 원치 않는다"고 정중하게 광고하는 것이 지혜로울 것이다.

③ 순서 계획상의 결혼 당사자 의견 존중과 예배의식 손상이 없도록 목사는 당사자에게 암시적 입장을 취하여 자유로운 계획을 수립하도록 하되, 교회의 신성함이나 결혼예배 참뜻의 손상이 없도록 바르게 지도해야 될 책임이 있다.

(2) 기타 상담되어야 할 구체적인 계획
① 피로연 준비
② 장식
③ 교회시설 사용문제
④ 사진촬영 및 녹음기 준비
⑤ 촛대와 초
⑥ 청소
⑦ 장소 사용료 혹은 이에 상응한 헌금
⑧ 결혼예배 순서지 작성
⑨ 축하(축가, 축품) 순서

2) 기독교적 결혼 생활을 위한 계획과 관련한 5가지 기본 영역

그 기본 영역은 ①직업 ②재정 ③육체적 관계 ④인격적 관계 ⑤영적관계 등인데 이를 부연(expatiation)하면

첫째, 직업(occupation)에 관하여 상호 위험여부, 선호여부, 생존조건으로서 충분 여부, 안정성 여부 등을 확인하여 그 직업으로 하나님의 소명을 느끼고 직업선상에서 하나님 나라실현을 목사는 권유한다.

둘째, 재정계획(financial plan)에 관한 사전 확인이 필요

새 가정을 이룬 신랑, 신부에게는 재정적 예산 수립이 필요하다. 목사는 이 예산을 세워보게 함이 좋을 것이며, 부인도 직장을 가져야 하는지와 그럴시 집안일의 분담원칙은 어떻게 할 것인지를 서로 협의하게 한다. (불협화음 발생 소지를 사전 조율하여 행복한 삶을 지속하게 함이 주례자의 소임이다.)

셋째, 육체적 관계와 가족 계획에 관련된 상담〈게리 콜린스 지

음, 크리스챤 카운셀링 12장, 결혼준비부분, 두란노 서원 참고〉

① 가족계획에 대한 신랑, 신부의 지식은 어느 정도인지, 목사는 필요한 성교육, 출산통제, 기대하는 자녀수에 대한 자연스런 대화를 유도한다.

② 결혼예배 후 충분히 쉴 수 있는 신혼여행(honeymoon)을 적합하게 하도록 조언한다. 여기에는 5일내지 6일정도가 필요하다. 충분한 휴식과 사랑의 대화가 필요하기 때문이다.

넷째, 육체적 관계에 관련된 상담은 신체 검사를 받게 함이 좋다. 여기에는 피검사(blood tests)와 신체의 의학적 검사를 받게 하는 것이 좋다. 주례 목사는 두 사람을 보호하고 만약의 경우를 사전 예방하여 자신의 잘못도 저지르지 않게 하기 위해 당사자간에 피와 신체 검사를 받도록 권면함이 현명하다.

다섯째, 신랑, 신부의 인격적 관계에 관련한 상담이 필요하다. 당사자를 각각 다른 가정배경, 교육, 종교, 문화안에서 성장했다고 볼 때 거기에는 인성적 충돌과 인격적 갈등이 일어날 수 있음을 인식해야 한다. 그러므로 상담을 통해서 두 사람이 서로 이해하고(understand), 수용하며(accept), 신뢰하는(trust) 관계를 수립하도록 지원하는 것이 바람직하다. 〈케리 콜린스 지음 크리스챤 카운셀링 13장 결혼생활의 문제점 참고〉

여섯째, 혼전 상담 중 중요한 것은 영적 관계에 관련된 상담이다. 웨스터호프(Westerhoff)와 윌리몬(Willimon)이란 사람은 부부의 영적 성장이 결혼의 가장 근본적인 목적이라고 보면서 … 결혼의 기본적인 목적중의 하나는 영적 성장과 발달을 위해 지원하고 후원하는 일이다.라고 했다. 그리스도인의 목적이 하나님께 영광 돌리고 세상안에서 영적으로 봉사하면서 사는 것이다. 그래서 매일기도, 성경읽기, 교회 출석과 봉사, 지역사회에 선교, 정의 평화 구현, 창조질서 보존 등의 일을 하게 교역자는 여러모로 격려해야 한다.

7. 결혼예배의 예배 신학적 지침과 실천적 지침

1) 예배 신학적 지침(Theological Guiding Principle)
(1) 결혼예배는 그리스도의 몸된 교회에서 수행한다.
(2) 결혼예배는 신랑과 신부와 온 회중이 성 삼위일체 하나님을 승인하고 영광 돌리며 함께 경축하는 일에 중점을 둔다.
(3) 결혼예배는 말씀증언을 통해 하나님의 좋은 소식을 경축한다.
(4) 결혼예배에서 전 회중은 하나님과의 언약, 두 사람 사이의 언약, 두사람과 신앙 공동체 사이의 언약을 확증한다.
(5) 결혼예배에서 전 회중은 예수 그리스도께서 가정의 주되심(Lordship)을 확신한다.
(6) 결혼예배에서 신랑과 신부는 그리스도 안에서 전인적(全人的)으로 한 몸이 됨을 확증한다.
(7) 결혼예배는 참석자들의 신앙 교화, 성결 실천, 영적 성장을 위한 계기를 마련한다.
(8) 결혼예배에서 신랑과 신부는 그리스도께서 보여 주신 희생적 사랑을 바탕으로 하여 가정을 이룰 것을 다짐한다.
(9) 결혼예배에서 회중은 피동적으로 관객의 입장에 머물지 않고 능동적이면서 적극적으로 예배에 참여한다.
(10) 결혼예배에서 ①하나님과 ②신랑 신부와 ③전 회중이 그리스도

2) 결혼예배의 실천적 지침(practical guide)
(1) 결혼예배는 신랑과 신부가 신도일 때 혹은 적어도 두 사람 중 한 사람이 신실한 신도 일 때 수행한다.
(2) 결혼예배에서 신랑과 신부는 법적 서약과 개인적 다짐을 이룬다.
(3) 결혼예배에서 지나치게 속된 것이나 예배 분위기에 맞지 않는 장식과 행동을 피하도 록 한다.
(4) 결혼예배에서 예배정신을 고양시키는 음악이나 토착적 표현을 권장한다.
(5) 결혼예배에서 성혼(成婚) 부분 다음에 성찬식을 거행할 수 있다.
(6) 결혼예배 순서는 ①입장과 환영, ②말씀선포, ③성혼, ④감사와 축하, ⑤축복과 퇴장으 로 구성한다.
(7) 결혼예배는 주 안에서 나누는 부부의 동반성과 평등성을 강조한다.
(8) 결혼예배는 새 시대에 알맞는 언어로 된예문을 사용한다.
(9) 결혼예배는 기독교적 결혼의 목적과 의미를 표현한 예문을 사용한다.
(10) 결혼예배에서 온 회중은 자신들의 결혼생활 혹은 가정생활의 상태를 돌아보며 반성하는 기회를 갖는다.

8. 결혼예배의 새로운 순서의 예문과 해설

미성숙한 주례 목사는 잘못된 이해로 "결혼예배가 신랑 신부에게 또는 그들을 위해 행하는 일"로 생각하게 된다. 주례자는 남에게 주는 주체자적 위치에 있지 않고 봉사적, 지원적 위치에 있음을 지각해야 한다.

주례 목사는 신랑 신부로 하여금 하나님이 함께 하시고 성도들이 함께 한 자리에서 서로의 생을 결단하도록 도울 뿐이며 하나님께 영광을 돌리고 교회의 신앙을 확증하는 일, 참여자의 희망과 사랑을 나누는 일을 위하여 돕는 역할을 수행해야 할 것이다.

1) 새로운 결혼예배 순서의 단계

개신교의 결혼예배는 다섯 가지 중요한 요소를 구성하는데 그것은 ①입장과 환영 ②말씀과 증언 ③성혼 ④감사와 축하 ⑤축복과 퇴장 등이다. 이를 순서로 구성하면 다음과 같다.

<결혼예배 순서 예문>

집례: ○○○목사

입장과 환영
전 주 ················· 촛불 점화(양가 어머니) ········· 반주자
예배에의 초대 ·· 집례자
신랑신부 입장 ················· 55장 ················· 신랑, 신부
인사와 환영 ·· 집례자
찬 송 ························· 287장 ················· 다함께
기 도 ·· ○○○목사

말씀선포
성경봉독 ························· 「   」················· 집례자
찬 양 ···························· 「   」················· 성가대
말씀증언 ·· 집례자
중보기도 ·· 집례자

성혼
서 약 ·· 신랑, 신부
성혼기도 ··· 집례자
성혼공포 ··· 집례자

감사와 축하
감사기도 ····················· 주기도 ················ 집례자
축혼찬송 ···················· 「   」 ················ ○○○
인 사 ·· 신랑, 신부
예사 및 광고 ··· 양가대표
찬 송 ························ ○○○장 ················ 다함께

축복과 퇴장
축도(복의 선언) ······································· 주례자
신랑, 신부의 행진 ······· (일어서서 축하합시다) ····· 신랑, 신부
후주 ··· 반주자

2) 결혼예배 순서의 해설(The Interpretation of Ceremony Order)
(1) 전주
하나님의 사랑을 나타내는 성곡을 연주하되 주례자가 입장(입석)후 그친다.
(2) 예배에의 초대
하나님을 승인하고 경배하는 것과 혼인언약을 이루는 결혼예배에의 초대
(3) 신랑 신부 입장
두 사람이 각각 따로 입장할 수도 있고, 함께 입장할 수도, 또는 가족들과 함께 입장해도 좋다. (주례의 안내와 또는 사전 의논된 방법대로) 그리고 입장시 전통적 결혼행진곡(바그너)이나, 찬

송, 시편 송, 합창곡 등을 연주해도 좋다. 예컨데 55장, 13장, 29장등이 적합할 것이다.

(4) 인사와 환영

결혼 예배의 의도를 간략히 언급하든지, 남녀가 혼인을 동의했음과 기독교 혼인이 사적(私的)인 것이 아닌 교회 일원으로서 책임이 수반됨을 표현해도 좋다. 그리고 성부, 성자, 성령의 이름으로 환영하는 것을 포함한다.

(5) 찬송

이 부분의 찬송은 287, 286, 288, 34, 38, 13, 21, 20, 29, 49, 55, 76, 438장을 선곡하되 모든 회중을 위해 찬송시를 인쇄하는 것이 좋다.

(6) 기도

뜻깊은 예배와 성혼을 기리는 간단한 기도를 한다.

(7) 말씀선포

중요한 단계로서 말씀을 읽고 예수 그리스도의 복음을 선포하는 일이다. 이 부분은 신랑 신부가 사전 협의하여 성경구절을 선택할 수도 있다. 이 부분에서 "결혼예배의 말씀증언"에는 세 가지 목적이 있다. 그것은 ①신랑 신부와 회중에게 하나님의 사랑과 성실성(fidelity)에 관한 메시지의 선포이고, ②사랑의 의미를 선포하는 것이고, ③새 가정의 삶을 그리스도안에서 함께 시작하도록 권면하는 것이다. 그리고 간단하고 명료하며 영감있게증거하고 신랑 신부 중 어느 한편이 독실한 신자가 아닐 때, 신앙에로 초대하는 부분을첨가하는 것이 좋을 것이다. 그리고 설교후 중부기도(Intercessory Prayer)는 사랑의 불변과 주안에서 성숙한 삶과 하나님께 영광 돌리게 해 달라는 기도를 포함한다.

(8) 성혼(Marriage)

성혼에는 서약, 성혼기도, 성혼공포 부분이다.

① 서약은(Wedding covernant)

1. 하나님의 말씀에 대한 응답이다.
2. 두 사람에 한정하지 않고 하나님 앞과 증인(회중) 앞에 서다.
3. 주례 목사는 서약의 공적 증인이요, 회중은 두 사람을 지원하고 돌보는 언약 공동체이다.
4. 서약의 방법 예문대로 낭독 방법이고, 다른 방법은 단순히 대답하는 방법이다.
5. 서약시 두 사람을 손을 들게 하거나, 성경위에 손얹는 방법, 그리고 서로 마주보게 함이 좋다.
6. 서약 내용은 평생 위임과 성실성을 포함한다.

② 성혼기도

하나님과 부모와 회중에게 성혼에 이르기까지 베푸신 은총과 사랑에 대한 감사를 포함하여 결혼의 참뜻과 목적이 평생 유지를 위한 축복의 내용을 포함한다.

③ 성혼공포

1. 주례 목사는 신랑 신부가 손을 잡게 한 후 그 위에 손을 얹고 공포하면 회중은 아멘으로 회답한다.
2. 성혼 공포 후 짧은 송영 있으면 더욱 좋다.
3. 만약 결혼 증서를 원하면(사전 협의된) 공포 후 미리 준비된 증서를 수여한다.

(9) 감사와 경축

이 부분은 감사기도, 축혼 찬송, 인사, 예사와 광고, 찬송의 순서가 포함될 수 있다.

① 감사기도

주례 목사는 부부가 서 있을 때 하나님의 축복의 임재를 겸한 감사의 기도로 한다.

② 축혼 찬송

곡목과 음악 연주가 예배 정신을 바탕으로 하되, 찬송가, 복음성가 등의 훌륭한 성가곡이

효과적이다.

③ 인사

부부가 된 두 사람이 회중을 향하여 인사한다.

④ 예사와 광고

양가의 대표 한 분이 내빈들에게 감사의 뜻을 표하면서 피로연에 대하여 안내하는 일을 곁들인다.

⑤ 찬송

434, 286, 438, 447, 453, 460, 493, 404장 등을 적절히 선택하되, 1,2절 또는 1,3절 등으로 가사 내용을 고려하여 택절을 할 수 있다.

(10) 축복과 퇴장

이 부분 안에는 축도, 신랑 신부의 행진, 후주로 이어지는 순서이다.

① 축도 혹은 복의 선언

1. 주례 목사가 수행함을 원칙으로 한다.

2. 두 사람이 다른 목사의 순서를 담당키로 원한다면 순서 중 성경봉독, 기도, 짧은 설교(주례의 설교 후) 중 하나를 담당케 하는 것이 좋다.

② 신랑 신부 퇴장

1. 이때 소란스러운 분위기나 고성이나, 쌀을 던지는 것인, 공기 테이프 투척 등을 삼가고, 폐식 후 친교실에서 하는 것이 좋다.
2. 서구에서는 평화의 입맞춤과 사랑의 포옹을 하지만 한국에서는 신랑 신부의 맞절을하게 함이 의미로울 것이다.
3. 퇴장을 위한 음악은 경쾌하고 즐거운 찬송을 기악 등으로 연주하면 효과적일 것이다.
4. 퇴장곡으로는 287장, 20, 55, 418, 447, 228장 등

③ 후주
1. 적당한 찬송으로 연주하되 은은하게 표현한다.
2. 앞순서 성혼 공포시에 수여치 않은 증서를 이때 수여할 수 있다.(예배 끝나자마자)
3. 신랑 신부와 관련된 가족 및 회중과 담소하는 사진을 남겨놓음이 좋을 것이다.
4. 후주는 퇴장후로 몇분간 계속함이 좋다.

(11) 피로연(Wedding reception)
교회의 친교실에서 혹은 넓은 공간에 미리 준비된 공간에서 수행함이 좋다.

여기까지 논의된 결혼예식의 지침이 되는 내용은 박은규 지음, 「예배의 재구성」(서울: 대한기독교 출판사, 1993) pp.197-233에서 부분적인 인용함을 밝힘.

Ⅳ. 결혼의 역사적 발전 과정

이 대목을 내용 구성상으로 본다면 본 장 초두에 배열해야 하겠으나 본서의 전체의 대체적인 내용이 실제의 문제를 논의코자 한 까닭에 혼례에 있어 시행 지침을 전면에 배치하고 그와 관련하여 내용상의 뿌리가 되는 역사적 과정을 뒷부분에 연결하게 되었다.

1. 고대 히브리 민족의 결혼

(1) 셈족(Sem族)[1]이전의 팔레스틴(Palestine)의 혼인

히브리 민족이 아람 족속과 아모리 족속 및 초기 엘람과 바벨론에서 발견된 중앙 아시아 인종-헷족속과 후리 족속은 이들의 후손이다. 이 셈족 이전의 팔레스틴 요소들이 저들의 문화속으로 섞여 들어갔다.

선사시대에 히브리 민족의 조상들 사이에 일부다처(一夫多妻)의 결혼이 있었음을 보여주는 증거는 대단히 중요하지 않다. 그러나 이른 바 "여가장"(女家長: matriach)제도 또는 "모권"(母權: maternal right, mother's authority)이 있었다는 증거가 훨씬 더 중요하다.

믿을만한 전거(典據: authority, source)들은 정상적인 "일부일처"(monogamy)제의 결혼으로부터 많은 탈선적 행위가 초기 아라비안(Arabian)들과 원시 셈족들 간에 잘 알려져 있었다는

---

1) 노아의 장자로서(창 5:32, 눅 3: 36) 히브리인의 조상이 되었으며 그의 자손이 아시아주, 히브리, 수리아, 갈대아, 아라비아, 아람, 페르시아 등에 퍼져 사는 종족으로 셈문자를 사용한다.

증거를 제시하고 있다. 특히 언급할 만한 것은 몇가지의 탈선적 결혼이다. 그것은 "일처다부"(一妻多夫: poryandry)의 결혼으로 이는 한 여자가 동시에 둘 이상의 많은 남자를 남편으로 가지는 혼인형태이다. 또 다른 하나는 "베엔나"(Beena) 결혼으로서 이 혼인을 하면 남편은 아내의 마을로 가서 살며 자녀들은 아내의 지파(부족) 사람으로 간주된다. 야곱이 〈레아〉와 〈라헬〉에게 장가든 것은 이 혼인의 좋은 예이다(창29:28)[2] 그리고 모타(Mota) 혼인이 있는데 이 혼인은 남편이 아내의 집을 정기적으로 방문하는 형태의 결혼이다. "비엔나" 결혼형식과는 다르다. 이 부분에 대해서는 구약시대의 혼인 관습에서 부연할까 한다. 어쨌든 초기 단계의 유대인의 결혼의 특성에 대해서 어떤 학자는 그들은 "잡혼"(雜婚: mixed marriage)[3]으로서 이성 관계의 특색을 이루었다고 주장한다.[4]

(2) 성경 시대의 혼인

유대 가정의 특성을 이해하기 위한 가장 효과적인 전거는 성경 특히 모세오경과 룻기서에서 찾아 볼 수 있다.

인류 최초의 두 인간이 피조된 이야기는 하나님의 뜻의 표명으로서 "일부일처"제 혼인을 보여준다. "일부다처"가 최초로 나타난 것은 〈라멕〉이 두 아내를 취한 것은 하나님에게 버림받은 〈가인〉의 혈통에서였다.[5]

---

2) 정인찬 편, 성서대백과사전(서울: 기독지혜사, 1981). pp. 559-560.
3) 원시사회에서 한 무리의 남녀가 특정 상대를 정하지 않고 서로 얼리었던 결혼형태, 일종의 "난혼"(亂婚)이었다.
4) 정인찬 편. op. cit. p. 560.
5) Ibid.

① 바벨론(Babylon) 포로 이전 시대의 혼인

성경은 유일하고도 명백한 양식(樣式: Modality, Style)을 소개함이 없이 결혼관계의 일정한 발전에 관한 증거를 포함하고 있다.

족장 시대에는 〈아브라함〉이 그의 의붓 누이와 결혼했다는 증거가 있고 야곱은 두 자매와 결혼하였는데 그 후 모세의 율법은 아브라함의 경우나 야곱의 사례와 같은 혼인을 금하였다. 족장 시대의 제도와 관습 중 상당 수가 그 후에 자취를 감추었다.[6]

사사 시대와 군주 시대의 이스라엘 백성은 좀더 광범위한 "일부다처"제 관습으로 전환하였다. 중혼(重婚: bigamy, double marriage)이 합법적인 사실로 인정되었다.(신21:15-17). 하지만 이스라엘에서 가장 일반적인 혼인 형태는 "일부일처제"였음이 분명하다. 일반 서민층에서 중혼했다는 증거는 사무엘서와 열왕기서에서도 찾아 볼 수 없다.

이 시대의 사회상을 묘사하고 있는 지혜서에서도 일부다처제의 언급이 전혀 없다.

일부 일처제 결혼에 대한 이미지는 이스라엘의 유일신 여호와 하나님에 의해 선택한 아내로 상징한 많은 예언자들의 마음 속에 있었다. 에스겔은 이와 동일한 은유(metaphor)를 비유 이야기로 나타내었다.(겔16장)[7]

② 바벨론 포로 이후 시대의 혼인

바벨론 포로 이후 시대에 가정의 변화가 있었지만 본질적으로 동양적이었고 남가장제였으며 일부일처제가 일반적이었다. 가장은

---

6) Ibid.
7) Ibid. p. 561.

자녀를 교육하고 직업을 가르칠 책임이 있었다. 히브리인들은 다른 근동(近東)[8]민족과는 달리 높은 수준의 도덕성을 보유하고 있었다. 바벨론인들은 일부일처제를 행하였지만 앗수르인들은 일부다처제로 행하였다.

결혼이란 인간을 위한 합당한 관계라는 것이 유대인의 일반적인 개념이었다.[9]

③ 탈무드(Talmud)[10]시대의 혼인

유대인의 갱생력(更生力: regeneration power)은 혼인 제도에 의해서 상승되었으며 성 본능과 전체 생활은 면밀한 종교적 감독을 받았다. 그들은 성의 자제력에 이바지하고, 율법학자들은 "중용지도"(中庸之道: the middle path)를 선택했으며 모든 형태의 방종과 음탕과 싸워서 비교적 많은 효과를 거두었다. 그들은 성욕 자체를 악한 것으로 생각하지 않았다.[11]

탈무드 입법자들은 혼인을 성례전 또는 성사(聖事)의 지위로 올리지도 않았으며 또한 민법상의 단순한 계약으로도 간주하지 않았다. 남편과 아내의 친교를 확립하는 행위를 "키두신"(Kiddushin) 또는 "정화"(淨化)라고 불렀는데 성례전의 성격을 내포하지 않았다.

결혼생활은 성결하며 하나님의 직접적인 명령과 지배하에 있는

---

8) 유럽에서 가까운 동방(東方)의 여러 나라가 있는 지역. 터키에서 이집트에 이르는 지중해 연안지역.
9) 정인찬 편. op. cit. p. 561.
10) 교훈. 교의의 뜻으로, 유대인 율법학자들이 사회의 모든 사상(事象:phenomenon)에 대하여 구전(口傳) 해설한 것을 집대성한 책.
11) op. cit.

것으로 간주되었다. 탈무드 유대사회에 흐르고 있던 금욕주의적 경향은 혼인과 전혀 관계가 없었다. 탈무드 기자들은 결혼을 장려하기로 했다. 유대교에서는 민족 특유 생활을 위한 튼튼한 기초로서 강력한 가정 구조를 세우는 것이 절대적으로 필요했다.

그리고 랍비(Rabbi)의 율법은 서자(庶子, a child born of a concubine : 첩의 소생)를 적출(嫡出, a child born of the legal wife : 본처의 소생)자와 거의 동등하게 취급했다. 서자도 상속권을 얻었다. 요세푸스(Josephus)는 율법은 혼인을 자녀 출산만을 위한 남녀의 자연적인 결합 이외에는 어떤 성관계도 인정하지 않는다는 유대 율법학자들의 견해를 정확하게 요약하였다. 유혹을 피하기 위해서 현인(賢人)들은 조혼(早婚)을 권하였다.[12]

이상과 같이 혼인의 역사적 발전과정을 총체적으로 그리고 초기 기독교 역사적 관점에 간략히 논급하였으나 다소 중복감이 있겠지만 성경(구약과 신약)상의 나타난 혼인의 과정을 살펴 보기로 한다.

2. 성경상의 혼인의 과정 이해

성경 속에 나타난 결혼재도는 사회적 문화적 발전의 긴 역사의 흐름에 따라 변천해 왔다. 이를 신구약 성경에서 살펴 보고자 한다.

1) 구약성경의 혼인
(1) 결혼의 유형

학자들은 성경 안에서 다양한 결혼의 형태와 유형이 있음을 확인하였다.

---

12) Ibid.

① 여가장제적 결혼

　어머니에게 가장의 권한이 수여된 결혼제도로서 모계(the maternal〈mother's〉 line)를 중심하여 친족관계가 형성될 때 쓰는 말이기도 하다. 결혼에는 두 가지 형태가 있는데 전술하였던 바와 같이 하나는 「베엔나」(beena) 결혼이고, 하나는 「모타」(mota) 결혼이다. 「베엔나」라는 용어는 자녀들이 어머니의 지배 아래 있을 때 그리고 남편이 다소간 영구적으로 그의 아내의 집에 거주할 때 사용되었다. 「모타」 결혼은 남편이 아내의 집을 정기적으로 방문하는 형식의 결혼이다. 영어로 「마트릴리니어」(matrilinear: 모계)란 계보가 모친을 따라 계산되는 것을 말하며 「메트로니믹」(metronymic)이란 아내는 그의 친족들과 함께 있고, 그의 남편이 때때로 그녀를 방문하는 것을 의미한다. 「베엔나」결혼의 경우는 야곱과 모세의 결혼의 예로서 사용되고 있다. 둘다 상당 기간동안 그들의 처가에서 살았다.(창29:1-30; 출2:21,22) 「모타」의 경우는 삼손이 딤나에 있는 그의 아내를 방문한 경우를 들 수 있다.(삿15:1) 한편 아비멜렉이 「그의 어미의 형제에게」가서(삿9:1) 「그들과 외조부의 온 가족을」 방문했을 때 그들은 그들의 형제를 인정했기 때문에 그의 간청에 귀를 기울였다.(삿9:3) 이 사실에서 「메트로니믹」, 즉 어머니의 이름을 따르는 것이 문자적으로 무엇을 의미하는지가 분명해진다.

　성경의 몇몇 곳에 언급된 아내의 역할을 통하여 여가장제적 권위가 존재했었다는 결론을 얻을 수 있다. 성경에 보면 아내는 그녀의 남편에게 자기의 하녀를 남편의 첩으로 줄 수 있는 권리가 있었다.(창16:3, 30:9) 심지어는 첩까지도(하갈) 스스로 자기의 아들을 위한 아내를 선택할 수 있었고 그 일을 행함에 있어서 그녀

의 권위에 대해 어떠한 도전도 받지 않았다.(창21:21)[13]

② 가부장적 결혼

가정의 권위가 아버지에게 있는 결혼을 말하며 이 아버지의 권위가 결혼의 전반적인 형태에 영향을 미치는 결혼을 말한다. 혈통 역시 아버지로부터 계산된다. 사람들은 족보와 인구조사 목록에서 이 사실에 관한 인상적인 증거를 제시하고 있다.(창 5장에「자녀를 낳았으며」라는 말씀은 있지만 딸들의 이름은 언급되어 있지 않다. 창10:36, 9-42에 아내들의 이름이 나오는데 이는 아버지의 아들들 사이를 구별하기 위해서만 이름이 언급되었다. (민1:1-3:39, 26:5-62, 룻4:18-22, 대상1-9장, 스2:3-61, 10:18-43등 참고)

아버지의 권위에 대한 강조는 아마도 아버지가 아들에게 이름을 지어주는 전통속에서 찾아볼 수 있을 것이다.[14]

③ 일부다처제(一夫多妻制: Polygamy)

폴리가미는 문자적으로「복수결혼」을 의미한다. 실제적인 의미에 있어서 그 말은 같은 가족이나 가족집단 안에서 한 사람이 하나 이상의 결혼 관계를 맺는 것을 의미한다. 이 경우는 여가장제적 결혼이나 가부장제적 결혼 모두에 적용될 수 있다. 폴리가미는 고대 이스라엘에 널리 퍼져 있었다. 이스라엘은 일처다부제(一妻多夫制: Polyandry) 보다는 일부다처체제(Polygyny)의 형태를 가졌던 것으로 추측된다.(관련 성구 창16:3, 창29:18,

---

13) 기독교대백과사전 1권(서울: 기독교문사, 1980). pp. 551-552.
14) Ibid. p. 552.

29:25, 30, 삼하5:13-16, 왕상11:1, 3, 대하11:21, 삼하11:15, 27 등)[15]

④ 일부일처제(monogamy)

원시적 잡혼(雜婚, promiscuity)에서 일부일처제에 이르는 진화론적인 패턴으로 결혼의 역사를 이해하는 관점과는 반대로 고대인들은 일부일처제 형태를 가졌을 것으로 이해하고 있다. "한 남자가…… 그 아내와 연합하여 둘이 한 몸을 이룰지로다"(창2:24)라고 하였다. 많은 히브리의 율법도 이 형태의 결혼을 강하게 암시하고 있다.(출20:17, 21:5, 레18:8, 16, 20, 20:10, 21:13, 민5:12, 22:22, 24:5등)[16]

⑤ 동족결혼(endogamy)

히브리인들은 결혼은 관습과 그 관습을 지키려고 하는 자각에 의해서 히브리인들 사이에서만 결혼하도록 제한되어 있었다. 그리하여 이방인과의 결혼을 배제하고 동족결혼의 형태를 가졌었다.(창24:4, 10) 야곱도 외삼촌의 딸을 아내로 취하라고 명령을 받았다.(창28:1-2) 삼손도 그의 부모가 이스라엘 여인을 아내로 취하도록 강요했다.(삿14:3) 다윗은 밧세바를 취했을 때 강력한 반발에 부딪쳤다.(삼11:3, 12:14) 왕들은 족외(族外) 혼인을 하여 비난을 받았다.(왕상11:!, 2 16:31)[17]

⑥ 족외혼(族外婚: exogamy)

---

15) Ibid. p. 553.
16) Ibid. pp. 553-554.
17) Ibid.

히브리인의 족외혼은 상호 보완적 관계를 가지기도 하고 충돌을 일으키기도 하였다. 어느 때는 족외혼이 성행하기도 하고 동족혼이 성행하기도 하여 두 형태가 동시에 존재하기도 하였다.

에서는 가나안 여인과 결혼하였고(창36:2), 요셉(창41:45)과 모세(출2:21)도 외국 여인과 결혼했다. 한 이스라엘 여인의 아들은 애굽사람을 아버지로 가지고 있었다.(레24:10) 그리고 아들이 없던 「세산」의 딸은 「야르하」라고 불리운 애굽인인 종과 결혼하였다.(대상2:34-35) 족외의 발전은 여러 자료들이 증명하는 것처럼 가나안 정복에 따라 이루어졌다고 이해할 수 있다. 기드온은 가나안 여인과 결혼하였고(삿8:31), 엘리멜릭의 히브리 아들은 모압 여자들과 결혼하였다.(룻1:4) 그리고 삼손도 그의 부모에게 어떤 블레셋 여인을 그의 아내로 삼기를 허락하도록 요구하였다.(삿14:2) 포로기 후의 시대에 이방인 여인들 즉 가나안 여인과 헷여인과 암몬디인들과의 결혼이 발생하였다.(스9:1,2)[18]

⑦ 수혼(嫂婚, Livirate marriage)

수혼이란 말은 형제를 의미하는 레비르(levir)라는 말에서 유래하였다. 이 수혼이란 용어는 신명기에 명시되고 있는 결혼의 한 형태를 가리키는 말이다.(신25:5-10) 이는 죽은 남편의 미망인과 그의 형제사이에 이루어지는 결혼을 가리키는 말이다. 이 수혼의 목적은 죽은 남편의 이름을 유지하기 위함이다. 이것은 동족 결혼의 가치와 아들의 중요성을 강조하는데 있었다. 이 수혼의 사례는 창38장, 창38:8(네 형수에게 들어 가서 남편의 아우의 본분을 행

---

18) Ibid.

하여 네 형을 위하여 씨가 있게 하라)고 했다.[19]

창38:9에 "오난은 형수 다말과의 결합을 통하여 난 아이가 그의 자식이 되지 않고 형의 자식이 된다는 것을 깨닫고 그는 다말을 임신시키는 것을 회피하였다" 그리고 이 수혼의 목적을 정리하면 다음과 같다.

㉮ 죽은 형제 이름을 이스라엘 중에서 끊어지지 않게 하기 위하여(신25:6, 룻4:15)
㉯ 죽은 자의 기업을 그의 이름으로 잇게 하기 위하여(룻4:5)
㉰ 가문의 재산을 손대지 않은 채로 간직하기 위해, 수혼을 통해서 태어난 아이는 죽은 남편의 상속인이 되었다.

(2) 결혼의 신학적 이용

결혼이 하나의 계약이기 때문에 결혼의 관계들이 신학적 목적, 즉 이스라엘에 대한 하나님의 의미와 하나님에 대한 이스라엘의 복종의 의미를 규정하는데 이용되었다. 이 밖에도 이스라엘의 신앙이 종교적, 문화적인 불꽃튀는 싸움 가운데서 형성되었기 때문에 또한 가나안 문화에서 성스러운 결혼의 개념이 탁월성을 띠고 있었기 때문에 이스라엘인들은 그들의 결혼 개념을 이용하여 신앙을 수호하는 가장 효과적인 무기로 삼으려고 하였던 것이다.[20]

(3) 결혼의 기능과 목적

결혼은 자손의 보존과 성(family name)을 보존하기 위한 결혼의 중요성 때문에 결혼은 성경시대의 사회에서 실제적으로 널리

---
19) Ibid. p. 555.
20) Ibid. p. 559.

퍼져 있던 관습이었다. 성경시대에는 과부는 있었지만 처녀는 없었다. 독신 생활은 상해로 인하여 성생활을 할 수 없었던 사람들(신23:1)과 그리고 선천적인 조건이나 폭력이나 혹은 하나님의 선택에 의해서 고자(鼓子, a man with underdeveloped genital organs 가 되었던 사람에게만 제한되어 있었다.(마19:12)

결혼은 이러한 생산적이고도 사회적인 기능외에도 하나의 인격적인 기능이 지적될 수 있을 것이다.

바울은 남편과 아내가 상호관계의 근거에서 서로 성적 즐거움을 갖도록 권했다.(고전7:3-4) 결혼에서의 성행위의 역할에 대해 성경은 개인적, 영적, 사회적 가치를 지닌 것으로 설명하고 있다. 성행위는 동반관계의 필수적인 요소로 성경은 설명한다. 성경은 결혼의 사랑을 강조한다. 남편은 아내의 사랑을 "항상 연모해야 한다"(잠5:19)[21]

높은 차원에서 보면 결혼은 하나님에 의해서 정해지고 구성된 인격적, 성적, 영적인 우애관계(companionship)이다. 이런 해석은 결혼을 창조주이며 구속자이신 하나님에 대한 신앙의 빛에서 이해하려는 성경적 입장에 근거한 것이다. 이 신앙이 결혼과 관련되어 분명하게 표현된 것은 "이러므로 남자가 부모를 떠나 그 아내와 연합하여 둘이 한 몸을 이룰지로다"(창2:24)는 말씀이다. 예수님도 막10:6-8에 "하나님이 저희를 남자와 여자를 만드셨으니 이러므로 사람이 그 부모를 떠나서 그들이 한 몸이 될찌니라"했다.[22]

---

21) Ibid.
22) Ibid. p. 560.

2) 신약시대의 혼인

교회사 초기에 특히 그리스도를 기쁘게 하기 위한 순결 상태로서의 처녀성 개념이 그리스도인들 사이에 뿌리 박았으며, 그후 교부들의 재가(sanction)와 장려를 받았다. 혼인은 그리스도인 교사들로부터 분명히 정죄나 금지를 당하지 않았지만 그것은 기독교 순결의 영역에서 세번째 내지 최하위에 속했다. 최상위의 순결은 절대적 처녀성이었다. 두 번째 순결은 결혼 후나 남편이 죽은 후에 채택되는 독신생활이다.

결혼은 다만 가장 좋은 세 번째 순결로 간주되었다. "사도 바울은 혼인을 좋지 않은 상태의 대용물, 즉 부정한 성교의 대용물로 간주했다"

A.D. 220년에 죽은 알렉산드리아의 클레멘트(Clement)는 성결한 이미지로서의 혼인은 그것을 더럽히는 것들로부터 깨끗하게 지켜야 한다고 주장하였다. 그리고 이그나티우스(Ignatius: 폴리갑에게 보낸 서신에서)와 아데나고라스(Athenagoras)는 기독교 신자들에게 혼인 생활의 순결을 간청했다.

4세기의 수도 생활의 아름다움을 설파(說破, exposure)한 제롬(Jerome)은 결혼에 대한 반감을 가지고 바울의 "정욕이 불같이 타는 것보다 혼인하는 것이 나으니라"(고전7:9) 말한 것에 의거하였다. 그는 "정욕이 불타는 것이 나쁘기 때문에 혼인하는 것이 좋다"고 했다.

또한 암브로스(Ambrose)와 어거스틴(Augustine)은 독신생활을 높이 평가하였다. 바울은 혼인을 마지 못해서 인정했다. 신약 성경은 성범죄에 대해서 강경하다.(마5:27) 그리스도인의 순결의 주장은 시대의 방종을 잘 암시하는 것 같다.(행15:29, 고전5:11,

갈5:16-21)[23]

(1) 초기 신약성경 시대에서의 결혼에 대한 존중

결혼에 대한 기본적인 입장이 막10:2-9에 있는 이혼에 대한 논쟁에서 나타나 있는데 이는 예수님의 견해에까지 소급해 올라갈 수 있는 핵심 내용이다. 이 구절에서 결혼은 두 사람의 분리할 수 없는 연합이라고 언급되고 있으며, 두 사람 자신들이 성적 결합에 의해서 변화됨이 언급되고 있다. 이 연합은 창조의 질서에서 표현된 바와 같이 하나님의 뜻 가운데서 인정된 것이다.(창1:27, 2:24) 바울은 미혼자들에게 독신을 권고하면서도 그는 결혼을 두 사람 사이의 긍정적이며 서로 관심을 갖는 인간 관계로 받아들였으며(고전7:31, 35) 또한 그는 남편과 아내가 그들의 성관계에서 이러한 관심을 표현하도록 권고하였다.(고전7:3-5) 바울 당시에는 대부분의 교회 지도자들이 결혼했던 것이다.[24]

(2) 독신 생활의 경향

바울도 세례 요한도 결혼하지 않았다. 고전7:1이 바울 자신의 견해라기 보다는 몇몇 고린도 교인들의 견해를 인용한 것이라면 일부 고린도 교인들은 성교는 악한 것이기 때문에 결혼하지 말아야 된다고 믿은 것이 확실하다. 미혼자나 과부들에게 독신으로 있도록 권고하였다.(고전7:8,9, 36-40) 고전 7:36,38의 해석은 고린도 교인들이 독신 생활이 있었다는 경향이 있었다는 것을 증거해 준다. 바울은 두 가지 이유에서 독신 생활의 계속을 권하고 있

---
23) Ibid.
24) 기독교대백과사전 제 1권(서울:기독교문사. 1980). p. 560.

다. 첫째는 결혼 사람이 배우자와 교회 사이에 충성심의 필연적인 분열을 피하기 위한 것이며(고전7:32-35), 둘째는 임박한 이 세상의 종말 때문이었다.(고전7:27-31)

막 12:25에 예수님은 "하늘 나라는 남녀 구별이 없다" 그러므로 결혼도 없다는 당시에 흔히 유포된 묵시의 견해를 반영하고 있다.[25]

(3) 후기 신약 성경시대의 교회에서의 결혼에 대한 강조

히 13:4은 독신자들에게 결혼을 귀하게 여기도록 훈계하였다. 딤전 4:4 에는 "결혼은 창조의 질서이며 선한 것으로 주장하였다". 그리고 여자들의 역할은 자녀들을 양육에 있었다.(딤전2:15) 그리고 젊은 과부들은 재혼하여 자녀를 갖도록 권고 받았다.(딤전 5:14, 고전7:39-40)[26]

(4) 결혼 관계의 특성

바울은 성관계들에 대해서 강조했고(고전7:3-5), 배우자들 사이에 서로서로 돌아 보아야 한다고 강조하였다.(고전7장) 남편에 대한 아내의 자발적 복종을 강조하였고, 에베소서에는 남편의 사랑의 본(本)이 교회를 위해 그리스도께서 자기 전체를 내어준 것이라고 하였다.(엡5:25) 그렇지만 결혼이 그리스도에 대한 일차적인 충성이 침해될 가능성에 대하여 경고하였다.(고전7:29-31)[27]

---

25) Ibid. p. 561.
26) Ibid.
27) Ibid.

3. 성경 이후 시대의 혼인

유대인의 결혼 제도의 특징은 성경시대에 이어 수세기 동안 끊임없는 발전의 과제였다. 성경이나 탈무드에 혼인에 대한 제사장의 축복이 언급되어 있지는 않다. 탈무드는 혼인을 축하하기 위해 "회중"이 구성되어야 한다고 규정되었다. 십명의 성인 남자가 참석하는 것이 바람직하다고 보았다. 중세기에 많은 유대인 공동체들은 이러한 요구를 구속력 있는 법규로 의식화했다. 10세기의 혼인은 신랑의 집이나 회당에 모인 회중 앞에서 행하여졌다.

14세기 무렵, "후파"(huppah, 실제적인 동거생활)는 단순한 종교적인 상징이 되었다. 그것은 실제의 방(房)대신에 상징적인 방이나 "닫집"(법전(法殿)안의 옥좌(玉座)위나 법당의 불좌(佛座) 위에 만들어 다는 집의 묘형), 또는 신혼부부의 머리에 쓰어진 베일(Veil)이나 겉옷(tallit)이 되었다. 10세기의 예배용 혼례 찬송의 도입이 눈에 띄게 되었다. 대체로 이 시대에 유대인들은 이족(異族)과의 혼인에 대하여 좀더 관대해졌다. 그러나 유대인들은 공동체에 새로 들어 온 사람들의 가족과의 결혼을 생각하기를 꺼려 했다. 이것은 유대인들의 외국인으로부터 받은 박해의 역사와 배타정신과 금지 때문이었다.

세월의 흐름에 따라 피로연은 신부댁에서 신랑댁으로 바뀌었고 혼인식도 신부택이 아닌 회당에서 진행되었다. 혼인 송시(訟詩)는 중세 유대 결혼의 특징이었고 혼인 잔치는 일주일간 계속되었다. 랍비들의 결혼 설교나 강론이 특징적인 기능이었다.[28]

---

28) Ibid. pp. 562-563.

제 4 장
당회, 제직회, 공동의회 운영실제

　장로교회의 행정 또는 치리 기관을 네가지 조직 형태로 구분하면 다음과 같다.
　첫째, 결의 기관(Resolution Organization)
　1) 공동의회(Congregational-Meeting)
　2) 제직회(Corporational-Meeting)
　3) 당회(Church session) 등은 결의 기관이다.
　둘째, 자치기관(selfgovenment organization)
　1) 남선교회　2) 여전도회　3) 대학생회
　4) 청년회 등은 자치기관이다.
　셋째, 교육기관(Educational facilities): 교회(주일)학교 각부.
　1) 유치부　2) 유년부　3) 소년부　4) 중등부　5)고등부
　6) 대학부　7)장년부 등은 교육기간이다.
　넷째, 협력기관 또는 보조기관(Cooperational Organization)
　1) 장학위원회　2) 건축위원회　3) 예배위원회　4) 예산위원회
　5) 선교위원회 등은 협력 또는 보조기관이다.
　이상 네 유형의 기관 중 당회, 제직회, 공동의회를 한정하여 그 운영의 실제를 회의기능 중심으로 논의코자 한다.

Ⅰ. 당회

1. 당회 운영의 실제(회의를 중심으로)

1) 당회의 정의와 조직
(1) 당회의 정의
「당회란 노회권의 대표자인 당회장(위임목사. 혹은 임시목사 및 허위교회를 위해 노회가 파송한 다른 목사)과 양심자유 원리에 의한 평신도(교인)의 대표자인 치리 장로로 조직되는 기본 치리회이다.」

노회는 목사를 다스리는 전권이 있고 총회는 헌법해석에 관한 전권이 있고 당회는 교인을 다스리는 전권이 있다. 이는 각각 고유 특권이니 다른 회가 침해할 수 없다 상회라도 상소로 말미암지 않고서는 간섭할 권이 없다.

(2) 당회의 조직과 임무.
당회는 노회에서 파송된 교회에서 시무하는 목사와 지교회에서 합법적으로 임직된 시무 장로로 구성된다.(정치 제 11장 68조)
(가) 당회는 당회장과 당회원(장로)2명 이상으로 당회가 구성되고 이를 "조직교회"라고 한다.
(나) 당회장만 있고 시무장로가 없는 교회를 미조직교회로서 "준당회"라고 한다. 단 장로 1명이 있을 때도 완전한 당회조직은 아니나 당회의 기능을 가지며 중요한 안건처리는 노회에 보고하여 처리한다(정치 제11장 제68조, 3.4항)
① 당회의 임원과 부서조직

1. 임원

(가) 회장: 지교회 담임목사가 당연직 회장이 된다(노회로부터 담임권과 당회장으로 파송)
(나) 서기: 당회원 장로 중 1명을 당회장이 임명한다(서기 유고 시를 대비하여 편의상 부서기를 사전 지명할 수 있다.)

2. 위원회(당회 규모가 클 경우)

당회원으로 하여금 음악분과, 선교분과, 교육분과, 봉사분과, 재정분과, 서무분과, 새신자분과, 심방분과 등에 위원회를 두어 각 위원회의 위원장이 된다.

② 임원과 위원의 임무.
(가) 당회장의 임무: 회의를 소집하고 회의에 사회자가 된다.
(나) 서기의 임무: 회의록 기록 보존, 당회장에게 보고 및 날인을 받는다. 그외의 당회록 노회에 수검, 교회의 역사 기록 보존, 각종 공문 수발, 교회 통계 작성, 공동의회 회의 준비, 교회문부 작성 등
(다) 위원의 임무: 해당 위원회(부서)의 직무 규정(별도규정)에 따른 임무

2) 당회의 회집과 회의(정치 11장 69조)
당회의 회집(Gathering: call)과 회의는 다음과 같이 한다.
(1) 당회의 회집

① 정기회: 1년 중 1회 이상(월례회로 모이되 당월 첫주)
② 임시회: 필요시 소집(수시회로서 소집요건이 갖추어 졌을 때)
③ 회집통지: 1주일전 소집 통고(긴급을 요하는 회의는 예외로 할 수 있다.)
④ 회의 소집 요건
   첫째, 당회장이 당회를 소집할 필요가 있을 때
   둘째, 당회원 과반수가 소집을 요구할 때
   셋째, 상회가 소집을 요구할 때
(2) 당회의 회의
① 회의 성수(제69조 2항)
(가) 정기회의: 당회원의 과반수 출석으로 성회
(나) 임시 회의: 당회원 1/3 출석으로 성회
② 결의 성수(제69조, 3항)
출석회원의 관반수로 의결(타 교단은 다수 가결 규정을 둔 곳도 있다)
(3) 당회는 당회장이 없이 당회원만으로 회의 성립이 될 수 없다.

3) 당회장과 당회의 직무
(1) 당회장의 직무(정치 제11장 제70조 2항 각절)
① 예배 및 모든 집회에 관계되는 일체를 주관
② 부교역자, 강도사, 전도사, 인정전도사, 서리집사의 임명권과 해임은 당회에 제청하여 결의에 의함 단 전도사, 인정전도사, 서리집사, 권찰 해임은 당회장이 한다.
③ 유급직원(사무원, 사찰, 기사등)의 임명과 해임을 한다.

④ 교회의 모든(각 기관 포함) 재정의 수입과 지출을 결재한다.
⑤ 교회의 모든 행정(기관 포함)에 관하여 결재한다.
⑥ 교회의 건물 및 비품 사용을 관장한다.
(2) 당회의 직무(제11장 71조)
① 담임 교역자 청빙
② 교인의 신앙과 행위 총찰
③ 소속 기관 지휘 감독
④ 회계 상황을 보고받는 일
⑤ 권징(재판)하는 일
⑥ 특별헌금 결재
⑦ 교회 재산 관리
⑧ 당회록, 제직회록을 노회에 수검
⑨ 각종 문부 작성 보존
⑩ 기타 법으로 정하는 일
⑪ 교회의 항존직과 준항존직의 선택과 해임 및 부목사(부교역자) 해임을 결의

4) 당회가 비치할 서류(법정문부, 제11장 제73조)
 (1)공동회의록 (2)당회록 (3)제직회의록 (4)교회역사철 (5)교회재산대장 (6)교적부 (7)원입교인명부 (8)학습교인명부 (9)세례편(유아)명부 및 입교인 명부 (10)책벌 및 해벌 교인 명부 (11)별세교인명부 (12)인권인(전출입교인)명부 (13)혼인명부 (14)직원명부 (15)교회비품대장 (16)교회일지(업무 및 예배일지) (17)각종통계표(대장) (18)실종교인명부 (19)각종 공문 수발대장 ((18), (19)은 추가 필요 부분)

2. 당회의 회의 절차와 회순 해설

1) 당회 회의 절차(회순)
(1) 예배
Ⅰ부. 예배(임시 회의나 긴급회의 시에는 정식 예배 절차를 생략할 수 있으되 기도는 반드시 한다.)
  1. 예배선언
  2. 묵상 기도
  3. 찬송
  4. 기도(당회장 또는 당회원)
  5. 성경 및 말씀
  6. 주기도 또는 기도.

(2) 회의
Ⅱ부. 회무처리(임시 또는 긴급회의 시에는 기도하고 회원 점검 후 안건심의로 들어간다)
  1. 회원점명
  2. 개회선언
  3. 전회록 낭독 또는 채택(용)
  4. 당회장 보고
  5. 서기보고
  6. 각위원회보고
  7. 안건심의
  8. 기타 안건
  9. 회의록 보고와 채택(용)

10. 광고
11. 기도
12. 폐회

2) 회순해설
(1) Ⅰ부 예배 순서에 관하여
Ⅰ부, 예배.
(1) 예배선언
당회장이 정기. 임시. 긴급등의 회의 구분을 하여 개회 또는 회의 소집의 경위를 포함한 간략한 설명과 함께 회의에 앞서 예배 시행을 선언한다. 단 정식 예배가 아닐때는 "예배 절차를 생략하고 기도후 회의를 열겠다"는 선언을 한다.
(2) 묵상 기도
묵상 기도는 1분 정도로 하되 은혜로운 회의진행과 성령의 동행을 염원하는 내용의 묵상 기도를 한다.
(3) 찬송
찬송은 충성, 헌신, 봉사, 다짐의 정신을 고양하는 가사를 가진 찬송을 선곡한다.
(4) 기도
기도는 회의의 성격에 부합한 내용과 하나님의 뜻의 성취와 영광이 되는 은혜롭고 질서있는 회의가 되도록 하나님의 도움을 구하는 기도를 하되 사회자 또는 당회원 중에 사회자가 지명하는 회원이 인도한다.
(5) 성경과 말씀
당회장(사회자)이 적절한 성구를 선택하여 봉독한 후 말씀의 교훈을 간략하게 취하여 선언한다. 단 임시, 긴급등의 회의시는 예외로 할 수 있다.

(6) 주기도 또는 기도

이 대목의 기도는 회의 자체가 예배일 수 없고 예배가 회의일 수가 없으므로 일단 예배를 마감하는 의미로 주기도나 인도자의 기도후 회의로 바로 연결 진행한다.

II부, 회의

(1) 회원점명 또는 호명

○ 당회 서기가 당회원 출석 명부에 의해서 등재된 순서대로 호명하되 이름에 직분명을 붙여 호명한다.

○ 서기가 회원을 호명하여 출석수와 결석수를 계수 하여 회장에게 보고하되 개회 성수를 규정에 명시된 기준에 따라 성수 여부를 겸하여 보고한다.

(2) 개회선언

회장은 서기가 호명 출석된 계수를 보고받고 성회 여부를 판단하여 개회를 선언한다(회의 성수가 됨으로 제( )회 ( )월 정기당회 또는 임시당회를 시작하겠습니다.)

(3) 전회록 낭독(또는 채용)과 접수.

서기가 (정기당회록) 전월 회의록을 기록된 내용 그대로 낭독한다. 이때 경어를 임의로 변경하여(예 ○○○ 목사님, ○○○장로님등) 읽지 않도록 해야 하며 이 때 전회원은 회록 보존과 낭독의 취지를 잘 인식하되 첫째는, 회의록이 원래의 내용이 훼손또는 변조가 없이 잘 보존되고 있는 여부를 확인하고, 둘째는 전회기에 결의 사항의 시행여부를 확인하는 낭독의 의미가 있음을 인식하여 낭독 후 이상 유무와 의견여부를 개진하여 가부를 물어 결의한다. 단 전회의시에 완결 채용된 회의록은 접수 가결하고 미완결 임시 채용이었으면 금회에 채용가결한다.

(4) 당회장 보고
당회장이 전회의 이후 월간 제반 동향과 직무 수행에 관한 사항을 보고하되 주요한 내용을 간추려 간결하게 보고하여 당회원에게 알린다.

(5) 서기보고
서기가 당회 직무에 관계된 업무처리 내용과 경위를 보고한다.

(6) 각 위원회보고
조직된 위원회가 있거나 위원회가 수행한 업무 개요와 경위를 위원회별로 위원장(장로)이 보고한다.

(7) 안건심의
1) 당회의 직무에 관한 사항을 제안하고 심의하여 가결한다.
2) 인사에 관한건: 임명과 해임에 관한건
3) 성례와 교인의 신급결정, 교인의 입퇴회에 관한건.
4) 직원 선거에 관한건.
5) 공동의회 소집에 관한건.
6) 재정에 관한건(제직회의 고유권에 저촉이 없는 재정 정책에

관한건)
 7) 징계에 관한 사항
 8) 기타 당회가 할 수 있는 일반적인 사항(각 부속 기관 지도에 관한건)
  이상의 안건은 매당회 때마다 심의하는 안건이 아니고 안건심의 사유가 발생할 때 처리한다.

 (8) 기타 안건
  본 안건에 포함되지 않은 당회가 논의해야 할 필요가 있는 사항으로서 의제로 제안된 안건을 참고적으로 다루되, 제직회와 공동의회의 고유권이나 자치 기관의 자치권이 침해되지 않는 안을 수의한다.

 (9) 회의록 보고와 채택
  회의에서 결의된 내용의 사안별로 서기가 기록 정리된 대로 낭독하여 누락이나 착오된 기록을 첨삭(添削:correction)보완하는 여부를 검토하여 채택하거나 결의된 안건의 골격만 보고받아 확인하고 구체적 회록 문안을 추후 정리하여 차회(次回:next time)에 확정 채택키로 하고 임시 채택을 가결한다.

 (10) 광고
  회의 종결동의가 있으면 가부 결정하고 광고사항이 있으면(당회원이 알아야 할 사항) 결의된 안건의 보안, 시행의 강조 및 후속조치에 관한 사항이나 기타 환기할 참고사항을 알린다.

(11) 기도

교회의 회의는 언제나 기도로 시작하고 기도로 마감해야 한다. 그것은 인위적인 것이 아닌 주의 뜻에 근거한 교훈을 담고 있기 때문이다. 이때 기도는 사회자가 하는 것이 좋을 것이다.

(12) 폐회

사회자(회장. 의장)가 폐회를 선언할 때 정기. 임시. 등과 월, 차 등을 곁들어 폐회됨을 선언하고 회의에 협조한 회원들에게 감사한다는 간단한 사의를 표한다.

2. 당회 회의록 작성요령과 그 예시

1) 당회록 작성요령

당회록은 회의록 소정 양식에 따라 기록하되 다음 사항을 유의해야 한다.

(1) 날짜와 시간, 장소, 당회장의 이름과 참석한 당회원과 불참 회원의 이름을 기록한다.

(2) 회의 안건 유형별로 구분하여 적는다.

(3) 개회 예배 및 폐회 기도자의 이름을 써야 한다.

(4) 결의되지 않은 사항도 중요한 내용일 때 검토과정을 간략히 기록할 수 있다.

(5) 기록자나, 제삼자로 인하여 임의로 수정하면 안된다.

(6) 학습자, 세례자 명단을 기록하고, 교인의 입퇴회 명단 결혼자 명단, 상벌자 명단(징계 대장포함), 상회총대 명단을 기재한다.

(7) 이명, 실종, 별세자 명단을 기재한다.

(8) 문장은 뜻이 명확한 말로 기술하고 문장 끝 용언의 어미(語尾)는 과거형이나, 미래형이나, 과거 미래형이 아닌 "하다"로 할 수 있다.

(9) 기록자인 서기와 회장인 목사의 이름을 기재하고 날인해야 한다.

2) 당회록 예시

( )년 월 일 시에 본 당회가 제10회 정기 당회로 본 교회 당회실에서 회집하여 회장 ○○○목사의 사회로 Ⅰ부 예배(묵상기도, 찬송 ×장 제창, 기도○○○, 성경○○ 복음( )장 ( )절, 설교× 주제로, ○○○의 기도)를 시작하여 마친후 Ⅱ부, 회무처리에 있어

① 서기가 회원을 점명(點名:call the roll)하니, ○○○, □□□, ×××, △△△, 전원이 출석하였으므로 회장이 개회를 선언하다.
② 서기가 전회록을 낭독하니 채용하기로 가결하다.
③ 위원이 경과 사항을 보고하니 받기로 가결하다.
④ ○○○의 이명청원은 허락하기로 가결하다.
⑤ 노회 총대는 ○○○, ○○○ 장로를 파송키로 가결하다.
⑥ 학습문답 합격자는 다음과 같다.
　○○○(남, 1960년 1월 2일생
　○○○(여, 1961년 3월 5일생)
⑦ 세례 문답합격자는 다음과 같다.
　○○○(남, 1961년 3월 3일생, 1980년 4월 5일 학습)
　○○○(여, 1962년 4월 2일생, 1981년 4월 5일 학습)

⑧ 유아세례 받을자는 다음과 같다.
　　○○○(남, 1981년 7월 5일생, ○○○씨의 2남)
　　○○○(여, 1982년 6월 10일생, ○○○씨의 3녀)
　이상 안건이 없으므로 ○○○ 기도(주기도)후 폐회하니 동일 오후 4시가 되다.

　　　　　　　　　　　　　　　　당회장 목사　　　(인)
　　　　　　　　　　　　　　　　서 기 장로 ○○○(인)

II. 제직회

1. 제직회 운영의 실제(회의를 중심으로)

1) 제직회의 정의와 조직 및 임무.
(1) 제직회의 정의
「제직회란 공동의회가 세워 준 교회 예산을 가지고 교회의 살림을 영위하며 구제와 봉사등의 직무를 수행하려고 목사, 장로, 집사, 권사 등의 항존직원과 당회 허락을 따라 전도사, 강도사, 여집사 등의 준항존직원과 임시직원인 서리(임시) 집사와 전도사 등으로 구성하는 당회 관할하에 운영되는 실무회(교회 직원회)이다.」

(2) 제직회의 조직과 임무
① 임원과 부서조직
　(가) 지교회는 당회와 교역자, 집사, 권사를 합하여 조직한다. 단 임시직원은 임직까지의 명칭이지 회원권의 경중을 구분하는

칭호는 아니다.
　(나) 제직회 임원
　(a) 회장
　선거하는 것이 아니라 당회장이 의례히 회장이 된다.
　(b) 서기와 부서기
　제직 총회에서 선출하는 것을 원칙으로 하나 회장에게 위임하여 지명 선임할 수도 있다.
　(c) 회계(출납회계와 부회계, 기록회계와 기록부회계)
　제직 총회에서 선거로 선임한다. 서기와는 달리 회계는 재정을 취급하는 임원이기 때문에 회계 사무 기능이 있고 신임을 받는 사람을 다수의 찬성으로 선임한다.(담임 목사의 재정 지휘의 편익이 되는 사사로운 임명은 삼가야 한다.)
　(d) 부서와 부서의 임원조직
　부서에는 부장과 차장 및 총무를 두어 해당 부서의 업무를 담당하되 그 선임은 해당 부서에서 직선할 수도 있고 당회에 위임하여 당회에서 각 부서의 업무 특성을 고려하여 적임자를 간접선임할 수 있다.
　(e) 제직회 업무부서
　부서는 교회의 양적 규모와 형편에 따라 부서의 유형을 적의 구성하며 그 예시는 다음과 같다.
　　㉠ 전도부　㉡ 재정부　㉢구제 봉사부　㉣경조부　㉤ 시설관리부㉥ 서무부　㉦ 교육부　㉧ 성미부.등(이 외에도 필요한 부서를 둘 수 있다. 단 부서별 인원은 제직 현황과 부서의 업무량을 고려하여 적의 배정한다)
　② 임원과 부서의 임무

(가) 회장: 제직회를 대표하며 회의를 사회하고 업무를 결재한다.

(나) 서기: 제직회의를 준비하고 회의록을 기록 보존하며 회원 출결을 점검한다.

(다) 부서기: 서기를 보좌하며 서기 유고시 대리한다.

(라) 출납회계: 헌금출납에 관한 일체의 사무를 관장한다.

(마) 출납부회계: 회계를 보좌하며 회계 유고시 대리한다.

(바) 기록회계: 공동의회에서 허락된 예산을 항목별로 수지(收支)에 관한 사항을 기록 통계화하고 제직회에 회계 보고한다.

(사) 기록부회계: 기록 회계를 보좌하며 기록회계 유고시 대리한다.

(아) 부서의 부장: 부서를 대표하며 부서의 직무를 부원과 함께 수행하고 업무를 보고한다.

(자) 부서의 차장: 부장을 보좌하며 부장 유고시 대리한다.

(차) 부서의 총무: 부서의 실무를 총괄하고 기록하며 부서 업무상의 배정된 예산을 관리한다.

(카) 감사: 감사 2명을 선임하여 회계(재정) 사무에 관한 사항을 감사하여 감사 보고서를 제출하고 구두로 보고하되 연 2회 이상할 수 있으며 당회장과 제직회에서 감사를 요구할 수 있다.

(하) 각 부서의 직무:

㉠ 전도부(전도에 관한 일체의 사무)

㉡ 재정부(재정에 관한 일체의 사무)

㉢ 구제부(구제 사무와 각종 봉사 사무)

㉣ 경조부(애경사에 관한 일체의 사무)

㉤ 시설관리부(교회 시설 관리 및 수리에 관한 사무)

㉥ 서무부(문부 행정에 관한 사무)

ⓢ교육부(교회 교육기관에 협력 사무)
ⓞ성미부(성미운동과 관리 및 지급 사무)
2) 제직회 회의
(1) 회집 구분
① 정기회: 매월 정기적 월례화하여 당월 첫 주에 회집한다.
② 임시회: 필요시 수시로 회집한다.
(2) 회집(소집) 요건(14장 91조 3항)
① 회장이 제직회가 필요하다고 인정할 때.
② 제직회원 과반수의 소집요청이 있을 때.
③ 상회의 지시가 있을때(타교단에 없는 조항) 소집은 1주일 전에 광고하고 임시회는 즉시 소집할 수 있다.
(3) 개회성수(91조 4항)
개회성수는 출석회원으로 한다.(타교단은 과반수로 한다.)
(4) 결의 성수
안건의 결의성수(정족수)는 다수결(종다수결)로 한다.
(5) 결의 사항(제직회의 직무)(91조 5항)
① 당회나 당회장의 지시사항.
② 공동의회에서 결정한 예산집행에 관한 사항
③ 연말 결산보고 및 익년 예산 편성을 심의하여 공동의회에 보고하여 통과받는 일.
④ 구제비의 수입, 지출 및 특별헌금 수지업무.
⑤ 기타 중요한 사항.

2. 제직회 회의 절차와 회순해설.

1) 회의 절차

(1) 예배
Ⅰ부, 예배
1. 예배의 시작 선언
2. 묵상 기도
3. 찬송
4. 기도
5. 성경과 말씀
6. 주기도 또는 기도(이 순서로 Ⅰ부 예배 마감)

(2) 회의
Ⅱ부, 회무처리
1. 회원 점명
2. 개회선언
3. 전회록 낭독
4. 회계보고(유인물로하되 그 서식은 부록별지)
5. 각부보고(제직회사업부서)
6. 각기관 보고(교회부속기관; 자치, 교육)
7. 안건심의(미결사항 우선심의)
8. 광고
9. 회록 낭독과 채택
10. 기도(주기도)와 폐회

2) 회순해설
 Ⅰ부, 예배 순서에 관하여
이 순서에 대해서는 당히 예배 순서와 같이 한다.

Ⅱ부, 회의 순서
1-3번까지는 당회의 회순 해설과 같다.

4. 회계보고
회계보고는 기록회계가 계정과목별(관항목)로 월중 수지의 통계를 내어 서면 보고한다. 이때 통계는 출납회계와 일치되어야 한다. 그리고 은행 예치 통장의 이면 기사면과 잔고면 사본을 첨부한다.

5. 각부보고
각부서 업무보고는 부장(차장, 부서총무)이 기간중 업무 실적을 보고한다(각부서별 업무 보고서 소정서식에 의거 작성하여 보고)

6. 각기관 보고
당회에 소속한 교회 각기관(교육, 자치, 특위)의 기간중 업무 실적을 각 기관장이나 기타 기관 임원이 보고한다. 단 이 보고는 제직회 기구 직무보고가 아니기 때문에 광고 보고로 받으며 교회 직원은 교회 모든 부서의 활동 사항을 파악하는 기회가 되며 제직회원은 업무에 대한 질문을 할 수 있고 각 기관은 제직회에 필요한 건의를 겸할 수 있다.

7. 안건심의
각부서의 제안된 사업 심의와 이에 따른 예산을 배정 승인하고 계속 사업을 확인하며 제직회 직무에 관한 업무 영역의 것을 성안하여 시행여부를 심의 결의한다.

8. 광고
결의된 업무 시행에 관한 상호 협조 요청과 재확인 및 교회의 업무와 환기해야 할 일을 강조하여 알린다.

9. 회록낭독
회의중 결의된 안건의 기록한 내용을 확인하여 채택한다. 문자와 문맥을 다듬거나 내용의 첨삭(添削; correction)이 필요한 부분을 조정하여 받되 시간 소요가 필요시 차회(next time)에 완결 보고를 받기로하고 임시 채용을 할 수 있다.

10. 기도와 폐회
반드시 회의를 마감하는 기도를 한다음 폐회를 선언한다.

3. 제직회 회의록 작성 요령과 예시

1) 작성요령
회의록 기록 요령은 당회록 기록 요령과 같으며 제직회 회의록 소정 양식에 의거하여 작성한다.

2) 회록예시
(   )년   월 일 시에 본 제직회가 정기로 본 교회 소 예배실에서 회집하여 회장 ○○○

목사의 사회로 Ⅰ부, 예배를 시작하여 마친후 Ⅱ부 회무처리에 있어 서기가 회원을, (회원명부(출석부)대로) 점명하니 재적 45명 중 41명이 출석하고 4명이 불참하여 회의 성수가 되므로 회장이 개회를 선언하다.
　① 서기가 전회록을 낭독하여 받기로 가결하다.
　② 기록회계가 회계보고를 유인물로 보고하니 금월 수입( )원, 수입누계( )원, 금월 지출( )원, 지출누계( )원으로 보고되어 지출 내용에 대하여 질문이 있은후 보고 원안대로 받기로 가결하다.
　③ 각부 보고는 ○○부, ○○부, ○○부, ○○부 등의 각부보고는 받기로 가결하다.
　④ 각기관 보고는 (주일학교 각부, 각자치 기구) 광고 보고로 받기로 하다.
　⑤ 안건심의에 있어서 다음과 같은 사업을 추진키로 가결하다.
　　(가) 교회학교 야외 예배시에 간식을 제공
　　(나) 소년, 소녀 가장 네 가구를 탐방하여 학비 보조비 전달.
　　(다) 무의탁 고령 성도의 생활비 보조
이상 안건이 없으므로 회록을 채용한 후 주기도로 폐회하니 당일 오후 4시가 되다.

　　　　　　　　　　　　　　회 장 목사　○ ○ ○ (인)
　　　　　　　　　　　　　　서 기 집사　○ ○ ○ (인)

4. 제직회의 소정서식 예시(부록과 같이 작성하여 사용한다)

　1) 예산편성표　2) 회계보고서　3) 금전출납부　4) 각부서 및 각기관 보고서　5) 감사보고서　6) 출석부　7) 회의록 등(부록으로 첨부)

III. 공동의회

1. 공동의회 회의의 실제

1) 공동의회의 정의와 조직(구성)
(1) 공동의회의 정의

공동의회란 양심자유 원리에 따르는 기본권을 행사하는 최고의 의회이다. 장로회 정치가 공화정치인 까닭에 교인들이 직접 치리 실무에 임하지 아니하고 당회가 행하지만, 교회 직원을 선거하거나, 치리 장로의 시무투표를 행하거나, 당회와 부속회의 경과 상황을 보고하게 하거나, 예산 결산 등 주요 안건에 대해서까지 당회가 다하는 것은 아니다.

이런 일은 마땅히 공동의회에서 교인의 총회에 의해서 처결한다. 이 일을 위한 "교인(기본권자) 총회"가 곧 공동의회이다.

(2) 공동의회의 성경적 근거

사도행전6:5에 "온 무리가(모든 사람) 이 말을 듣고 기뻐하여 (옳게 여겨)······ 택하여"한 것을 보면 사도는 발의(proposal)하고 결정권은 교인에게 있었다. 사도의 교권적 명령에 복종이 아니라 "모든 사람이 옳게 여겨" 자기들의 신앙의식에 비추어 자유로운 결정을 한 것이다. 사도는 하나님의 계시를 받아 발표하고 교인은 이에 기뻐 따르는 것이 교회의 정치요, 행정이요, 장로교 정치의 정신이다.

(3) 공동의회의 구성

① 지교회 무흠 입교인(18세이상 입교인)〈14장 90조 1항〉
② 본교회 교적부에 기명(register)된 입교인

③ 교역자, 직분자도 한 사람의 입교인의 신분과 자격으로 구성원이 된다(직분이 작용되 지 않음)
(4) 공동의회의 임원조직(Organization of officer)
① 의장(회장) : 지교회 시무 목사(당회장)가 으레히 의장이 된다. 당회장이 의장을 예겸 (additional post)하여 공동의회 회의를 사회한다.
② 서기: 당회의 서기(장로)가 공동의회 서기를 예겸한다.
③ 공동의회는 최고 결의기구이고 사업기구가 아니므로 재정과 사업관장 부서조직이 없는 것이 특징이다.

2) 공동의회 소집(회집)과 회의〈정치 제14장 제90조 2항각절〉
(1) 소집의 요건
① 당회 또는 당회장이 소집할 필요가 있을 때
② 제직회원 1/2이상의 청원이 있을 때
③ 무흠 입교인 3분의 1이상의 청원이 있을 때
④ 상회의 지시가 있을 때
(2) 소집방법
① 당회의 결의로 당회장이 소집한다.
② 일시, 장소, 안건을 명시하여 1주일 전에 공고한다.(주보에 게재하고 구두광고)
③ 위의 소집요건상의 청원이 있을시 당회는 접수하여 가결후 공고한다.
3) 회의
(1) 회의 구분
① 정기회: 연말회의로서 예결산 심의 채용과 연간 교회경과 보

제4장 당회, 제직회, 공동의회 운영실제 • 195

고안과 미리 공고 제시된 안건을 심의 가결하기 위한 회의
② 임시회:필요시 소집요건에 따라 회집되는 회의로서 목회자 청빙, 위임투표, 직원선거, 긴급 또는 중요안건 을 처리하기 위한 회의

(2) 회집성수

공동의회 회의 성수는 1주일전 소집 공고하여 회집된 회원으로 개회한다. 단 모인 수가 너무 적으면 회장은 회중을 권하여 다른 날에 다시 회집할 수 있다. 여기 너무 적다는 기준은 회장의 재량권(discrationary)으로 판단한다.

모인 수로 할 수 있다는 공동의회의 특성은

첫째, 선기(先期) 1주일전 공고한 후 회원 불참은 모인 자에게 위임함을 의미하며

둘째, 주의 일은 자원하고 관심있는 자와 함께 논의하는 것이 마땅하기 때문이며

셋째, 공동의회 안건은 대체로 지체할 수 없는 안건이 많으므로 모인 수로 하게 되며

넷째, 기본권자가 회원이므로 회집에 강제성을 띤 직분적 의무가 없으므로 참석권이 있으면 불참권도 있기에 성수 기준을 둘 수가 없다.

다만 너무 적게 모이면 장로를 택하는 일에 있어서는 상회인 노회가 인정치 않고 재선거를 명할 수 있기 때문에 적의 판단하고, 또한 사전 광고를 잘하여 이해를 구할 필요가있다.

(3) 결의성수

① 일반안건: 재석회원의 과반수 찬성으로 가결한다.
② 청빙과 선거 안건: 담임목사 청빙, 위임, 장로, 집사, 권사

선거는 투표수의 2/3이상 가표로 결정한다.

4) 공동의회 직무(기능:결의할 사항)
(1) 당회와 당회장이 제시한 사항
(2) 예산 및 결산 심의 결정(행당연도의 예, 결산 및 편성)
(3) 법에 정한 직원 선거
(4) 상회가 지시한 사항과 교회에서 제안된 사항
(5) 당회의 결의 사항과, 제직회, 부속각회의 보고받는 일

2. 공동의회 회의순서

Ⅰ부, 예배는 전술한 바와 같이 당회 회의시 Ⅰ부 예배순과 같다 할 수 있으나 찬송, 기도후 Ⅱ부 회무 처리를 할 수 있다.
(1) 개회선언(의장:담임목사)
(2) 찬송(다같이:적절한 곡을 선택)
(3) 기도(회원, 또는 장로, 집사중 의장이 지명)
(4) 회원호명(서기, 교적부 즉 입교인 명부에 등재된 무흠 입교인 중 참석 회원을 계수화한다. 특히 법정 정족수가 요구되는 직원 선거는 회원 점명을 정확히 해야 함
(5) 개회선언(의장, 모인 수가 너무 적지 않을 때)
(6) 전회록 낭독(서기, 임시 공동의회는 전회록 낭독을 생략)
(7) 보고(담임목사, 당회, 제직회, 부속 각기관 보고(기관책임자))
(8) 안건심의(사전 제시된 안건을, 제시 문안상의 게재된 순서대로)

① 예결산 심의 채용(유인물에 의거)
② 직원선거(투표):대개 연말 정기회에서는 선거는 피한다.
③ 제안된(공고) 안건
④ 당석 제안된 안건은 사안(事案)에 따라 당회, 제직회로 넘기고 가급적이면 사전 공고되지 않은 안건은 심의하지 않는다.
 (9) 회의록 채용(가결된 안건을 회록상으로 확인한다)
 (10) 광고(의장, 의장이 지명하는 당회원)
 (11) 폐회(반드시 기도한 후 폐회)

3. 공동의회의 직원선거 절차(장로, 집사, 권사, 여집사 선출방법)

1) 사회자의 기도(공동의회 순서 중 선거 대목에 이르러)
2) 경위 보고(선거하게 된 경위)
3) 서기 지명(당회서기가 예겸치 않을 경우)
4) 투개표 위원(선거종사자) 위촉(사회자가 위임받아 자벽)
5) 장로, 권사, 집사등의 후보자 소개
(1) 장로후보는 선거정수를 노회에 허락을 받아 당회장의 추천과 당회원 과반수 이상의 동의를 받은 자가 된다(6장 39조 1항)
(2) 집사, 권사 피택 후보도 전항과 같다(6장 39조 2항)
6) 기도후 투표(기표전에 반드시 기도한다. 회원 2/3이상 찬성으로 선출)
(1) 투표지 사전 준비
(2) 기표방법 설명
7) 결과보고
8) 기도 또는 축도하고 마감한다.

제5장
노 회

1. 노회의 의의(제12장 제74조)

그리스도의 몸인 교회가 나누어져서 여러 지교회가 되었으므로(행 6:1-6, 9:31, 21:20) 서로 협의하고 협력하여 교회의 순전함을 보존하고 권징을 동일하게 하며 신앙에 관한 지식과 바른 도리를 합심하여 발휘하며 배도(背道)와 부도덕을 금지할 것이 요청된다. 이러한 일을 이루기 위하여는 상회인 노회(presbytery)가 있어야 한다.

1) 노회의 근원

사도시대의 예루살렘교회(행 2:41-47, 6:1-7)가 분산되기 전이나 그 후에도 많은 지교회들이 각처에 있었고(행 9:31, 19:17-20, 20:28, 고전 16:19) 그 교회들이 노회와 같은 모임이 있어서 문제 해결의 도움을 받은 증거가 있다(행 15:4, 29, 21:17-26, 고전 16:8, 9, 19, 계 2:1-6).

장로교회의 입법, 사법, 행정, 그리고 모든 정치원리는 노회가 중심이 되었기 때문에 개교회를 노회의 지교회라고 부른다. 장로

교회는 노회를 중심으로 하여 아래로 당회, 위로 총회를 갖는다. 장로교회는 노회 위에 대회(Synod)제도를 둘 수 있으나 시행하지 않는다(한국 교회).[1]

2) 노회의 필요성과 원리

(1) 노회의 필요성
1. 노회의 의의(제12장 제74조)
보우만(H. Bouwman)은 노회의 필요성을 네 가지로 말하였다.[2]
첫째, 교회의 통일을 위하여
둘째, 많은 교회들의 합심협력에 의한 교회의 지속적 발전 및 신앙과 행위에 순결을 위하여
셋째, 많은 교회들의 협력에 의한 회중의 자유수호를 위하여(교권주의자들을 방지)
넷째, 하나님의 말씀대로 모든 일이 유지되고 규율과 권징이 실시되기 위하여(전 4:9-12 참조)
"장로의회"(딤전 4:14)란 말의 헬라원어로 "프레스뷔테리온"(: presbyterion)은 장로들의 단체를 가리킨다.
리델보스(H. N. Ridderbos)는 이 말이 장로의 모임을 의미한다고 확언하였다.
노회는 그 직무를 이행함에 있어서 역시 하나님의 말씀(행 20:32)을 좇아 행하여야 된다(벧전 5:3). 그것을 "사역"(Ministry : 수종드는 일)이라고 한다.[3]

---

1) 임택진, 장로교회정치해설(서울 : 기독교문사, 1992), p.204.
2) Ibid.

(2) 노회의 일반적인 원리
① 당회는 노회의 하급 치리회다. 장로교회는 노회를 중심으로 하여 아래로 하(下會)인 당회와 위로 상회(上會)인 총회를 갖는다.
② 장로교회는 노회 위에 대회(Synod)제도를 둘 수도 있다.
③ 당회의 노회의 결정사항을 불복하거나 거역할 수 없다. 위헌이라고 생각될 때에는 항소를 하는 절차를 밟아야 한다.
④ 노회는 교리에 관한 사항과 체제에 관한 사항 등 지교회를 치리할 수 있는 모든 원리를 헌법으로 제정해서 다스린다. 교회와 당회는 그런 권한이 없다.
⑤ 당회의 교리상의 문제가 있고 정치, 행정, 사법상의 문제가 있으면 노회의 지시와 감독을 받는다.
⑥ 장로교회는 이러한 정치 원리를 목사와 장로들에게 서약한 후 임직한다.[4]

2. 노회의 조직(구성)(제12장 제75조)

노회는 일정한 구역 안에 10개 교회 이상, 목사 5인 이상이 있을 때 총회 허락을 얻어 조직할 수 있으며 무지역 노회를 둘 수 있다.

단, 기존 무지역 노회를 제외한 신설 무지역 노회는 5년 이내에 지역노회로 복귀한다.

---

3) 임택진. op. cit., p.205.
4) 손병호, 교회정치학원론(서울 : 도서출판 그린, 1991), p.286.

(1) 노회조직 요건
① 일정한 구역이 있어야 한다
  일정한 구역이란 총회가 획정한 노회 구역을 가리키는 지역 단위를 말하는데 일정한 구역이어야 한다는 이유는
  첫째, 그렇게 함이 교회의 본질이 되는 통일성(unity)을 유지함에 필요하기 때문이다(엡 4 : 1-6).
  만일 같은 지역 안에 있는 교회들이 각자 노회 소속을 달리한다면 교제가 되지 않아 연합 정신을 배척하는 결과를 가져올 것이기 때문이다.
  둘째, 같은 지역에 사는 형제들이 서로 접촉도 많고 도덕적 책임에 매이는 것이 상례이니 그런 형편에서는 각기 책임을 실행할 더 좋은 기회를 가지기 때문이다(시 15 : 7). 형제 연합은 가까운 데서 이루어지는 것이 자연스럽고 또 아름답다.[5]

② 구역 안의 10개 교회 이상(타교단, 당회 15처 이상)이어야 한다
  장로가 없는 미조직교회를 준당회로 규정함으로써 결국 10개 교회란 10개처 당회란 뜻이 담겨 있는 것이다. 타장로교단의 15개 처 당회라고 하는 정신은 노회의 총대수 배당에 있어 목사 총대와 장로 총대를 서로 동수(同數)가 되도록 하여 교권주의(hierarchy)를 막고 권한의 평준화하려는 것이다. 이것은 장로교회정치의 기본 도리이다(참고 성구 마 20 : 25-27).
  따라서 10개 교회라고만 표현된 규정은 미조직교회도 준당회라는 규정을 두었기 때문이다. 다만 목사와 장로의 총대 동수 유지

---
5) 헌법주석, p.143.
   임택진, op. cit., p.206에서 recite.

에는 노회 개설 초기에는 다소 어렵다.

③ 목사(시무 목사) 5인 이상(타장로교단 15인 이상)이어야 한다

노회조직 요건의 하나인 구역 안에 있는 목사 10인 이상에는 노회 소속을 한 목사라도 시무처가 노회구역 밖에 있는 목사는 원칙적으로 이에 포함되지 않는 것이 사리에 맞다.

④ 입교인(   )명 이상이어야 한다(합동 정통측은 규정하지 않음)

타교단에는 2,000명 이상이어야 한다는 기준이 있으나 합동측에는 이 요건을 두지 않는 것은 일장일단이 있다. 입교인수를 요건으로 할 때 그것은 교회 수효 기준과 목사 수효의 기준이 되었어도 입교인 수효가 기준에 차지 않으면 조직이 불가능하다는 단점이 있고 다른 한편으로는 입교인수와 관계없이 교회 수와 목사의 수만 차면 조직이 가능하다고 할 때 부실한 노회 조직의 남발의 우려가 있으므로 이를 예방한다는 장점이 있기도 하다.

(2) 노회는 노회 소속 목사와 당회에서 파송한 총대 장로로 조직한다

노회는 소속된 모든 목사들과 당회에서 총대로 파송된 장로들로 조직한다. 목사는 노회에 교적을 둔 계속회원이고 장로는 총대로 파송될 때만 회원이 된다. 장로총대의 임기는 1년이다. 노회는 지교회로 구성된다기보다 지교회에서 시무하는 목사와 장로로 구성된다고 보는 것이 조직의 또 다른 일면이다. 단 지교회 수의 요건으로 구성된다는 것은 노회의 기구적 조직의 개념으로 볼 것이며, 목사와 총대장로로 구성한다는 것은 노회의 회의체적 개념으로 보는 것이 좋을 것이다.

(3) 당회에서 총대장로 파송의 입교인수의 비례에 따라 파송하는 것은 규정하지 않았다

영국은 한 교회에서 한 장로, 미국은 목사수에 비례, 한국은 교단마다 차이가 있으나 합동 정통측은 1당회당 1명의 총대장로 파송제를 유지하고 있다.

3. 노회원의 자격(제12장 제76조)

(1) 회원권의 대상
① 위임목사(시무목사), 임시목사, 부목사, 전도 목사, 기관목사, 선교목사

지교회나 총회 혹은 노회의 기관을 시무하는 목사는 회원권이 있다. 여기에서 말하는 회원권이란 언권, 투표권(선거권과 피선거권) 혹은 가부권, 위원회에서의(상비부서 포함 투표권), 총대권(총회 총대 피선거권) 등을 말한다.

② 원로목사, 공로목사, 무임목사, 은퇴목사

이 목사 등은 교회나 기관을 시무하지 않는 목사이다. 이들은 노회에서 언권회원이 되고 투표권이 없다. 비시무목사에게도 어떤 자격(언권)을 주어 협력할 수 있게 함이 바람직하다. 이들은 경험이 있어 회무처리에 도움을 줄 수 있기 때문이다. 그래서 노회는 젊은 회원의 교만과 경험 많은 회원의 자랑이 없이 겸손히 믿음으로 일을 행하여야 유익하다(약 4 : 6, 시 101 : 5 참조).[6]

단, 합정측은 헌법 제12장 제76조에서 원로목사, 공로목사에게

---

6) 박윤선, 헌법주석, p.144.

도 정회원권을 인정하고 있다.
③ 증경노회장, 총대장로
· 증경노회장도 실은 어떤 회원권을 이미 가지고 있는데 굳이 증경노회장으로 구분한 것은 기타 회원권으로(언권회원) 정회원 요건이 없으나 증경회장이기 때문에 회원권을 보존하여 주는 것으로 볼 수 있다(합동 정통측 규정).
· 총대장로회원 : 총대장로는 서기가 천서를 접수하여 호명하면 회원이 되는데 1년간 회원권을 가진다. 목사회원은 그 소속이 노회이므로 계속(항상) 회원이 되지만 지교회 당회에 소속한 장로는 항상 당회원일 수는 있어도 항상 노회원일 수는 없다. 장로가 노회원이 되는 일은 당회의 택함을 받고, 그것이 정당하다고 노회 서기가 그 천서를 접수하여 호명해야 노회원이 된다.[7]

(2) 회원권의 구분
① 정회원(회원)(전술한 바 있다)(시무회원) : 정회원은 언권, 투표권(선거권, 피선거권)이 있다.
② 언권회원(비시무회원) : 언권회원은 시무가 없으므로 노회에서 언권(발언권), 즉 의견, 찬반에 대한 의사 표현권을 가진다. 단, 언권회원은 투표권이 없으므로 개회 성수와 관계가 없다. 투표권에는 회의와 가결에 있어 성수 작용을 하고 있기 때문이다.

---
7) 임택진, op. cit., p.210.

4. 노회의 성수와 의결(제12장 제77조)

노회 개회성수는 회원 과반수 출석으로 하고 회의 가결은 출석회원 과반수 이상으로 가결한다. 단, 법으로 정한 것은 예외이다.

(1) 개회성수
노회 개회성수는 회원(시무목사와 총대장로) 과반수의 출석으로 한다. 여기에서 총대장로를 구분하여 목사회원과 총대장로 회원의 각 과반수로 하는 것이 원칙이나 본 조항에서는 양자를 묶어서 과반수로 하고 있다. 노회 개회성수의 3요건은 다음과 같다.
 ① 예정된 장소에서 모여야 한다.
 ② 예정 일시에 모여야 한다.
 ③ 회원 과반수가 모여야 한다.
개회성수에 있어서 목사회원과 장로회원의 각각 과반수의 기준을 두고 있다. 교단은 지교회 대표와 노회에 교적을 둔 대표들이 서로 균형을 이루어 결의에 있어 공평을 기하기 위함이니 장로교 정신과 사리에 부합하다 하겠다.
장로교와 개혁교는 교권주의 방지를 위해서 "사역상 균형 혹은 평형"(Parity of ministry)이란 교리를 가지고 있다.[8]

(2) 결의성수
노회의 제반 회의 결의성수는 법정 기준수 규정을 제외하고는 출석회원의 과반수로 결의한다. 이 결의성수 규정은 헌법적 규정

---

8) 박윤선, op. cit., p.145.

이라기보다는 하위(下位) 규정인 노회 규정에나 의사규칙으로 이해될 수 있는 규정이다.

5. 노회의 직무(제12장 제78조) 또는 권한

노회는 행정적 총찰, 청원안건 처리, 인사에 관한 사항, 사업, 검열, 재판, 재산관리 등인데 이를 직무별로 다음과 같이 말할 수 있다.

(1) 노회는 노회구역 안에 있는 각 지교회와 지교회에 파송한 각종 교역자와 목사 후보생과 소속기관 및 단체를 총찰한다.

노회는 구역 안에 있는 각 지교회, 즉 조직교회와 미조직교회, 각종 교역자 신분관리 소속기관 및 단체를 총찰한다. "총찰한다"는 노회 규례와 사리를 좇아 모든 총찰 대상을 관리·보호·육성하는 것이고 순방, 상담, 지도 편달하는 것을 포함한다.

(2) 노회는 각 당회에서 제출한 헌의, 문의, 청원, 진정에 관한 사항을 접수 처리한다.

각 당회가 규정대로 제출한 모든 위의 사항에 관한 문건(文件)들을 접수처리 한다. 이것은 당회 자체가 감당키 어려운 행정적 사건을 치리 의뢰할 때 처리하는 것은 지교회와 기관 및 단체를 육성 보호하는 데 큰 뜻이 있다.

(3) 노회는 각 당에서 제출한 소원, 소송, 상소, 위탁판결, 직활 판결에 관한 사항을 처리한다(고전 6:1-8, 딤전 5:19).

당회가 제출하는 소원, 소송, 상소, 위탁판결 등은 권징 조례 규정에 따라 노회가 재판회로 회집하여 직활하거나 혹은 재판국에 의하여 처리할 수 있다.

(4) 노회는 지교회 각 당회록을 검사하며 교회 권징에 대한 문의를 해석하여 답변한다.

노회가 연 1차씩 각 지교회 당회록을 검사하며 처리안건에 대하여 착오가 없도록 지도하고 필요시 교정을 지시하는 것은 공동감사권에 의한 권리 행사이다. 권징에 대한 문의에 해석하고 답하는 것은 노회의 의무요 권리이다. 그러나 최종적인 해석권은 총회이다.

노회는 교회의 성결을 위해 권징을 성실히 실행해야 된다. 치리권을 가진 치리회는 권징을 받을 자의 순종을 요구한다.

(5) 노회는 신학생 및 신학 졸업생을 관리하며 목사의 임직, 위임, 해임, 전출입의 이명, 권징에 관한 사항을 처리한다(딤전 4 : 14, 행 13 : 2-3).

노회는 목사 양성을 위하여 신학생 및 신학 졸업생을 관리하며 지교회에 보낼 목사를 관리하고 목사 후보생 지원자의 추천과 신학 졸업자의 목사 고시 추천과 그들을 지도 육성 교육하며, 목사의 임직, 위임, 해임, 이명, 권징에 관한 사항을 처리한다.

개혁교회에서는 신자들의 순종을 배우기 위해 상호 감독(consuramorum)이라는 교리(마 18 : 15-17)를 따라 계속 훈련 받도록 되어 있다.

(6) 노회는 지교회 장로 선택, 임직을 허락하며 장로와 전도사의 자격고시를 한다.

노회가 가진 인사권은 목사 후보생 목사 및 장로와 전도사의 관계로서 목사 후보생과 목사에 대하여는 전적 관할이요, 장로와 전도사에 대하여는 노회가 자격고시에 관한 것뿐이다.

노회는 지교회의 장로선거 청원을 받아 그 선택과 장로 임직을 허락하며 장로와 전도사의 자격을 고시한다. 이 일이 중요한 것이다.

이 일을 소홀히 하면 교회나 교파가 부패하기 쉽다. 교회 인사에 자격을 심사하는 것은 교회 성역에 있어 과오를 방지하는 일이 된다.

그러므로 노회는 고시제도가 엄숙히 유지되어야 한다(참고 성구, 딤전 5 : 21-22).

(7) 노회는 지교회를 설립, 분립, 합병, 폐지하고 당회를 조직하며 목사 청빙, 전도, 재정관리 등 일체 상황을 지도한다.

지교회의 일체 상황을 노회가 지도하는데 이 사역에 있어서 교권에 의한 억압, 혹은 유인행위 같은 것은 금물이다. "지도"라는 문구(文句)는 협력의 의미로 해석하여야 할 것이다. 특별히 교회를 합병, 분리하는 일에 있어서 영어 원문에는 "회중의 청구에 의하여"(at the request of the people) 그 일에 관계한다고 되어 있다.[9]

노회는 지교회의 신성과 화평을 방해하는 언행을 방지하며 교회의 실정을 살피고 폐해를 감시하며 교정할 책임이 있다. 노회의 지교회 지도는 진리 수호 및 전파와 교육할 직무가 있기 때문이다.

교회가 목사가 있어야 지도할 수 있으며 전도와 교육을 바르게 하려면 재정상황도 바르게 지도해야 한다.

(8) 노회는 본 회에서 총회에 제출하는 청원, 헌의, 문의, 진정, 상소, 위탁판결에 관한 사건을 상정하고 노회 상황을 보고하며 총대를 선정 파송하여 총회의 지시를 실행한다.

노회와 총회와의 관계에서 상정하는 사건이 있고 실행할 사건이

---

9) Ibid., p.149.

있다.
  ① 노회로서 감당할 수 없는 일은 총회로 보내는 것이다.
  · 청원, 헌의, 문의, 진정, 위탁판결에 관한 사건은 총회에 상정한다. 노회는 노회로서 감당할 수 없는 일을 총회로 상정하는 것이다.
  · 노회는 당회로서 감당할수 없는 일들을 처리한다. 이렇게 볼 때 장로교의 각 치리회는 각기 받은 은사대로 일한다.
  · 이런 제도는 수직적(vertical)인 상하(上下)의 계급제도가 아니고 수평적(horizontal)인 연합전선의 제도이다. 모든 회원은 하나님을 중심하고 그의 말씀을 따라 봉사하며 수종(ministry)할 뿐이므로 수종적(ministrial)이 아닌 교권주의적인 활동은 용납될 수 없다.[10] 특히 상소권은 노회가 피고가 되었거나 혹 그렇지 아니할지라도 노회판결에 불복하는 "양심자유원리"에 의한 권리행사이므로 노회가 부당한 간섭이나 제약을 가할 수 없고 마땅히 접수하여 총회에 상정하여야 한다.
  ② 노회 상황을 보고하여야 한다. 교회는 그리스도의 몸이므로(고전 12 : 27) 각 기관은 긴밀한 연락과 질서를 지킬 때 교회의 생명인 화평과 사랑을 유지하게 되며 교회의 성장을 도모하게 된다.[11]
  ③ 총회 총대를 선정 파송한다. 노회에서 파송하는 총회 총대는 3당회당 1총대제를 취하고 있다(합동정통측). 타교단의 경우 무흠 입교인 ○○명당 목사, 장로 각 1인으로 선정 파송

---

10) Ibid., pp.145-146.
    Ibid., p.215에서 recite.
11) 임택진, 장로교회정치해설(서울 : 기독교문사, 1992), p.215.

하며 원(元)총대 외에 부(副)총대를 약간 명 선정하였다가 원총대 유고시 그를 대리케 하는 제도를 시행하고 있다. 물론 총회 총대 비용은 노회가 부담하는 것이 원칙이다.

④ 총회 지시를 실행한다. 노회는 총회와 유기적 관계를 가짐으로 총회의 지시를 실행해야 한다. 장로교회의 조직은 노회가 중심으로 노회의 역할이 중요하다. 노회의 설립, 분립, 합병, 폐지의 절차는 총회의 결의에 따라야 한다.[12] 노회의 구역 변경은 노회가 분립될 때, 또는 특별한 이유가 있어서 노회 구역을 재조정할 필요가 있을 때에 총회는 노회의 의견을 들어 총회가 변경을 결정한다.[13]

(9) 노회는 소속 지교회와 산하 기관의 부동산을 관리하고 재산문제로 사건이 발생하면 처결한다.

당회는 지교회 토지, 가옥 등의 부동산을 관리한다(정치 제11장 제71조 7항) 하였는데 노회가 산하 기관의 부동산을 관리하여 상호 상충된다는 오해를 하기 쉬우나 노회가 가지는 권리는 지교회의 토지, 가옥에 대한 것이 아니라 재산 문제로 사건이 발생했을 경우에 이에 처결권이 있음을 의미한다 [14](제11장 제71조 7항 서술).

---

12) 박윤선 저, 교회헌법해석서, 제75조 참조.
13) Ibid, 76조.
14) 임택진, op. cit, p216.

6. 노회의 회집(제12장 제81조)

　노회가 모이는 목적은 첫째, 문제 해결을 공적으로 얻기 위한 것이다. 교회 일은 광명정대(光明正大)해야 한다(눅 12:3). 둘째, 지혜를 모음으로 문제해결이 가능하다. 공회가 모여서 토론함으로써 난제해결이 가능하다. 토론의 동기는 주장이 아닌 공동체의 난제 해결을 통한 하나님께 영광 돌리기 위함이다.
　노회는 당회와 달라서 회원이면 누구나 회장이 될 수 있다. 즉, 목사나 장로를 구별하지 않고 노회장이 될 수 있다는 것인데 합동정통측은 목사 회원만이 회장이 될 수 있도록 노회규칙 제3장 제8조 1, 2항에 명시하고 있다. 교훈권 장로인 목사와 치리권 장로의 치리회 치리권의 동등성에서 보면 의견이 있을 수 있다.
　그러나 장로가 노회장이 될 경우(미국의 예) 목사가 할 수 있는 모든 일은 할 수가 없다.[15]
　노회는 다음의 경우 노회장이 소집한다.
　(1) 정기 노회는 예정한 시일과 장소에 회집하되 개회 10일 선기(先期)(타교단 1개월 전)하여 소집을 통지한다(합동 정통측은 임시회는 10일 선기가 있으나 정기회는 명시를 하지 않고 있어 역시 임시회에 준하고 있다).
　그러나 정기회의 경우는 1개월 전 소집 통지를 하여야 한다. 그것은 노회를 대비하여 제반 업무와 행정적인 시행사건이 있기 때문이다.
　① 정기 노회란 예정된 시일과 장소에서 회집하는 노회이다. 정

---

15) 손병호, 교회정치학원론(서울:도서출판 그린, 1991), p287.

기 노회 시일은 회칙에나 또는 정기회의에서 확인하고 있으나 회집 장소는 임원회에 맡기는 것이 상례이다. 장소는 여러 가지 사정이 있을 수 있으므로 적절히 고려토록 하기 위함이다.

② 예정된 시일과 장소를 반드시 정기노회의 성립 요건으로 삼는 것은 두 가지 중요한 이유에서다.
- 다수의 회원이 모여서 정상적인 회의를 공명정대(公明正大)하게 진행하기 위함이요.
- 불법, 불의한 회의 진행을 사전에 예방하기 위함이다. 그러므로 예정된 일시와 장소가 아니면 다수의 회원이 모였다 하여도 그 치리회는 정당한 치리회가 아니다. 정기 노회를 1년 2회 모이는 예도 있고 1회 모이는 예도(타교단의 경우) 있다 (정통측은 4월과 10월, 연 2회로 명시하고 있다).

(2) 임시 노회는 각각 시무처가 다른 목사 및 장로 각 3인 이상의 청원에 의하여 소집한다(합동 정통측은 특별한 사건이 있는 경우 지교회 목사 장로 각 3인의 청원이라고 명시하고 있는데 같은 내용이다).

(3) 임시 노회는 10일 전에 각 회원에게 소집을 서면으로 통지하고 통지한 안건만 처리하되 개회성수는 합동 정통측 노회 규정에 회원 과반수로 하고 있고 타교단은 목사, 장로회원 각 3분의 1 이상의 출석을 명시하고 있다. 임시회는 긴급 소집되는 회의니 개회성수 기준을 낮추어 잡은 것은 회의 개회 성립을 어렵지 않게 하기 위함일 것이다. 개인에게도 예기치 못한 사건이 있듯이 노회도 돌발적인 사건이 생겨 다음 노회까지 미룰 수 없는 일이 있게 될 때 다음 요건으로 임시회를 성립시킨다.

① 각각 시무처가 다른 지교회 목사, 장로 각 3인 이상의 청원에 의하여 소집한다. 중요한 안건이 있으면 언제나 임시노회를 모일 수 있으나 안건의 중요성의 판단은 여러 사람의 판단이 있어야 하기 때문에 시무처가 다른 목사, 장로 3인 이상이라고 했는바 결국 시무처가 다르기 때문에 여섯 교회 6명 이상의 판단한 청원에 의하여 노회장이 소집한다. "임시노회에서는 원칙적으로 재판 사건은 다루지 않는 것이 좋으나 특별한 증거가 당시에는 수색이 가능하나 정기 때까지 미루어 소멸의 우려가 있을 시 임시회에서 다룰 수 있느니라"고 미국 장로회가 통용하고 있는 규례이다.
② 10일 전에 각 회원에게 소집을 서면으로 통지하여야 한다.
- 10일 전에 소집을 통지하는 것은 회원들이 예기치 않게 모이기 때문에 상당기간 준비하고 기도하다가 회의에 참석케 하기 위함이다.
- "10일 전" 어구는 개회 일까지 10일이라는 말이 아니라 11일이 되어야 한다는 뜻이다. 예컨대. 1일 전이라면 당일이 아니고 그 전날을 의미하듯 10일 전이란 개회일 전날까지란 말이므로 만수 10일 전이고 개회 당일을 포함하면 11일을 의미한다고 보아야 한다.
- 소집 통지서에 기록된 일자와 우체국 소인이 찍힌 일자(발송 일자)가 다를 때는 소인 일자를 기준할 것이다. 왜냐하면 통지서 일자는 미리 작성해 놓고도 발송이 늦어 회원들에게 지장을 주는 경우가 있기 때문이다.
- 임시회에서 다룰 안건이 중요한 이해관계가 있어서 일자가 충분히 확보되지 않으므로 중대한 차질이 발생할 때는 법적 문

제까지 작용할 수도 있으므로 전회원에게 "10일 전" 일자를 착오없이 확보할 수 있게 해야 한다.
③ 통지한 안건만 처리한다. 임시 노회는 예기치 않다가 모이는 회원이므로 임시 노회 소집 청원인들이 청원한 안건, 즉 소집 통지서에 기록한 안건만 처리하도록 한 것은 안건 제시가 회원들에게 공약한 것이기 때문에 회원들에게 공약한 안건만 처리해야 한다.
④ 임시 노회 개회성수는 과반수(회원 각 3분의 1) 이상의 출석이어야 한다.
· 과반수 이상의 성수는 무슨 안건이든지 그 안건을 처리하는 행위의 신뢰와 시행력을 지니기 위해서는 반수는 넘는 회원이 모여 처리해야 한다는 것이다(정통측).
· 3분의 1이상의 성수는 안건처리에 있어서 지혜를 모으는 최소한의 기준은 되어야 문제 해결이 가능하다는 판단에서이고 또 목사, 장로의 각 3분의 1의 동수로 한 것은 균형을 이루어 공평을 하기 위함이다.
장로교는 전술한 바와 같이 교권주의를 막기 위하여 사역의 균형 혹은 평형(Parity of ministry)이란 교리를 가지고 있다.
④ 노회장이 유고하여 참석치 못한 때는 부회장 또는 직전 증경회장의 순으로 사회하여 개회 회무를 진행한다.
· 부회장도 참석치 못하였으면 가장 최근에 물러난 직전 증경노회장이 사회하고 모든 순서를 진행한다.
· 노회나 총회에도 회장이 유고시는 부회장이 대리하되 부회장도 유고시는 회원인 직전 증경회장으로부터 역순위로 회장의

사회를 대리한다.[16]

7. 노회록(보고)(제12장 제79조)

　노회는 강도사 및 전도사 인허와 목사의 임직과 이명과 별세와 목사 후보생의 명부와 교회 설립, 분립(分立), 합병과 지방의 각 교회 정황과 처리하는 일반 사건을 일일이 기록하여 매년 상회에 보고하여야 한다(합동 정통측).
　"노회는 노회록을 정확히 작성하여 연 1차씩 총회의 검사를 받아야 한다"(타장로회교단).
　노회록을 정확하게 기록하여 총회에 보고 또는 검사를 받는 이유
　노회는 노회록을 정확하게 기록하고 연 1차씩 총회의 검사를 받고 보고를 하는 것은 모든 사무처리를 바로 하여 사실대로 널리 알리고 후세에까지 전하기 위함이요 노회는 총회의 지도를 받는 치리회이므로 노회처사가 정확한가를 심사받기 위한 것이다.
　노회록에 기재할 내용
　① 노회의 인사에 관한 내용의 기록 : 목사의 임직, 위임, 전임, 이명 관계와 목사 후보생과 전도사 및 장로고시와 인허 관계 등을 기록한다.
　② 지교회에 관한 기록 : 지교회의 설립, 합병, 분립, 폐지 및 그 정황들을 기록한다.
　③ 기타 의결사항 기록 : 노회록은 인쇄하여 지교회와 교역자와 총대들이 참고하게 하여야 한다. 노회록은 결의된 사항을 정

---
16) 박윤선., op. cit. 제77조

확하게 기록하는 것이다.

8. 노회가 비치할 명부(제12장 제80조)

노회는 각종 명부를 작성 비치해야 한다. 각종 명부는 그들에 대한 지식을 가지고 그들을 돕기 위한 것이다.

노회는 그 관하의 교회 상황과 교역자의 거취 문제와 생활 실정을 명확히 이해하고 그들을 보호하며 방조하는 역할을 잘해야 한다.

노회는 한 지역 안에서 일어난 교회들의 여러 가지 필요한 사건들도 자세히 기록해 둘 기관으로서 적격 기관이다. 교계 전반적으로 기억해 둘 일들도 많다.

(1) 노회록을 정확히 기록하여 남기는 이유
① 그 자료들이 후대인들에게 교훈이 되기 때문이다(출 12 : 26-27, 시 78 : 1-4 참조). 교회에서 되어진 인들에 대한 기록들이 자세할수록 후대인들의 신앙생활에 유익하다.
② 교회에서 되어진 일들이 기록되므로 사람들의 착각이나 오해를 방지할 수 있다. 그리고 교회에 관계된 일들을 사실대로 기록하여 후세에 알려야 한다.

(2) 노회가 비치할 명부
① 위임목사 명부
② 임시목사와 부목사 명부
③ 기관목사 명부

④ 전도 목사 명부
⑤ 원로목사 및 공로목사 명부
⑥ 무임목사 명부
⑦ 은퇴목사 명부
⑧ 신학생 및 신학 졸업생 명부
⑨ 장로 명부
⑩ 전도사 및 강도사 명부
⑪ 지교회 명부(설립, 분립, 합병, 폐지, 연월일을 명기할 것)

9. 시찰회(시찰위원)(제12장 제78조, 4항, 세칙 5장 제21조)

(1) 시찰회(시찰의원)의 의의

지교회를 감독하는 치리권을 행사하기 위하여 노회는 구역을 나누어 관내 지교회와 지교회 시무목사와 총대장로, 그리고 지교회 교역자 시찰회를 두며 시찰회에 시찰위원을 두되 그 정수는 노회가 정한다.

시찰회(시찰위원)는 교회들과 노회와의 긴밀한 연락을 도모함에 있으며 시찰회는 치리기구가 아니므로 어디까지나 지교회들의 어려운 문제 해결을 도와주며 또 노회에 지교회들의 사정을 알려 노회의 행정을 돕는 기관이다. 그리고 시찰회는(위원) 교회에서 노회에 상정하는 문서를 경유 확인 지도하여 합법적 문서를 제출할 수 있도록 지도하므로 문서를 기각하지는 못한다.

(2) 시찰회(시찰의원)의 임무와 권한 및 지교회에서 할 일과 시찰회가 할 일

① 시찰회의 임무와 권한[17]
- 교회 교역자 청빙건 협의, 지도하여 허위(虛位) 교회가 없게 한다.
- 구역 내 교회 사업을 기획실시 한다.
- 노회에 제출할 지교회의 서류를 경유시켜 전달한다. 헌법에 보장된 직접 청원건은 침해하지 못한다.
- 구역 내 교회관계의 모든 집회를 방청하고 협의 지도할 수 있다.
- 1년 내 한두 번 지교회를 시찰하여야 한다.
- 구역 내의 교회 상황과 위임받은 사건 및 처리 상황들을 노회에 보고한다. 시찰회는 치리기구가 아니므로 임의로 치리 관계 사건에 관여하지 못하나 위임받은 권한과 행사를 대행할 수 있다.

② 시찰회의 지교회가 할 일과 시찰회(시찰의원)가 할 일[18] 지교회가 할 일
- 시찰회가 지나친 간섭이 있을 시 교회나 당회는 노회에 그 사실을 보고해야 한다.
- 지교회는 시찰회의 방문 시일을 회중에게 알려야 한다. 일반 신자들도 시찰위원을 접촉함으로써 도움을 요구할 수 있다.
- 모든 회합에는 필요에 따라 관계 인물들이 참여해야 교회에 유익하다.
- 시찰위원이 지교회나 당회에 문의할 사항[19]

---

17) 임택진, op. cit., p.233.
18) Ibid., p.223.
19) Ibid.

-당회가 규칙대로 모이는 여부
-당회가 회중 중심으로 그들의 유익을 도모하는 여부
-권징이 성실히 시행되는 여부
-빈민 구제가 면밀히 시행되는 여부
-교역자 대우가 성실히 시행되는 여부
-기타 사항들에 관한 것 : 시찰은 주님의 말씀에 수종드는 행위이며 지교회를 돕기 위한 것뿐이다. 그러면서 노회가 위임 또는 파송으로 실시하는 만큼 노회적 권위가 있는 것이다.

(3) 시찰회 조직(세칙 5장 제21조 노회규칙 제7장 제27조)
① 시찰임원
 · 시찰장 1인
 · 시찰회 서기 1인
 · 시찰회계 1인
② 시찰위원 : 목사, 장로로 하되 한 교회 2인 이상이 될 수 없다.
③ 시찰장 : 시찰장은 목사가 된다.

제 6 장
총 회

　장로교회를 치리(治理)하는 기구는 세 가지인데 이 세 가지 기구를 상·하회(上·下會)의 상호관계로 조직하고 이를 연속치리회(連續治理會 : Sereal Judicatories)라고 하여 지교회(개교회) 단위로 치리하는 당회(堂會 : Chruch Session)가 있고 일정한 지역 안에 있는 지교회(당회)들로 조직하는 노회(老會 : Presbytery)가 있으며, 한 교단의 전체 교회 또는 전체 노회를 하나로 묶어 총회(總會 : General Assembly)를 조직하여 치리하는 치리삼심제(治理三審制)로 연속치리회를 구성하고 입법, 사법, 행정의 기능을 갖는다. 물론 이 중 당회는 입법 기능을 갖지 않는다.
　이렇게 조직한 세 치리회인 당회를 일심(一審) 또는 초심(初審) 치리회로, 노회를 이심(二審) 또는 재심(再審) 치리회로, 총회를 삼심(三審) 또는 종심(終審), 결심(決審) 치리회로 조직하여 당회는 노회와 총회를 상회(上會)로 하고 노회는 총회를 상회로 하여 상·하회의 관계를 유지하면서 교회를 치리하는 연속치리회를 가진다. 이 중 총회는 최고의 상회, 최고의 치리회라고 하는데 이 치리회에 지교회 교인들이 선출한 대표들을 총대로 파송하여 그 대표들이 치리하는 대의정치제도(代議政治制度 : representative government)가 장로회 치리제도이다.

1. 총회의 성경적 근거

총회의 존재는 성경적 근거를 가진다. 사도행전 15장에 기록된 예루살렘회의는 "사도들과 장로들"이 모여서 난제를 의논했다(행 15 : 6). 이것을 보면 사도시대에도 총회 성격으로 전 교계를 대표하여 일했던 사실이 알려진다. 특히 이 기록으로 보면 첫째, 이방교회에서 대표자들이 파송되었다(행 15 : 2). 예루살렘의 사도들과 장로들이 합석(合席)하였으니(행 15 : 6) 이 회의는 최후 치리회가 된다. 둘째, 그 회에서 하나님의 말씀을 의지하였다(행 15 : 16-18).

교회를 위한 교리를 결정(행 15 : 23-29)함에 있어서 성령의 인도하심을 따라 행하였으니(행 15 : 28) 그 교리는 권위를 가진다. 이와 같은 권위있는 결정은 변동하기 어렵다.

현대 교회의 총회도 예루살렘 공의회의 성격을 본받아서 성령의 인도하심과 성경 사상대로 문제를 해결해야 한다.[1]

2. 총회의 교회사적의 유래

1) 종교개혁 당시의 총회

① 1558년에 프랑스의 뽀아띠에(Poitiers) 교회당에서 개혁주의 목사들과 장로들이 모여서 총회의 필요성을 토론한 적이 있다.

---

1) 임택진, 장로교회정치해설(서울 : 기독교문사, 1992), p.288.

② 1959년에 파리(Paris)에서 총회가 모였다.
③ 1563년 이후 화란의 남부지방에서 개혁교회들이 종종 한자리에 모였으며 영국과 독일에서도 그렇게 하였다.
④ 1571년에 북구라파 독일 엠뎀(Emdem)에서 첫 번 "총회"가 모였다.[2]

2) 한국 장로회 총회

1907년 9월 17일 평양 장대현 교회에서 역사적인 "대한 예수교 장로회 독노회(獨老會)의 조직이 이루어졌다. 7인의 한국인 목사와 53인의 장로들과, 987교회와 19,000명의 세례교인 및 70,000의 신도를 가진 독립된 자주, 자립, 자율 선교회의 교회로 새 출범을 하였다.

선교사가 입국한 지 22년째 되던 해 우리 대한의 장로교회는 십자가와 태극기가 새겨진 고퇴(叩椎)*를 그 최고의 상징으로 한 민족의 장로교회로 골격을 갖추며 출발한 것이다.

① 1907년 조직된 독도회는 1911년까지 5회를 계속하다가 1912년에 총회가 조직되었다.
② 1911년부터 전국에 노회를 조직하여 총회 창립 준비를 서둘러 온 장로회는 1912년에 9월 1일 오전 10시 반 평양 경창문(景昌門)안 여자성경학원에서 역사적인 그 창립총회를 열

---

2) 민경배, 장로교 100년사, pp.238-239.
※ 저자 주 : 고퇴(叩椎)에서 '叩'는 두드릴 고, '椎'는 망치 추 자(字)로 "고추"이나 아마 '추(椎)'의 발음을 '퇴(推)'의 발음으로 오독(誤讀)하여 오늘에까지 굳어진 듯하다.

었다. 목사 96인(선교사 44명, 한국인 52명), 장로 125인, 도합 221명의 전국적인 대회였다.[3]
③ 총회 조직시의 교세는 안수받은 목사 128명, 장로 225명, 교인합계127,228명, 대학교 2, 중학교 25, 초등학교(당시 소학교) 539, 예배당과 예배처소 3,492, 헌금총액 158,764원 76전(당시 화폐)이었다.[4]

3) 한국 장로교회 총회 명칭[5]

총회의 명칭은 다음과 같이 변천되어 왔다.
① 대한국 예수교장로회노회(1907년 제 1 회 독노회 서문 참조)
② 조선 예수교장로회 총회(1912년 제 1 회 총회록 참조)
③ 대한 예수교장로회 총회(1949년 제 35 회 총회록, 51페이지 참조)

4) 장로교회의 총회의 분파

장로회 총회의 변천과정은 다음과 같다.
① 1907년 장로회 독노회 조직
② 1912년 장로회 총회 조직
③ 1943년 3월 5일 장로교회는 일제 탄압으로 '일본 기독교 조

---

3) Ibid., p.251.
4) 총회 제1회 회의록(1912년), p.60.
5) 임택진, op. cit., p.231.

선 장로교단'으로 변모하여 그때 노회는 각도(各道) 교구가 되었고 노회장은 교구장(敎區長)으로 변칭(變稱)되었다.[6]

④ 1945년 8월 1일 한국 개신교가 합동하여 '일본 기독교 조선 교단'이 되었는데 광복되기 15일 전의 일이었다.[7]

⑤ 8.15 광복 후 1945년 12월 초 이북5도 연합노회를 결성하여 총회대행 구실을 갖추게 되었다(16개 노회가 가담).[8]

⑥ 1945년 9월 8일, 이남에서는 남부대회(南部大會)라는 이름으로 교단총회를 개최하였다.[9]

⑦ 1974년 4월 대구제일 교회에서 제33회 총회를 속개하였다.[10]

⑧ 1951년 5월 제36회 총회에서 고신측이 분리되었다.[11]

⑨ 1953년 4월 제38회 총회에서 기장측이 분리되었다.[12]

⑩ 1959년 9월 제44회 총회에서 통합측과 합동측으로 분리되었다.[13]

⑪ 1976년부터 1981까지 5년 기간에 대한 예수교 장로회 합동측 교단이 주류와 비주류로 교단과 신학교 분리 분파가 형성되는 도중 대한예수교 장로회 복음총회를 결성하여 대한예수교 장로회 합동 진리측 총회, 대한예수교 장로회, 합동진리연합측 총회, 대한예수교 장로회, 합동 정통측 총회 등으로 교단 명칭 변경을 거듭해 오면서 오늘에 합동 정통측 총회

---

6) 민경배, op. cit., p.528.
7) Ibid.
8) Ibid., p.535.
9) Ibid., p.538.
10) Ibid., p.539.
11) 이영헌, 한국기독교사, p.240.
12) Ibid., pp.241-252.
13) Ibid., pp.331-338.

(교단)로서 장로교 제3위의 교세를 가지고 1998년 현재 제83회 총회 역사를 가지고 있다.[14]

3. 총회의 의의와 명칭(제13장 제82조)

1) 총회의 의의

총회는 모든 지교회 및 치리회의 "최고 치리회"이다. 총회의 의의에 있어서 "최고 치리회"라는 말은 한국 장로교 헌법의 원본인 웨스트민스터 헌법에는 없는 표현이다. 다만 "전국회"(全國會 : national assembly)라고 하였는데 이 "전국회"(전국단위의 회)는 오늘의 "총회"를 가리킨다고 할 수 있다.[15]

(1) 총회 : 총회는 장로교회에서 가장 높은 치리회로 교단의 지교회를 하나로 묶는 대표적 모임이다. 총회 아래 노회와 당회가 속해 있는 것이 장로 교회의 조직원리이다.

(2) 최고 치리회 : "최고 치리회"란 당회, 노회의 결정도 총회에서는 변경되거나 번복할 수 있어도 총회가 심리하여 결정한 것은 변경할 회가 지상에는 없다는 의미에서 최고 치리회라고 한다. 일사부재리(一事不再理) 원칙에 따라 총회에서도 전회(前會)의 결정을 후회(後會)가 재론하여 번복할 수 없다.

2) 총회의 명칭

---

14) 저자 주. 이는 정확한 교단사에 의거하지 않고 오늘의 합동 정통측 교단형성 과정의 개괄적인 내용을 적음.
15) 박윤선, 헌법주석, p.157.

총회의 명칭은"대한예수교장로회총회"라고 한다. 이 명칭은 한국 장로교 여러 교파가 모두 이 명칭으로 교단명의를 삼고 있다. 그러기 때문에 교파(분파)를 구별하기 위해서 교파명을 추가하여 사용하고 있다. 그것은 대한예수교장로회총회, '합동정통', '합동', '통합', '대신', '보수', '고신', '기장 : 조금 차이가 있다' 등등

4. 총회의 조직(제13장 제83조)

총회조직 규정은 같은 장로교단이라도 각기 달리하고 있다. 여기에서 합동 정통측 규정과 타교단 하나를 예시코자 한다.

1) 합동 정통측의 조직규정 조항
(1) 총회는 각 노회에서 총대로 파송한 목사와 장로로서 조직한다. 파송 기준은(지교회) 3당회(준당회 포함) 목사, 장로 각 1인이다.
(2) 각 노회 총대 파송시 증경총회장, 각 기관대표, 총대를 1명씩 파송한다. 단 신학교는 교장, 각원장, 각 이사장에게 총대권을 준다.
(3) 원로목사, 공로목사, 각 기관 대표 1명, 6개국 선교사 대표 각 1명은 언권회원이 된다라고 했다.

2) 타교단 1개 총회 규정조항

총회는 각 노회에서 동수로 파송한 총대 목사와 총대장로로 조

직한다. 파송 비율은 무흠 입교인 천명당 목사, 장로 각 1인으로 하고 최종증원 단위는 입교인 500명을 초과할 때 1인씩 더 파송할 수 있다고 했다.

(1) 총대의 총대목사와 총대장로의 동수(同數) : 목사와 장로의 수효를 동수로 한 것은 교권주의 방지에 있다. 목사는 목회의 대표자로서 장로는 회중의 대표자로서 상호 견제하며 월권행위나 주장하는 자세를 막는다.

(2) 총회총대(representative) 천서(letter of recommendation)와 총대명부

· 총회 총대 천서는 각 노회 서기가 총회 개회 전에 총회 서기에게 보고하고 총회 서기는 개회 전에 총대 명부를 작성하여 각 총대에게 발송해야 한다.[16]

· 총대 명부를 개회 전에 발송케 한 것은 총회 개회를 준비하기 위함이며 이 명부를 총회 서기가 사전에 작성함으로 이 명부에 의한 서기의 행정적 업무를 구상할 뿐 아니라 행정적, 정치적 유익도 계도(啓導)할 수 있다.

3) 총회의 언권(言權)회원과 당연직 총대 (정치세칙 제13장과 제83조 3항과 제6장 제31조)

(1) 언권회원 종류
① 원로목사
② 공로목사

---
16) 총회 규칙 조문설정되어 있음.

③ 각 기관 대표 1명(총회산하 평신도 기구 및 총회부속기관)
④ 6개국 선교사대표 각 1명(총회 파송, 외국에서 선교하는 선교사)
⑤ 파견증서 소지자의 본총회 산하에서 선교에 종사하는 외국 선교사

(2) 신학교 대표의 당연직 총대(제13장 제83조 2항과 세칙 제6장 제29조 4항)

① 신학원 및 대학원 대학교 학장 및 총장(학부와 대학원 대학교의 대표 분리시)
② 각 대학원장(연구원장, 신학원장, 목회대학원장, 신설기관이 있을 시 포함)
③ 신학교 각 이사장(법인 이사장, 운영이사장) 등은 선택과 관계 없이 당연직 총대가 된다.

4) 총대 선택과 당연직 총대(세칙 제6장 제29조)

(1) 총회 총대는 4월 정기 노회에서 선택 : 총대는 3당회 목사, 장로총대 각1명으로 하되 노회장과 노회서기는 당연직(當然職) 총대로 한다.
(2) 3당회 1총대 기준에 준당회를 포함하나, 조직된 당회의 목사와 장로를 우선하여 선택한다.
(3) 신설된 노회의 총대 허락은 총회 개회 후 임원선거 전에 그 노회 설립보고를 받은 후 총대 허락을 한다(노회조직이 허락되어야 총대 파송권이 주어지기 때문이다).
(4) 장로총대 자격 심의는 소속노회에서 하여 선택하되, 시무장

로가 그 대상이다(세칙 29조 3항).

5) 총대교체(세칙 제30조)

(1) 부총대 선택과 원 총대와의 교체 : 최초의 파송 천서를 제출한 총대가 부득이 사유로 총회에 참석치 못할 수도 있다는 가정으로 노회는 적당한 수의 부총대(예비총대)를 선택한다.
(2) 총회 원총대가 출석하였다가 자기 임의로 부총대와 교체하지 못할 것이나 부득이 한 때에는 총회의 허락으로 부총대와 교체할 수 있다(성수 유지를 통해 회의의 원만함을 기하는 효과가 있음).

5. 총회의 성수(成數) 및 성회(成會)

총회성수에 대해서는 합동 정통측은 헌법규정으로 명시가 없으나 총회규칙상에 조항 설치하여 운용하고 있다. 여기서는 논의하지 않는다. 단 정통장로교(타교단) 총회 헌법의 성수 조항을 소개코자 한다.

"총회의 개회성수는 노회수 과반의 참석과 총대 목사와 장로 각 과반의 출석으로 한다." 성수에는 몇 가지 요건이 있다.

① 노회수 과반의 참석이어야 한다[17]

총회 참석 총대들의 소속 노회가 과반이 참석해야 함을 의미한다. 노회수가 총회 참석 총대들의 소속 노회가 과반이 참석해야

---

17) 임택진, 장로교정치해설(서울 : 기독교문사, 1992), p.235.

한다는 것이다. 이것은 모든 결의에 공평을 기하기 위함이다. 여기에서 노회에 배정된 총대가 전원 참석한 노회수의 과반수가 아니고 총대 파송노회 자체의 수효의 과반임을 오해하지 말아야 한다. 1명 참석 노회와 전원참석 노회의 구분이 없다는 뜻이다.

② 총대 목사와 장로 각 과반의 출석이어야 한다.[18]

노회별 과반이 아닌 전총대 목사와 전총대장로가 각 과반의 출석이 되어야 함은 사역상 균등 혹은 평형(Parity of ministry)을 이루기 위함이다. 1명 참석 노회와 전원참석 노회와 관계없이 전체 목사와 전체 장로의 수가 각 과반이 출석하였으면 성수가 된다.

③ 예정한 일시와 장소에 회집 되어야 한다 [19]

개회 1개월 전에 일시와 장소를 정하여 통지 소집한다. 미리 통지하였기 때문에 그 장소 그 일시에 모여야 한다. 다른 장소, 다른 일시에 모이는 것은 정당한 총회로 인정할 수 없다. 장소는 같으나 일시가 다르거나 또는 일시는 같으나 장소가 달라도 정당한 총회가 될 수 없다.

이상의 3요건 중 어느 것 하나 갖추지 못해도 성회가 되지 못한다.

6. 총회의 직무(제13장 제84조)

총회의 직무는 다음과 같다.[20]
1) 총회는 소속 각 치리회 및 지교회와 소속 기관 및 산하 단체

---

18) Ibid., p.236.
19) Ibid.
20) Ibid., pp.236-242.

를 총찰 : 총회는 노회와 노회 사이 지교회와 지교회사이 소속 기관 및 산하단체의 연합을 공고히 함이 중요한 직무이다. 그렇게 하기 위해서 전체를 살핀다. 이것이 총찰(總察)이다. 총회가 전체를 살피려면 "진리"를 앞세워야 하며 관료주의적인(bureaucratic) 행정이 작용하지 못하도록 유의하며 협력해야 한다.

2) 총회는 하급(하회) 치리회에서 합법적으로 제출한, 문의, 헌의, 청원, 소원, 상고, 위탁판결 등의 서류를 접수하여 처리한다.

(1) 각 노회에서 합법적으로 제출한 모든 서류를 접수 처리하기 위한 부서 : 이 부분은 총회 규칙상에 명시하고 있다(합동정통). 타장로교단의 규정에는 다음과 같다.

정치국, 규칙국, 재정국, 전도국, 사회국, 교육국, 재판국, 사회국, 농어촌국, 군경목국

(2) 총회는 합법적 접수된 서류(사건)를 위의(1)항의 부서나 위원회를 통하여 미리 검토 연구케 하고 신중히 해결방안을 강구하게 한다.

3) 총회는 각 노회록을 검사한다. 총회가 각 노회록을 검사하여 찬부를 표하는 것은 공동감시권에 의한 권리행사이다.

4) 총회는 대한예수교 장로회 헌법을 해석할 전권이 있다(제8장 제103조, 104조 105조).

(1) 총회 헌법은 신조, 요리문답, 정치, 권징, 예배와 예식 등인데 이를 해석할 전권(專權)이 있다는 말이다. "전권"이란 말은 웨스트민스터 원본이나 미국 장로교 헌법에는 없는 말이다. 그리고 해석할 사유가 있을 때는 해당 분야에 전문성을 가진 헌법해석위원회를 조직하여야 할 것이다.

(2) 해석상의 전권을 "계시의존" 사색을 전제로 해야 하며 특히

"교리나 권징에 관한 문제 해결을 하고자 할 때는 깊은 탐구를 해야(shall seek)한다. 그리고 총회는 자체의 힘으로 신자들의 양심을 구속할 명령 선포의 권위를 갖지 못한다. [21]

5) 총회는 노회를 설립, 분립, 합병, 폐지하며 노회의 구역을 정한다.

(1) 노회와 상대방의 의견 존중과 돕는 태도로 처사해야 한다. 노회를 설립, 분립, 합병, 폐지, 및 노회 구역을 정하는 일에 있어서는 총회의 독단을 피하고 상대방 혹은 노회의 의견을 존중하며 돕는 태도로 처사해야 한다.

(2) 청원이 있을 때만 해야 한다.

전항이 총회의 권한이기는 하지만 이해 당사자 및 관련 기관의 청원에 근거해야 되고 총회가 주도적으로 주장하지 말아야 한다. "주장을 앞세우는 것은 사역자의 자세가 아니다(벧전 5:3-4 참조).

- 수직선적(Vertical)이 아닌 수평선적(horizontal)인 치리 구조가 장로회 구조이다.
- 연합전선적(聯合戰線的)인 치리 기구의 특성을 살펴야 한다.

6) 총회는 목사 자격을 고시하고 규칙에 의하여 다른 교파 교회와 연락하며 교회를 분열케 하는 쟁론을 진압하고, 성결을 덕을 세우기 위하여 힘쓴다.

(1) 총회는 목사 자격을 고시한다.

목사는 노회에서 소속되므로 노회에서 고시하고 노회에서 안수해야 하나 현재는 자격고시는 총회에서 하고 안수는 노회에서 한다.

---

21) 박윤선, op. cit., pp.162-163.

목사 자격 고시는 중요하다. 이를 소홀히 하면 교회나 교파의 부패와 성역의 실수와 과오를 빚어 양무리를 바르게 지도할 수 없게 된다(참고 성구 딤전 5 : 21-22).

(2) 총회는 규칙에 의하여 다른 교파와 연락한다.

교회의 연대성은 다른 교파와 교제를 필연케 한다. 그리스도의 몸을 이루는 지체라는 의식은 같지 않은 타교파를 적대시할 것이 아니라 지체처럼 서로 의지하고 사랑해야 한다. 물론 배도(背道)의 세력과 교제가 아니다.[22]

(3) 총회는 교회를 분열케 하는 쟁론을 진압한다.

총회는 장로회 행정원리대로 언제나 소수보다는 다수를, 다수보다는 진리를 따라 바른 치리를 시행할 책임을 지고 있다.

총회는 교회의 논쟁점을 바르게 파악하고 진리의 기준을 앞세워서 어느 한 교회, 즉 소수의 의견일지라도 그것이 진리에 입각한 소리라면 그 증거를 분명히 듣고 공평하게 처사해야만 분열을 방지할 수 있다(레 19 : 15-16). 교회는 증거의 단체이지 세력의 단체가 아님을 유의해야 한다.

(4) 총회는 성결의 덕을 세우기 위하여 힘쓴다. 총회는 악의 세력에 물들지 않고 사회와 국가의 양심이 되어야 하며 사랑의 공동체의 핵심이 되어 숭고한 덕과 비전 실현에 힘써야 한다.

7) 총회는 신학대학교를 설립하고 경영, 관리하며 교역자를 양성한다.

총회는 전국 교회 교역자를 배출해야 한다. 그러자면 신학교육에 대한 관심을 가지고 교역자 수급과 자질 높은 목양자 양성에

---

22) Ibid., p.148.

주력해야 한다.

　현재 합정 총회는 중앙에 신학교(신학부, 신학대학원 대학교, 목회대학원) 1개와 지방 신학교로 부산과 대전 각 1개씩 설립 운영되고 있다.

　8) 총회는 선교사업, 교육사업, 사회사업을 계획 실천한다.
　(1) 총회는 선교사업을 위해 총회 전도국을 두어 국내·외 선교 사업을 시행한다.
　(2) 총회는 교육사업을 위해 총회 교육국을 두어 교회교육 및 기독교 교육에 관한 사업을 연구 계획하고 시행한다.
　(3) 총회는 사회 사업을 위해 총회 사회국을 두어 대내·외의 후생복지에 관한 사업을 연구 계획하여 시행한다.

　이상 8)번의 내용에 관한 것은 총회 규칙에 조문이 명시되어 있다.

　9) 총회는 노회 재산에 대한 분규가 있을 때 처리한다.
　(1) 교회의 토지, 가옥 등 부동산은 본래 당회의 권한이다. 그러므로 본 조항은 상고로 인한 노회를 통해 총회까지 파급된 사건 처리를 의미한다.
　(2) 교회의 재산 문제로 사회법정의 판단을 구할 때 영광가리운다(고전 6 : 1-7).

　10) 총회에서 위임한 중요한 운영 방책의 수행을 위하여 총회 실행위원회를 둔다.
　(1) 실행위원회는 별도 규칙에 의하여 운영한다(별도 규정이 있음).
　(2) 위원은 당연직위원(증경회장과 상비국장, 전국 노회장, 신학교 대표, 특위위원장)으로 조직한다.

7. 총회 회집(제13장 제85조)

1) 총회는 1년 1회씩 예정한 일시와 장소에 정기로 회집한다.
장로회 각 치리회는 임시회가 있으나 총회는 임시회가 없고 정기회의뿐이다. 처결 사건도 총회 개회 당석에서 처결하는 일 외에는 1년 동안 할 일을 의결하여 각 상비국에 맡기고 총회는 사실상 회의체는 없어지고 교단이 있을 뿐이다.
 (1) 위탁받은 사건의 상비국처결 : 총회에서 위탁받은 일들을 각 상비 부서가 총회의 권한을 가지고 각각 대리한다.
 (2) 상비국이 대리함은 성직 계급이나 특권층을 형성하는 로마 교회제도와는 다른 장로회 정치의 입장이요, 총회 운영의 전통적인 방법이다.
2) 총회장은 총회 개회 법정 기간 전에 소집 공고한다. 개회 일시 전에 법정 기일을 정하여 소집공고 하는 것은 원만한 회집과 의제에 대한 충분한 연구와 준비를 위한 조치이다.
3) 회장이 유고시는 부회장 혹은 직전 증경 총회장이 개회하고 새 회장이 선임될 때까지 시무한다.[23] 총회장은 총대가 아니라 해도 새 회장이 선임될 때까지 시무한다. 이것이 의무이자 권한이기 때문이다.
4) 총대는 서기가 천서를 접수하여 호명한 후에 회원권이 성립된다. 이것은 총회뿐 아니라 노회도 목사는 노회소속 회원이니 관계없으나 장로는 호명하면 회원권이 성립된다. 목사도 타 노회에서 전입해온 자일 때는 입회를 허락받고 호명하면 회원이 된다.

---

[23] 교회 헌법 해석서, 제77조 참조(장로교통합측).

8. 개회 및 폐회 의식(제13장 제86조)

총회는 기도로 개회하고, 기도로 폐회한다. 폐회 시간에 회장은 다음과 같이 선언하고 폐회를 한다.

"교회가 나에게 허락한 권세로 총회는 파(罷)함이(폐하는 것이) 가한 줄로 알며 이 총회와 같이 조직된 총회가 모월, 모일, 모처에서 회집함을 요한다."

1) 총회는 기도로 개회하고 기도로 폐회해야 한다. 총회는 이 사실을 명문화하고 있으나 노회와 당회는 관행으로 하나, 명문화하지는 않았다.

2) 치리회가 논의할 사건은 그것이 바로 하나님의 일이요 하나님의 인도를 받아야 할 일들이기 때문에 개회와 폐회 시에 기도해야 한다는 것이다.

3) 파(罷)한다는 것은 총회는 폐회하는 순간부터 없어짐을 의미하는 말이다. 폐회해도 임시회가 있는 당회나 노회보다는 다르다. 총회는 파하면 임시회로 다시 모일 수 없기 때문에 각 부서를 통해서 사업은 계속된다.

4) 회장은 전술한 바대로 선언하고 "대한 예수교 장로회 총회 제 ○○ 회가 폐회됨을 선언하노라" 하고 고퇴(叩椎)를 세 번 치면 총회는 폐회된다. 미진한 것은 임원회에 맡겨 처결하는 것이 상례로 되어 있다.

9. 상설부서의 지도와 고문(세칙 제6장 32조)

각 연합회는 상설 각국과의 관계에 있어서 각국의 지도와 고문을 받는다.

1) 연합회란 전국 평신도 연합회(남전도회, 여전도회, 교회학교 연합회 장로연합회 등)를 말한다. 이런 연합 부서는 해당 상비국으로부터 지도를 받는다.

2) 상비국은 각 연합회의 건전한 육성과 건전한 사업을 개발 계획하는 일을 지도하고 원만한 운영을 관계하여 지원하고 돕는다.

제 7 장
치리회 보통의회 규칙

장로회 각 치리회 보통 의회 규칙

제1조 치리회가 정한 시간(혹 휴식시간이 끝나면)이 되면 회장은 즉시 등단하여 개회할 성수가 되면 기도로 개회한다.

제2조 예정한 시간에 성수가 회집하였으되 회장이 불참하였으면 새 회장이 취임할 때까지 임시 회장으로 사회할 서열은 아래와 같다.
 1. 회장의 유고시 대리할 부회장
 2. 직전 증경회장(부회장까지)-2년전, 3년전으로 거슬러 올라간다.
 3. 총대 중 최선 장립된 자.

제3조 정한 시간에 성수가 회집되지 못하였으면 출석 회원이 두 사뿐이라 해도 다시 회집할 처소와 날짜를 정할 수 있다.(성수가 되기까지 이 방법을 쓴다)

제4조 회장은 항상 회의의 질서를 유지하며 회무처리를 신속히 하도록 주의를 기울인다.

제5조 회장은 절차에 배정된 시간을 넘기지 않도록 배정된 사건을 속히 처리하도록 인도한다. 특별한 사건도 지정된 시간에 반드시 처리되게 지시한다.

제6조 회원 중에서 회의 규칙에 대하여 질문이 있으면 회장에게 우선 설명권이 있고 회장이 그 규칙에 대하여 공포하면 그 말

이 곧 법이 되나 회원 중 2인 이상이 불복하여 항변하면 회장이 회중에 가부를 물어 결정한다.

제7조 회에서 부회장과 각 위원을 선거하는 방법을 정하지 아니했으면 회장이 자벽한다. (부회장은 회장을 협조하며 회장의 유고 시 그 직무를 대행한다)

제8조 투표할 때는 회장도 투표할 수 있고 구두로 가부를 표할 때는 회장은 표할 수 없으니 가부가 동수인 경우에는 회장의 결의에 의하여 결정될 것이요. 회장이 스스로 결정하지 않으면 그 안건은 자연 부결된다.

제9조 위원을 자벽할 때에 별도로 정한 것이 없으면 먼저 호명된 자가 소집장이 되고 그 사람이 불참하였으면 두 번째 호명된 자가 소집자가 된다.

제10조 치리회 서기는 회원명부를 작성하여 개회한 후 즉시 회장에게 제출하고 그 후 참석자가 있으면 일일이 기록 첨부한다.

제11조 서기의 직무
1. 각종 문서를 접수하고 회에 보고된 차례대로 보관한다.
2. 각종 헌의건과 청원건과 일체의 서류를 접수하여 접수부에 기재한 후에 헌의부에 보내면 그 부원이 일일이 조사하여 각 부로 보낼 것을 분류하고 회에 보고한다.

· 회가 정회했다가 속개(회)되면 다른 순서가 있을지라도 항상 헌의부에 보고할 우선권을 준다.

제12조 개회 때마다 회록을 작성할 것이요. 요구를 따라 전회록을 낭독하고 착오가 있으면 바로잡는다.

제13조 전회의 미결 안건을 먼저 취급한다.

제14조 동의는 재청이 있어야 성립되고 토론은 회장이 그 동의를

선포하거나 낭독한 후에 할 것이요. 회장이나 혹 다른 회원이 요청하면 동의자는 서면으로 제출해야 한다.

제15조 동의한 자가 재청한 자의 허락을 얻으면 회가 변론하기 전에 그 동의를 취하할 수 있다. 그러나 토의가 시작된 후에는 본회의의 허락없이는 취하할 수 없다.

제16조 한 사건에 두 사건이 포함되었을 때 회원 2인 이상이 요구하면 둘로 나누어 가부를 물을 수 있다.

제17조 동의 중 수효에 관계되는 사건에 대하여 개의가 많을 때에는 회장이 최고수를 먼저 묻고 그 다음은 차등을 따라 소수에 이를 것이요, 시간에 대해서는 아주 먼 시간에서 가까운 시간으로 차례를 묻는다.

제18조 발언권 규정
 1. 토론없이 가부를 묻는 동의
   1) 유안동의
   2) 유안건을 심의하자는 동의
   3) 폐회동의
   4) 토론을 중지하고 가부를 표결하자는 동의
 2. 한 번 이상 발언할 수 없는 동의
   1) 규칙 위반에 관한 사건
   2) 논의를 연기하자는 동의
   3) 사건을 위원에게 일임하자는 동의
 3. 기타 사건
   한 사람이 한 사건에 두 번 이상 발언하지 못한다. 특별 허락을 얻으면 다시 발언할 수 있다.

제19조 사건을 논의하는 중에 다른 사건을 제출하지 못함이 규칙

이나 아래와 같은 동의는 받아 논의할 수밖에 없다.
1. 원안대로 받자는 동의
2. 원안을 수정하자는 개의
3. 동의와 개의와도 다른 재개의
4. 위원에게 일임하자는 동의
5. 유기한 연기동의
6. 무기한 연기동의
7. 유안동의
8. 폐회동의

　이 모든 동의는 속결하는 방법인데 가부를 물을 때에는 제각기 선결 차례로 폐회 동의에서 시작하여 동의까지 거슬러 올라가면서 묻는다.

제20조 동의에 대하여 개의하고 개의에 대하여 재개의를 할 수 있으나 그 밖에는 더 수정하지 못하며 가부를 물을 때에는 재개의를 먼저 묻고 다음에 개의를 묻고 그 후에 원동의를 묻는데 대의(개의의 일종)가 있으면 먼저 대의를 묻고 나중에 원동의를 묻는다.

제21조 유안 중에 두 가지 구별이 있으니,
1. 폐회 전 어느 시간까지 유안했으면 회기 중 정한 시간에 다시 논의한다.
2. 무기한 유안하기를 가결했으면 그 회기 중에는 다시 논의할 수 없으나 혹시 재론하여 개정되면 회기 중에도 다시 논의할 수 있다. 유안동의는 토론없이 즉시 가부를 묻는다.

제22조 토론을 중지하고 가부를 묻기로 가결되면 아래와 같은 순서로 가부를 묻는다.

1. 위원에게 위임하자는 동의
2. 재개의
3. 개의
4. 동의
· 가부를 묻겠다고 회장이 선언한 후에는 일체의 발언을 허락하지 않는다.

제23조 결정된 사건은 그 회기 중 다시 재론할 수 없다. 그러나 결정한 당시 다수편에 속했던 회원 중에서 동의와 재청이 있고 회원 2/3이상의 가결이 되면 재론할 수 있다.

제24조 무기한 연기하기로 결정된 사건은 그 회기 중에는 다시 논의할 수 없다. 그러나 그 결정에 동참한 회원의 3/4이상이 가결되면 재론할 수 있다.

제25조 회원은 특별한 이유가 없는 한 표결에 참여해야 한다. 그렇지 아니하면 각 항의 결정을 소수가 좌우하게 된다. 침묵회원은 그 의견이 다수편과 동일한 것으로 인정한다.

제26조 회장이 가부표결을 선언하면 폐회동의 외에는 이론이나 설명 등 일체의 발언을 허락하지 않는다. 과오가 있으면 표결을 중지하고 시정한 후에 회장이 다시 가부표결을 선언하고 표결한다. 표결할 시간을 미리 정하고 토란할 경우에는 한 회원의 발언 시간을 10분으로 제한한다. 표결할 시간을 미리 작정하자는 동의는 토론없이 즉시 가부를 묻는다. 투표를 진행할 때에 정회 혹 폐회 시간이 되면 마땅히 투표를 마칠 때까지 시간을 연장할 것이요, 혹 다수가 허락하면 정회할 수 있으나 속회하면 그 투표건을 우선 처결해야 한다. 한 가지 안건 중 여러 가지 사건이 포함되었으며 편의상 사건마다 가

부를 물을 것이 아니라 축조하여 회중의 허락으로 넘겨 놓고 맨 나중에 전체를 채용하자는 동의와 재청으로 가부를 묻는다.

제27조 출석 회원 1/3이상의 요청이 있으면 어떤 문제에 대하여 찬성과 반대를 기록으로 남긴다.

회장이 가부를 공포할 때에 회원 중 불복하고 기립표결을 요청하면 즉시 기립하는 것으로 가부를 표하게 할 것이요, 그래도 회장이 판단하기가 어렵든지 회원 중 개회 성수이상의 요청이 있으면 회장은 계산위원을 자벽하여 그 위원으로 양편의 수를 헤아려 보고케 한다.

제28조 회원들이 토론할 때에 인신공격이나 무례한 언사를 못하게 한다.

제29조 회원 중 2인 이상이 일시에 기립하여 언권을 청하는 경우에는 회장석에서 가장 멀리 있는 사람에게 우선권을 줄 것이요, 토론하는 의안이 양론으로 갈리게 되면 회장은 번갈아가며 언권을 허락한다.

제30조 회원 중 3인 이상이 일시에 일어나면 회장은 발언자 외에는 모두 앉도록 한 후에 발언을 계속하게 한다.

제31조 모든 회원은 발언할 때에 회장을 향하여 하고 회원 상호간에 존대하며 특히 회장에게 예의를 갖추어 존경해야 한다.

제32조 발언자는 규칙을 어기거나, 잘못이 있든지, 모함하는 일이든지, 그릇된 설명을 하지 아니하는 한 발언 중지를 당하지 아니한다.

제33조 치리회 사무가 계속되는 동안 회원들은 사담(私談)할 수 없으며 회장의 허락없이는 방청인이나 다른 회원을 향하여 대화할 수 없고 회장을 향하여 발언해야 한다.

제34조 본 치리회가 재판회로 회집할 때에는 필수적으로 회원들의 침착함과 위엄이 지속되어야 한다. 간명하게 말하고 장황하고 엉뚱한 열변을 피해야 한다. 본 문제에서 이탈하면 어느 회원이든지 "규칙이요"라고 불러 제지할 특권이 있고 또한 이것은 회장의 본분이기도 하다.

제35조 회원 중 누구든지 무례한 행동을 하면 아무나 "규칙이요"라고 불러 제지할 특권이 있고 이것은 또한 회장의 본분이기도 하다.

제36조 회원 중 누구든지 회장에게 압제나 억울한 일을 당한 줄로 여겨지면 그 치리회에 항의할 특권이 있고, 그 항의는 토론없이 회장이 즉시 표결해야 한다.

제37조 회원 중 누구든지 회장의 허락없이 회의 장소를 떠날 수 없으며 본회의 허락없이 귀가할 수 없다.

제38조 어느 치리회든지 사건이 공개할 만한 것이 아니라고 여겨질 때에는 비밀회로 회집할 특권이 있다.

제39조 어느 치리회든지 당화회로 회집할 특권이 있다. 이런 회의는 규칙에 얽매이지 아니하고 자유롭게 대화한다.

제40조 치리회가 재판회로 회집하면 회장은 그 이유를 공포하고 회원들에게 각각 예수 그리스도의 재판관으로서 신성한 본분과 비상한 특성을 회상하고 삼가 조심하여 신중하게 처리할 것을 공포한다.

제41조 고소인과 기소인이 소송을 제기하는 경우 치리회는 먼저 조사위원을 선정하여 저들로 모든 문서를 분류하고 정리하며 치리회 감독 아래 사건 진행상의 완전한 절차를 결정하게 하는 것이 편리하다. 그럴지라도 동위원들의 재판회원으로서의

권리는 아무런 제한도 받지 아니한다.

제42조 원고가 없어도 치리회가 기소하기로 가결하고 진행하는 재판사건에 치리회가 선임한 기소위원은 자초지종 그 사건의 원고가 된다. 기소위원은 재판회원권을 상실한다.

제43조 치리회의 총대가 되지 않고 서기나 회계나 그밖에 위원만 된 자는 각각 해당 사무 관계를 논의할 때에만 언권회원이 된다.

제44조 당회는 기도로 폐회하나 그 밖의 모든 상회는 폐회할 때에 기도뿐 아니라 찬송을 부르고 축도로 폐회한다.

제45조 치리회가 본 규칙을 임시 중지코자 하면 회원 2/3이상의 가결로 중지할 수 있다.

세 칙

제1조 총회 개회 날짜는 규칙에 의하나 일정한 것이다.(총회는 매년 9월 ( )째 주일 후, ( )요일 오후 ( )시이다) 그러나 천재지변이나 부득이한 사유가 있을 때에는 임원 회의 결의로 변경한다.

제2조 원, 부서기는 총대 천서검사위원을 예겸한다.

제3조 총회 개회 첫날에 성찬예식을 거행한다.

제4조 총회 개회 중 매일 저녁은 차례대로 강설과 각 부 보고회로 회집한다.

제5조 정기위원 및 각 단체에 파송한 이사는 경과상황을 보고한다.

제6조 전도부와 선교부 보고는 1시간을 초과하지 못하고 나머지

각 부 및 위원보고는 30분을 초과하지 못한다.

제7조 모든 헌의 문서와 청원 서류는 서기가 접수하여 헌의부로 보낸다.

제8조 총회의 모든 특별 위원들은 다음 총회 개최 익일까지 보고해야 한다.

제9조 각 위원보고는 서기가 인쇄하여 개회 전에 총대들에게 배부한다.

제10조 총회 수의건의 어구가 불분명하면 본뜻은 바꾸지 못하나 어구는 서기들이 정정할 수 있다.

제11조 총회가 헌법과 규칙을 인쇄할 때에는 서기들이 교정 위원이 된다.

제12조 총회 각 부 보고에는 부회 회의록도 첨부한다.

제13조 총회 각 부 보고 및 각 위원회 보고등은 개회 전에 서기에게 주어 각 총대에게 인쇄, 배부하게 한다.

제14조 본 총회 파송 선교사가 거기에서 다른 장로회와 연합 노회를 설립하고 본 총회와 관계를 맺지 않았으면 본 총회에서 파송한 선교회가 목사나 장로 1인을 언권 회원으로 파송할 수 있고, 왕래 여비는 선교지에서 본가까지는 선교부가 담당하고 본가에서 총회 장소까지는 그 총회에서 지급한다.

제15조 총회 상비부원이 될 수 없는 자는 아래와 같다.
  1. 상비부 총무나 회계의 직위와 동일한 직분을 가진 자
  2. 다른 상비부에서 봉급을 받는 자
  3. 총회의 다른 상비부원
  4. 한 상비부에 한 지교회의 장로 2인 이상이 참여할 수 없다.

제16조 총회 폐회 후에 상비부에 결원이 생기면 해 상비부가 임시

부원을 선임 충당한다.(총회는 총회장이 임시서리부원을 자벽하도록 되어있다. 1911. 독노회 제5회 회의록 28쪽)

제17조 총회특별위원의 결원은 총회장이 임시위원을 자벽 충당한다.

제18조 총회 각 부의 재정 회에 총회 재정을 사용하자는 동의는 가부를 묻기 전에 재정위원에게 일임하여 조사, 보고케 해야 한다.

제19조 총회가 지교회를 향하여 어느 교회에 얼마를 도우라고 권고할 수 있으나 법률적 책임이나 도덕적 책임을 부과할 수는 없다.

제20조 총회가 결의할 의안은 개회후 (   )일 이내에 제출하여야 한다.(총회의 규칙은 개회 3일 전까지, 당석에서 제안하는 안건은 회원 30인 이상의 연서로 개회 후 익일(24시간) 이내로 되어 있다)

제21조 총회 서기와 회록 서기는 내빈 접대위원을 예겸한다.

참 고

1. 회장의 직권

1) 개회하는 일
2) 폐회하는 일
3) 교회 법규에 의해 일하도록 지휘하는 일
4) 관할하는 교회의 종이요, 또한 권위가 위탁된 행정관이다.
5) 각 의안의 문제를 선포하는 일

6) 각 의안에 대하여 신속하게 합법적인 속결방도를 쫓아 지도할 일

7) 모든 회원으로 각각 방해를 받지 않도록 하며 회장을 향하여 발언하게 할 일

8) 발언자가 문제에서 이탈되지 못하게 하며 인신공격을 금할 일

9) 규칙위반된 자에게는 발언을 거부하며 침묵케 할 일

10) 허락없이 회석을 떠나지 못하게 할 일

11) 토론이 원만하게 이루어진 후에 가부를 묻거나 투표할 일

12) 표결 결과가 가부 동수이면 회장이 결정권을 행사하거나 혹은 재표결한다. 재표결해도 역시 동수일 경우 회장이 결정권 행사를 거부하면 그 안건은 부결된다.

13) 가부를 묻기 전에 표결할 안건을 간명하게 설명하며 또한 표결 후에는 그 결과를 선언해야 한다.

14) 회의 규칙에 대하여는 회장에게 우선 설명권이 있고 회장이 기립공포한 해석대로 시행하되 회원 중 2인 이상이 항변하면 회장은 변론없이 가부를 물어 공포한 해석을 바로 잡는다.

15) 위원을 택하기로 하였으면 본회의 다른 결정이 없는 한 회장이 자벽한다.

16) 회장은 다른 회원과 함께 투표할 수 있고 또한 가부 동수일 경우에는 결정권을 행사한다. 그러나 2중 투표권이 있는 것은 아니니 미리 투표하였으면 결정권을 행사할 수 없고 그 안건은 폐기된다.

17) 회장은 사회 중에는 토론에 참가할 수 없고 토론에 참가하

기 위해서 회장석에서 떠 날 수는 있다.
   18) 치리회가 재판회로 회집하였을 경우에는 회장은 증인에게 선서케 할 수 있다.
   19) 회장이 증인을 선서케하는 권한은 그 치리회나 총회로 말미암은 것이 아니요, 우리 교회가 채택한 헌법으로 말미암는다.
   20) 회가 폐회한 후에 긴급하고 중대한 사건이 발생하면 회를 소집할 수 있다.
   21) 회석의 질서를 정돈
   22) 언권을 얻어 발언하게 한다.
   23) 비상 정회 선언권이 있다.

2. 서기의 직무

   1) 총회의 개회준비 사무를 주관한다.
   2) 총회 명의로 공문을 발송하며 헌의, 청원, 보고, 문의, 소송, 서신 등 각양 내신을 접수하되 총회가 처결할 모든 문서를 헌의부에 보낸다.
   3) 총회록을 인쇄하여 배부한다.
   4) 총회가 필요로 하는 모든 서류와 인장을 비치, 보관한다.
   5) 총회 회의 절차와 회원 명부와 총회에 상정된 각종 의안등을 게재한 의사 자료를 작성하여 개최 1개월 전에 각 회원에게 배부한다.
   6) 총대 천서를 검사하는 위원이 되며(총회 개최 시간 전에 회원의 출석을 점검하며) 또한 모든 보고하는 일을 주관한다.
   7) 회장과 회원을 도와 신속한(방법과 절차) 의사 진행을 인도

한다.
  8) 정당한 요청에 따라 총회록을 발췌하여 발급한다.
  9) 통계표와 각 의안을 노회에 배부하며 그 보고를 수함하여 총회에 보고한다.
  10) 절차 위원과 천서, 검사위원과 통계위원을 예겸한 외에 상비부원을 겸임하지 못한다.
  11) 회록등본을 청구할 때 회의 허락으로 등본하여 줄 수 있다.
  12) 서기가 날인한 등본은 원본과 같이 인정한다.

제 8 장
교회 회의법 개요

제1장 총론

1. 장로회의 교회

교회란 예수 그리스도를 믿는 자들의 모임, 곧 회집이고 거룩한 공회와 성도간에 서로 교통하는 곳(사도신경)이고 거룩한 공회(公會)라고 한다.

2. 교회 정치의 필요

교회는 예수 그리스도를 머리로 하고 교인들은 지체로 하여 조직된 단체회집이요, 공동체이다(고전 12:27). 세상 나라가 일정한 정치없이 유지될 수 없는 것처럼 교회도 똑같이 일정한 정치가 있어야 한다. 교회도 개인이 아닌 회집의 조직체, 공동체인 만큼 교회의 신성을 유지하며 모든 것을 질서대로 하기 위하여 정치가 필요하다(고전 14:40).

3. 장로회 정치는 회의정치체제이다.

성경에 의하면 교회의 치리권은 개인에게 있지 않고 단체(치리회), 곧 장로회에 주어졌다(행 15:6). 이 치리회(장로회)는 당회, 노회, 대회, 총회로 구분한다. 장로 교회란 장로의 교회(Elder's Church)를 말하는 것이 아니고 장로회 교회(Presbyerian Church)를 말한다. 고로 오늘날 우리 교단의 명칭도 대한예수교 장로회이다. 장로는 πρεσβυτεριον인데 장로회는 πρεσβυτελος 이다. 여기서 장로는 두 가지 뜻이 뜻이 있으니 강도와 치리를 겸한 자를 목사라 일컫고, 치리만 하는 자를 장로라 일컫나니 이는 교인의 대표자이다. 이에 명칭에 대한 이해가 분명해야 하는데 장로의 정치라 할 때는 목사도 장로, 치리 장로도 장로라 했으니 이런 뜻에서 장로의 정치라고 이해해야 할 것이요 장로회 정치란 뜻을 보다 명확하고 분명하게 한 것으로 목사 장로와 치리장로의 모임인 치리회를 구성하는 것으로 장로회 치리회 정치란 뜻이다.

여기서 장로란 교인들에 의하여 선정되는 것인데 이 기구가 바로 당회라는 치리회이다. 이 조직(치리회)이 교회를 다스리게 하는 민주정치, 대의정치, 혹은 공화정치체제로서 단독정치, 독재체제가 아니라 치리회 정치체제, 곧 회의 정치체제이다. 고로 치리회가 모여 결정하지 아니하고는 치리권을 행사할 수 없게 된다. 그러므로 장로회 정치체제란 바로 회의로 시작하여 회의로 마치게 되는 정치 체제라고 해도 과언이 아니다.

4. 치리회 회의의 중요성

교회직원들의 회의 곧 치리회가 회집되어 회의에 임하는 것은 하나님께서 교회를 통치하시는 하나님의 뜻을 교회직원들에게 헤아리게 하는 하나님의 허락하신 존귀한 방편을 활용하여 하나님의 뜻을 헤아리는 혹은 주님의 명령을 수령하는 시간이니 치리회는 마땅히 거룩한 聖會이어야 하고, 그 회의는 신앙적이어야 하고 公明正大하며 신실하고 흠이 없는 합법적인 회의이어야 한다. 고로 불신앙적인 사고방식과 권모술수와 속임수 등 온갖 부정과 불법으로 하나님께서 허락하신 이 신성한 방편을 더럽히는 경우가 없어야 한다.

5. 교회회의법의 권위

교회회의법과 사회의 회의법에 있어서 그 형식상 동일하거나 유사한 일이 아무리 많다고 해도 그 의미와 권위에 있어서는 천양지차가 있다고 보아야 할 것이다. 그 이유는 세상의 회의법은 하나님과는 직접 상관이 없으며 오로지 인류공동사회를 영위하기 위하여 중지를 모아 의사를 결정하는 것이고 혹은 합당한 사람을 가려 뽑기 위한 회의이다. 그러나 교회의 회의는 한 차원 높여 하나님의 뜻을 헤아리고 주님의 뜻을 수렴한다는 하나님의 허락하신 신성한 방편이다. 고로 세상의 회의법은 인류공동사회의 빛나는 공동유산이니 이 법을 어긴다는 것은 인지의 배반이요, 역사의 반역이라고 할 수 있겠고 교회회의법은 교회를 통치하시는 하나님의 뜻을 헤아리고 받아들이는 신성한 방편이라 했으니 이것을 어긴다는 것은 하나님을 배반하는 것이니 교회회의법의 권위는 곧 하나님의 권위이다.

6. 회의의 기본 원칙

1) 의사를 결정하는 원칙
(1) 정족수의 원칙: 공동생활을 영위하는 식구(회원)가 몇 명이든 모일 때마다 한 사람도 빠짐없이 모두 모인다고 보장할 수는 없다. 전원 출석이 이상적인 회의임에는 틀림없으나 그렇지 못할 경우가 빈번하다고 생각한다면 유회를 방지하고 회의체제로서의 기능을 발휘할 수 있는 규정, 즉 전원 출석과 같이 인정될 수 있는 의결체로서의 기능을 발휘할 수 있게 하는 정수규정(定數規定)이 필요하다. 이런 공동약속을 정족수의 원칙이라 한다.

(2) 다수결의 원칙
회의가 개회되면 의견이 일치하는 경우도 있겠지만 그렇지 못한 의견 백출도 있을 것이다. 만일 만장일치로만 결의할 수 있다고 하면 전원 출석이 되지 못할 때는 번번이 유회됨으로써 회의체의 기능을 발휘하지 못할 것이다. 그래서 전원 출석으로 만장일치와 같은 의결체로서의 기능을 발휘하기 위하여 과반수 찬동이나 혹은 3분의 2이상 또는 4분의 3이상 등의 다수결(多數決) 소수종(少數從)이란 원칙들을 규정하는데 이것을 다수결의 원칙이라 한다.

2) 회의의 공정운영의 원칙
(1) 의사(議事) 공개의 원칙
의사를 공개한다는 말은 회원이 아닌 사람들에게도 공개한다는 말, 즉 방청을 허락한다는 의미이다. 이것은 비밀회의가 아니라는 말인데 회원들의 불성실과 나태함과 악한 꾀로 영위하려는 나쁜 생각을 미리 방지하는 것이다. 고로 회의는 비밀회의보다는 공개적으로 하는회의가 공정한 운영이 확보된다. 이것을 의사 공개의 원칙이라고 한다.

(2) 사회자 공평의 원칙

회의를 공정하게 영위하는 일에 사회자의 역할이 미치는 영향은 막중하다. 아무리 공개된 회의라 해도 사회자가 회원을 차별하거나 발언권에 차별을 두거나 회원들의 정당한 발언을 묵살한다고 하면 공정한 회의가 될 수 없다. 그런즉 사회자는 회의시 사회만을 보고 회의는 회원들이 자유롭게 토론할 수 있도록 개방되어야 한다. 그러나 사회자도 토론에 참가하려면 회원들에게 언권허락을 받아야 하고 또 사회석에서 발언하지 아니하고 발언대로 내려와서 한다든가 중대한 발언이 찬반으로 나위었을 경우 어느 한 편에만 치우쳐 일방적으로 언권을 주지 아니하고 채번해서 주는 등의 이러한 규정을 회의의 공정운영을 위한 사회자 공평의 원칙이라 한다.

(3) 회원 평등의 원칙

회원 평등의 원칙이란 민주적인 회의에 있어서 기본적인 전제로서 대중화되고 상식화된 사항이라 하겠다. 회원이 남녀 간 차별이나 연령별 차별이나 학력이나 재능, 지위 관계 때문에 차별을 받는다면 회의의 공정한 운영은 기대할 수 없다. 이 원칙은 결의권이 다같이 한표의 권리에 머문다고 함같이 토론권, 발원권에 있어서도 마땅히 평등해야 한다.

우리는 이따금 가부동수인 경우에 회장이 결정권을 행사할 수 있다는 지식을 가지고 회장은 마치 두 표의 권리가 있는 것처럼 생각하기 쉽다. 하지만 그런 것이 아니라 회장이 표결에 동참하지 않았을 경우에 한해서만 결정권 행사가 가능한 것이다. 즉, 회원들만으 는 가부가 동수인데 이 수에는 회장이 참여하지 않았으니 회장이 참여하는 편에 따라 가부가 결정되는 것이므로 이것을 가르쳐 회장의 결정권 행사라 한다.

(4) 발언 자유의 원칙

공정한 회의라고 하면 회원 각자가 자기의 의견을 자유롭게 표현하여 상대방을 설득하고 또한 상대방의 의견도 충분히 듣고 존중할 수 있어야 한다. 이 원칙에 있어서 두 가지가 있으니 첫째는 발어 내용에 있어서 자기가 생각한 바를 아무 간섭없이 자유롭게 발언할 수 있음을 말하고, 둘째는 형식면에 있어서의 자유를 말한다. 이 자유란 회의 규율 안에서의 자유를 의미하는 것으로 자세한 사항은 다음과 같다.

ㄱ. 발언은 개회 기간 안에서만 할 수 있다. 아무리 발언하고 싶어도 회장의 개회선언 이전에는 발언할 수 없고 폐회선언 이후에도 할 수 없다. 혹 한다손 치더라도 사담이지 공적으로 인정받을 수 없다.
ㄴ. 발언은 의장의 허락을 허락을 얻고서 해야 한다.
ㄷ. 타인의 발언도중 이를 방해하는 발언을 할 수 없다.
ㄹ. 발언은 발언이 허락된 성질의 범위를 넘어서는 안된다.
　예: 의제와 무관한 발언, 토의 때에 질의하는 발언, 질의하는데 토론하는 발언 등.
ㅁ. 일문일답이 아닌 종합적인 발언이어야 한다.
ㅂ. 한 사건에 2회이상 무제한 발언은 안된다.
ㅅ. 발언시간을 엄격히 지켜야 한다.
ㅇ. 한 의제가 선결되기 전에 타의제 발언은 안된다.

ㅈ. 정회 혹은 폐회동의에는 토론하는 발언을 할 수 없다.

이상의 모든 발언 규정은 발언자유를 침해하는 것이 아니라 보다 능률적인 의사진행과 운영을 위한 것인 동시에 회원들의 발언의 자유를 평등하게 보장하기 위함이다.

3) 능률적인 회의 운영의 원칙
(1) 의제 선고의 원칙
의장은 반드시 토론의 대상인 의제를 명백히 선고해야 한다. 그렇지 않으면 토론의 결론이 없이 이 말을 하다가 저말을 하는 등 두서없이 시간만 지루하게 끌뿐 무질서한 시간낭비를 면치 못할 것이다.
(2) 일사건 일처리의 원칙
달리말하면 -의제의 원칙이라고 한다. 의장은 의제를 선고할 때 아무 상관없는 별개의 안건 뿐만 아니라 관련이 있는 안건이라해도 2개, 3개 선고해서는 안된다. 반드시 의장은 한 가지, 한 의제처리의 원칙을 지켜야 능률적이고 규율있는 회의가 되는 것이다.
(3) 위원회 심사 원칙
이 원칙이야말로 오늘날 왜곡되는 내용으로 다음 항에서 취급한다.
(4) 일사부재의의 원칙
의결체의 의사를 일단 확정한 후에는 그 회의에서 다시 이를 원점으로 돌려 토의 대상으로 삼지 아니한다는 원칙이나 한 회기 안에 한 안건을 가지고 두 가지로 결정할 수 없다는 것이다.
(5) 회기 불계속의 원칙
이것은 다른 말로 의사 불계속의 원칙, 혹은 의안 불계속의 원칙이라고도 불린다. 내용은 회기 중에 제출된 의안은 회기 안에 모두 처리해야 하고 혹시 처리되지 못한 안건이 있다해도 그것이 자동적으로 다음 회기에 넘어가는 것이 아니라 끝이 난다는 원칙이다. 물론 유안건으로 결의하여 넘기면 설명할 필요없이 가능한 것이다.

· **委員會 審査의 原則**

이 원칙은 회의의 기본원칙에 속하고 그 중에서도 능률적이면서도 규율있는 운영원칙에 속한다. 구체적으로 말하면 위원회란 본회의 위탁으로 안건을 심의하거나 조사해서 본회의에서 처결이 용이하도록 본회의를 돕는 기구이다. 이 위원회가 없다고 해서 회의가 불가능한 것은 아니나 회의의 규모가 크면 클수록 필요성을 느끼게 된다.

구체적으로 다음과 같은 경우에 필요하다.

1) 중구난방과 각양각색의 혼란으로 시간낭비를 막는데 필요하다.
2) 안건 수가 많아도 또한 필요하다.

본회의가 하나씩 심의하려면 많은 시간을 소모해야 한다. 그러나 필요한 위원회를 만들어 해 위원회에 맡겨 사전에 예비심의를 거쳐 본회의에 보고하게 하면 짧은 시간에 많은 안건을 다룰수 있다.

3) 제출된 의안이 내용의 복잡성이나 전문적인 지식과 경험을 필요로하는 의안일 경우 이것은 본회의에서 다루기보다 이 방면의 전문적인 인사들로 위원회를 구성해서 사전심사를 거치도록 하는 것이 회의를 바로 진행하는 방법이다.

· 다음은 위원회의 권한 문제이다.

위원회란 어디까지나 최종적인 의결기관인 전체회의의 예비적이요, 준비적인 기구체로서 본회가 맡긴 일만을 다룰 수 있고 그 외에는 아무 권한도 없다.

· 위원회의 종류는 다음과 같다.

우리는 이미 장로회 정치의 통상적인 회의 방식을 살피는 중에 상비부 외에 허다한 위원회가 있음을 보았다. 새삼 그 종류를 열거할 필요는 없지만 일반위원회와 전권위원회라고 하는 두 종류에 대해서는 언급할 필요가 있다. 일반위원회는 예비적이요, 준비적인 심의기구로서 본회의에 안건을 다듬어서 보고하는 정도이나, 전권위원회는 일반위원회와 똑같이 예비적이요, 준비적인 심의기구이긴 하지만 본회의에 보고 이전부터 전권위원회의 결의로 임시효력을 발휘하는 권한면에서 심의한 의안을 보고만 할 뿐 채택여부는 본회에 달려있는 일반위원회와는 다르다고 할 것이다.

이런 면에서 전권위원회는 임시처결권 혹은 우선체결권 행사라고 보아야 할 것이다. 그렇다 하더라도 본회의가 회집되면 보고는 해야만 하는 것이니 보고한 것이 본회의에서 받게 되면 임시처결 혹은 우선 처결한 것이 합법화되는 것이고 부당한 처결로 본회의가 채용하지 않으면 처결 이전의 원점으로 돌아가는 것이므로 헌법상, 회의법상, 총회의 전례에도 부합하는 것이다. 그러나 이것은 어디까지나 행정건에 국한되는 것이다.

제 2 장 동의와 재청

1. 동의의 정의

동의(動議)가 무엇인가? 동의는 같은 뜻이란 동의(同意)와는 다른, 안건 처리나 의사를 진행하기 위한 절차를 말하는 데 어느 회원이 어떤 특정 사건에 대하여 자기의 이사나 주장이나 요청 등을 제안하는 것이다. 따라서 어떤 회의든지 동의없는 결의는 있을 수 없고 결의없는 회의는 움직일 줄 모르는 침체된 회의가 될 수밖에 없다. 그러므로 회의를 움직이는 혹은 전진케 하는 것이라 하여 움직일 동(動)자를 쓰는 "동의합니다"라고 말한다.

2. 의안과 동의

의안이란 헌의안 혹은 건의안, 예산안, 결산안, 긴급동의안, 헌법개정안 등을 총칭하는 말이니 곧 회의체가 회의할 안건을 말한다. 대개,
1) 긴급동의안은 회원 10인 이상이 연서 날인하여 개회 익일까지 서기에게 제출하는 것이고,
2) 하회에서 상회로 보내는 의안은 하회의 결의를 거쳐 회장 명의로 제출되고,
3) 상비부나 위원회의 경우는 상비부나 위원회의 결의를 거쳐 상비부장이나 위원장의 명의로 제출되는 것이다. 그러나 동의는 회의 당석에서 제출되고 1인의 재청으로 의제가 되는데 구두로 제출되는 것이 일반적이나 혹시 문서로 작성하여

낭독한 후에 서기에게 제출되는 경우도 있다. 교회 회의의 경우 동의는 원칙적으로 의안을 처리하기 위한 수단으로 활용되고 말 한마디로 제안하는 일도 통용되고 있다.

3. 동의의 형식

동의에는 일정한 형식이 있다.
1) 무엇을 어떻게 하자는 구체적이고 적극적인 내용을 갖추어야 한다.
2) 반드시 긍정적인 용어를 사용해야 한다.
　예) 회장, ○○○○○로 동의합니다.

4. 재청(再請)

재청이란 문자 그대로 다시 요청한다는 뜻이다. 동의는 재청이 있어야 비로소 의안으로 성립된다. 동의는 재청자까지 합해서 2인 이상의 찬동으로 성립되는데 재청이 없다면 결국 단 두 사람의 찬동도 없는 요구이니 의안으로 삼을 가치가 인정되지 않는다.(국회법에는 3청까지 있다) 그리고 동의와 재청을 할 때도 언권을 얻어야 할 것은 두말할 필요도 없다.

5. 동의의 선포

동의와 재청이 들어오면 회장은 마땅히 동의를 선포해야 한다. 즉, 의제로 선고해야 한다. 연후에 찬반토의에 들어가는 것이다.

6. 동의의 종류

동의에는 원동의 외에 보조동의, 부수동의, 긴급동의(우선동의) 등이 있다.
 1) 원동의
 2) 보조동의
　① 무기 연기의 동의
　② 수정과 재수정 동의(개의와 재개의)
　③ 위원회 회부 동의
　④ 위원회 재회부 동의
　⑤ 유기 연기의 동의
　⑥ 토론 제한, 연장의 동의
　⑦ 토론종결동의
　⑧ 보류(유안)동의
　⑨ 보류(유안)건 상정동의
 3) 부수동의
　① 규칙의 일시정지동의
　② 동의의 철회
　③ 심의반대동의
　④ 서류낭독의 요구
　⑤ 문제 분할의 동의
　⑥ 표결 방법에 관한 동의
　⑦ 측근심의 동의
　⑧ 의사 진행에 관한 의의
　⑨ 의장의 결정에 대한 공소

⑩ 번안동의
⑪ 폐기동의(취소동의)
4) 긴급동의
 ① 일정변경동의
 ② 일정촉진동의
 ③ 특권문제에 관한 요구(특청)
 ④ 휴회(정회)동의
 ⑤ 폐회 또는 산회동의
 ⑥ 내회(시일, 장소)결정동의

여기서 한 가지 짚고 넘어가야 할 것은 원동의에 대한 일반적인 결의는 출석회원 과반수이지만 간혹 재적회원 과반수, 출석회원 3분의 2이상 등의 규칙으로 규정할 수도 있다. 그러나 보조동의나 부수동의, 긴급(우선)동의는 회의법상 규정을 따라야 하고 변경할 수 없다.

제 3 장 원동의

1. 원동의(原動議)

　회의 중 나온 동의가 하나 밖에 없을 때는 굳이 원동의라할 필요가 없다. 그러나 회의 중에는 동의가 나온 다음에 수정하는 동의도 있을 수 있고, 원동의 심의에 따르는 갖가지 동의가 나올 수 있으며, 기타 부수동의나 우선동의 등으로 얼마든지 복잡해질 수 있다. 이런 경우 보조동의나 부수동의가 아니라 주된 동의라고 해서 이와 같은 이름이 붙게 된다. 따라서 원동의가 처결되기 전에 다른 원동의가 나올 수 없고 교회의 본분에 어긋나는 동의는 재청 유무를 묻기 전에 회장이 이를 기각할 수 있다.

2. 동의의 순위

　동의가 나오면 바로 처결할 것도 있겠지만 때로는 원동의에 여러 가지 보조동의가 나올 수 있고 부수동의, 우선동의가 있을 수 있다. 이런 경우 원동의는 당장 처결되지 못하고 먼저 우선동의 다음에 부수동의, 보조동의, 원동의의 순으로 묻는다. 우선동의와 보조동의에는 순위가 있는데 성안된 동의보다 순위가 높은 동의만 낼 수 있다. 이 때 모든 것이 부결되어야 가장 나중에 원동의를 표결하게 되고 타동의가 가결되면 원동의는 자동 소멸된다.

제 4 장 보조동의

정의: 원동의의 원안을 토론, 치리하는 보조 수단 과정의 방편을 보조동의라고 한다.

1. 무기연기동의

정의: 원동의, 원안을 무한정 연기하자는 동의이며 이것은 기한 없는 연장이다.
규칙:
1) 무기 연기동의와 수정동의는 같은 순위임으로 동시에 나올 수 없다.
2) 무기연기가 가결되면 같은 회기 중에 재상정될 수 없다.
3) 재론동의(변안동의)로 재상정할 수 있는데
   ㄱ. 세속회의의 경우 3분의 2이상의 가결로 재상정하고,
   ㄴ. 장로회 규칙(24)으로는 결정에 동참한 회원 4분의 3이상의 가결로 재론할 수 있으며,
   ㄷ. 재청이 있어야 한다. 토론은 하고 수정은 할 수 없으며 출석회원 과반수로 가결한다.

2. 수정동의(개의, 재개의)

정의: 동의, 원안에 대하여 찬성하면서 자구의 첨가 또는 삭제, 대체, 그 재무의 변경이나 의안의 분할, 분할의안의 종합 등 부분적으로만 수정하자는 것이니 곧 개의와 재개의를 의미한다.

규칙:
1) 원동의가 제출되어 토론이 난숙한 후에 제출한다.
2) 원동의에 대하여 정반대되는 내용의 수정동의는 할 수 없다.
3) 무기연기동의는 같은 순위임으로 일단 무기연기동의가 나왔으면 수정동의는 불가능하다.
4) 재수정(재개의)이 가결되면 수정안과 원안은 물을 것도 없다.
5) 원안과 수정안 중에 공통된 내용에 대해서는 그 부분에 대한 표결을 따로 하고 나머지 분에 대해서만 수정안을 먼저 묻고 원안을 나중에 묻는다.
6) 일반회원의 수정안과 위원회의 수정안에 대해서는 일반회원의 수정안을 먼저 묻고 위원회의 수정안도 하나가 아닐 경우에는 원안과 거리가 먼(차이가 많은) 것부터 가부를 묻는다.
7) 원안, 수정안, 재수정을 표결하려고 하면 재안 설명, 토론이 있어야 하고 그 후에 표결을 하는데 역으로 재수정을 물어 부결하면 수정안을 묻고 수정안이 부결되어야 원안을 묻게 된다.
8) 수정동의는 재석 회원 과반수의 찬동이 있어야 가결된다.
9) 수정동의는 번안이 가능하다.
10) 재수정안, 수정안, 원안이 성립되었을 경우
11) 수정할 수 있는 동의와 수정할 수 없는 동의는 다음과 같다.

· 수정할 수 있는 동의
1) 원동의
2) 수정동의

3) 위원회 회부와 재회부 동의
  4) 기한부 연기동의
  5) 토론의 제한 혹은 연기동의
  6) 문제분할동의
  7) 표현방법에 관한 동의
  8) 휴게동의(시간의 수정만 가능하다)
  9) 내회장소 결정동의

· 수정할 수 없는 동의
  1) 무기연기동의
  2) 토론종결동의
  3) 보류(유안건)동의의 재상정
  4) 보류되었던 동의의 재상정
  5) 규칙의 일시정지동의
  6) 동의의 철회
  7) 심의반대동의
  8) 서류낭독의 요구
  9) 의사진행에 대한 이의
 10) 의장 결정에 공소
 11) 번안동의
 12) 폐기동의
 13) 일정변경동의
 14) 일정촉징동의
 15) 특권문제에 대한 요구
 16) 폐회 또는 산회(당일의 회의를 마치자는 동의)

3. 위원회 회부동의

정의와 목적: 능률적인 회무 진행을 위하여 해당 상비부에 맡기든지 해당 상비부가 없으면 의안에 대하여 특별한 지식과 경험 등 전문성을 가진 특별위원을 선정하여 다듬어서(예심) 본회의에 보고케 하는 분담예심의 목적으로 활용하는 것이다.

규칙:
1) 맡겨진 의안은 위원장의 심사보고 후에 질의와 토론을 거쳐 표결하면 된다.
2) 위원회 보고는 그대로 받을 수도 있고 수정해서 받을 수도 있으며 기각시킬 수도 있다.
3) 위원회의 종류
  (1) 상비부
  (2) 당연직 위원회(총계 위원과 공천위원, 절차위원, 천서위원, 지시위원 등 정기위원이라 한다)
  (3) 특별위원(권면위원, 수습위원, 전권위원)
  (4) 상비부를 제외한 특별위원회는 보고가 끝남과 동시에 자동 해산된다.

4. 위원회 재회부동의

정의: 위임받은 의안을 본회의에 보고했는데 그 보고가 시원치 않다든지 부당하다고 생각될 때 보고를 받지 않고 다시 위원회에 회부하는 것을 말한다.

규칙: 위원회에 회부하는 횟수에는 제한규정이 없다. 재회부하

든지 아니면 새로운 위원을 구성하여 회부할 수도 있다.

5. 유기연기동의

정의: 기한부 연기동의인데 당장 심의하기보다는 어느 시기까지 미루어 놓았다가 심의하는 것이 유익하다고 여겨질 때 사용되는 동의이다.

규칙:
1) 원동의는 물론, 보조동의(무기연기, 수정, 재수정, 위원회 회부 동의)보다도 순위가 높다. 이 동의는 회기 내를 의미하고 다음 회기까지는 유기연기가 아니요, 보류(유안) 동의가 된다.
2) 표결순위: 무기, 수정, 재수정, 위원회 회부동의보다 더 높다.
3) 표결방법: 재청이 있어야 성립되고 과반수 찬성으로 가결된다. 부결되면 심의 중에 다시 기한부 연기 동의는 할 수 없으니 一事不再議의 원칙에 위배된다.

6. 토론의 제한 혹은 연장동의

정의: 회의 진행 중 어떤 특정 의안을 놓고 이해관계가 얽혀 기어이 관철시키려고 물고 늘어지는 측과 이 안에 대해서만은 질 수 없다는 측이 있을 때는 끝없이 공방전이 길어지게 된다. 이 때 토론의 시간, 또는 그 횟수를 제한하기 위해서 내는 동의이다.

규칙:
1) 토론할 시간을 정해 놓고 토론할 수 있는데 이런 경우 한 사

람의 발언시간을 10분으로 제한한다.
2) 찬성편과 반대편 각각 발언 횟수를 정해 놓고 토론하는데 이런 경우에는 대개 시간제한을 하지 않는다.
3) 회장은 반대편으로부터 시작해서 찬성편으로 번갈아가며 언권을 준다.
4) 토론 자유의 원칙에 상치되는 상황이 될 우려가 있으므로 3분의 2이상의 가결을 요한다.

7. 토론종결동의

정의: 회의를 하다 보면 별로 중요하지 않은 지엽적인 문제를 가지고 양보없이 지나치게 시간을 끌거나 중대한 문제라고 해도 흑백을 가릴만큼 난숙하였는데도 불구하고 이해관계에 얽혀 시간을 길게 끄는 경우가 있다. 이 때 시간낭비를 막기 위해 표결로써 토론을 종결하기 위한 동의이다.

8. 보류(유안)동의

정의:
1) 토의가 진행되는 과정에 긴급한 안건들이 산적해 있는데 안건 처리가 너무 늦어진다고 생각되어 다른 안건을 우선 처리하고자 할 때.
2) 때로는 부결을 원하는 편에서 다음으로 넘겨놓기 위해서
3) 가결을 원하는 편에서 회의가 너무 감정적으로 흘러 분위기가 경색될 때 우선 다음으로 넘겨 적절한 시기에 다시 상정

시키려는 동의이다.

규칙:

1) 이 동의는 토론이나 수정을 하려는 동의가 아니다.
2) 부결되면 토론도 수정도 수용된다.
3) 재상정 동의보다는 낮고, 타 보조동의보다는 순위가 높고, 부수동의나 우선동의보다는 그 순이가 낮다.
4) 유안은 과반수로 가결한다.

9. 유안건 상정동의

정의: 심의가 중단되고 보류해 두었던 것을 다시 상정, 심의하려는 동의이다.

규칙:

1) 보류동의와 같이 수정도, 토론도 할 수 없는 동의이다.
2) 과반수 결의로 유안했으니 과반수 결의로 상정한다.

제 5 장 부수동의

정의: 부수동의는 원동의나 원안 자체를 합리적으로 처리하기 위하여 부수적으로 생겨나는 보조동의이다. 회의를 보다 합리적으로 또는 능률적으로 진행하기 위한 동의를 부수 동의 또한 임시동의라고 한다.

〈종 류〉

· 토론할 수 있는 동의
① 표결방법에 관한 동의
② 번안동의
③ 폐기(취소) 동의

· 토론할 수 없는 동의
① 규칙의 일시정지동의
② 동의의 철회동의
③ 심의반대동의
④ 서류 낭독의 요구동의
⑤ 문제분할동의
⑥ 의사진행에 관한 이의
⑦ 의장결정에 대한 공소

· 재청 없이도 성립되는 부수동의
① 동의의 철회

② 심의반대동의
③ 문제분할동의
④ 의사진행에 관한 이의

· 재청이 있어야 성립되는 부수동의
① 규칙의 일시정지동의
② 서류 낭독의 요구동의
③ 표결 방법에 관한 동의
④ 의장결정에 대한 공소
⑤ 번안동의
⑥ 폐기(취소)동의

1. 규칙의 일시정지동의

정의: 교회 회의에서 말하는 일시정지가 가능한 규칙이란,
      1) 장로회 치리회 보통의회 규칙
      2) 노회 규칙 및 세칙
      3) 총회 규칙 및 세칙
      4) 각 상비부나 교회 소속 각 회의 규칙을 말한다. (헌법 및 헌법적 규칙은 일시정지 대상이 되지 않는다)

규칙:
1) 부수동의 자체 안에는 순위가 없다. (보조 동의의 경우와 동일)
2) 토론도 수정도 허용되지 않는다.
3) 규칙의 개정이 3분의 2이상의 찬성이므로 일시정지하는 동의도 3분의 2이상이

어야 한다.

2. 동의의 철회

정의: 동의자가 토의나 가부 처결을 불필요하다고 여길 경우 자기 동의를 회의의 의안에서 삭제하는 것을 말한다.

규칙:
1) 일단 회의 의안으로 상정된 것은 출석회원 과반수의 찬성으로 철회된다.
2) 의안으로 상정되기 이전일 경우에 동의자와 재청자의 의사를 따라 철회할 수 있는데 만일 재청자가 반대하면 안된다.
3) 번안은 할 수 있다.

3. 심의반대동의

정의: 동의자가 철회하지 아니할 때 타인이 남의 동의를 철회케 하려는 때에 제출되는 동의이다.(성질상 본회 영역 밖의 것이거나 권력에 손상이 되거나 품위가 없는 저속한 동의일 경우)

규칙:
1) 심의를 반대하는 것이므로 제안 설명이나 토론이 시작되기 전에 제출되어야 한다.
2) 원동의에 대해서만 제출될 수 있고 토론이나 수정이 없다.
3) 심의 반대 자체가 긴급성을 띠고 있으므로 출석 회원 3분의 2이상의 찬성으로 가결한다.

4. 서류 낭독의 요구

정의: 토의할 의안에 대하여 불분명할 때 관계되는 서류 낭독을 요구하는 동의이다.
규칙:
1) 필요하면 요구가 없더라도 사회자는 내용을 밝혀줄 의무가 있다.
2) 요구하면 재청이나 가부없이 당연히 낭독해야 한다.

5. 문제분할동의

정의: 심의의 편의상 한 동의를 둘 이상으로 나누어 심의하는 것이다.
규칙: 재청없이 성립될 수 있고 수정은 허용되나 토론은 못한다.

6. 표결방법에 관한 동의

정의: 교회의 일반적인 표결방법으로는 "예"와 "아니오"로 한다. 여기에는 동의가 필요없다. 이 외의 방법 즉, 무기명 투표나 기립표결 또는 거수표결 등에서 하나의 표결방법을 결정하는 동의이다.
규칙: 이 동의는 수정은 할 수 있으나 토론은 필요없고 과반수 찬성으로 가결 혹은 번안할 수 있다.

7. 축조심의동의

정의: 심의방법에 관한 동의인데 많은 의안을 한꺼번에 심의하는 것이 적당하지 않다고 생각될 때 한 조목, 한 조목씩 가결하거나 혹은 허락으로 넘겨놓고 맨 나중에 일괄적으로 한꺼번에 가부를 묻는 동의이다.

규칙: 원칙적으로는 재청이 필요하나 일반적인 교회회의에서는 어느 회원이 "축조요"하고 회장에게 요구하면 회장이 "축조입니다"하고 보고자에게 명한 후 축조 심의한다. 과반수 찬성으로 가결한다.

8. 의사진행에 관한 이의

정의: 진행되는 의사가 규칙을 어기거나 회의법에 어긋나거나 회의가 불법적이며 불합당한 방법으로 진행되는 것을 바로잡기 위해 사용되는 동의이다.

규칙: 이 동의는 규칙 발언 혹은 법 발언이라고도 한다. 타인의 발언 중에도 회중에서 "규칙이요", "법이요"하고 외친다. 회장은 발언을 중지케 하고 규칙 혹 법을 말하게 하는데 여기에는 재청도 없고, 토론도 없고, 표결도, 가부도 없다. 법 발언이 정당하면 발언자의 발언은 끝나고 법대로 진행된다. 법 발언자의 발언이 잘못 알고 하는 발언이면 회장은 법 발언이 부당한 것을 지적하고 발언자의 발언을 계속하게 한다. 이 때 회중에서 회장의 설명이 부당한 것이라고 항변하면 장로회 치리회 규칙 ⑥. 헌법 권징 조례 제4장 제28조의 규정대로 회장은 즉시 가부를 물어 회장 해석의 적부를 물어야 한다.

9. 의장결정에 대한 공소

정의: 의장의 독단적인 결정은 회의의 의사와 맞아야 하고 합법적이고 합리적이어야 하는데 그렇지 못할 경우 의장의 독선과 독단을 제지하고 공정한 회의 사회를 위하여 제기되는 동의이다. (이런 것이 회장의 불신임 조건에 이용되어서는 안된다)

규칙: 회장의 오실(誤失)을 바로잡으려는 것이기에 발언권을 주지 않더라도 공소를 제기할 수 있다. 이것은 회무진행보다 우선되는 동의이다.

10. 번안동의

정의: 일사부재의(一事不再議)의 원칙에 따라 같은 회기 중에 다시 재의(再議)되지 아니하는 것이 원칙이나 특별한 경우 다수결로 가결되었다 하더라도 결의할 당시에는 옳은 줄로 알았는데 알고 보니 잘못을 깨달았을 때, 가결 당시 다수편의 가편 회원 중에서 결의 이전으로 환원시켜 다시 토의하고 싶을 때 하는 동의이다.

규칙:
1) 결의의 잘못을 바로잡기 위한 동의이기 때문에 반대측 즉, 소수편에서는 동의할 수 없다.
2) 재청이 있어야 하고 수정은 못하나 토론은 할 수 있고 3분의 2이상의 찬성으로 가결한다(세상회의는 과반수 이상의 찬성으로 가결한다)
3) 폐회동의, 규칙의 일시정지동의, 번안동의의 번안, 보류안의 재상정등의 토론종결동의, 토의나 가결로 토론이 종결된 후

의 번안 등 기타 변경이 불가능한 성질을 가진 의안의 번안 동의는 할 수 없다.

11. 폐기(취소)동의

정의: 잘못된 결의에 대하여 번안동의할 기회마저 놓치고 방법이 없을 때 마지막으로 무효화 또는 취소하자는 동의이다.

규칙: 재청이 있어야 성립되고 토론은 할 수 있으나 수정은 못하고 3분의 2이상의 찬성으로 가결한다.

제 6 장 우선동의

정의: 회원들의 특권을 개인적으로나 혹은 단체적으로 보장하기 위하여 사용하는 동의이다. 다른 동의보다 처결권이 우선한다는 의미에서 우선동의라 한다. 그러나 우선동의에도 자체 안에서 가지는 우선순위가 있다.

1. 일정 변경의 동의

정의: 회의를 진행하다 보면 회의의 선후성이나 혹은 다른 안건과의 관련성 때문에 순서를 변경하거나 추가할 필요가 생겨나게 된다. 이런 경우에는 어느 안건을 먼저 의논하고 어느 안건을 나중에 의논할 것인지 먼저 그 순서를 정해야 한다. 이를 위해 사용되는 동의를 일정 변경의 동의라고 한다. 이를 긴급동의라고도 말한다.

규칙: 동의에 재청이 있어야 한다. 수정도, 토론도 할 수 없으며 번복할 수도 없다. 교회의 경우 긴급동의안은 회원 10인 이상의 연명으로 개최 익일까지 서기에게 제출되어야 한다. 가결은 3분의 2이상인데 이 동의는 타안건을 심의 중이거나 혹은 발언 중에라도 제출될 수 있다.

2. 일정 촉진의 동의

정의: 사회자가 미숙하거나 아니면 회원들의 토론이 과열되었거나 고의로 의사를 방해하는 경우에 흔히 발생되는데 회의의 중심이 의사 일정에서 벗어나 의제와는 전혀 상관없는 엉뚱한 방향으로 흐르는 경우에 의사 일정대로 회의를 하자는 동의이다.
규칙: 재청이 없어도 성립되며, 토론은 없다. 3분의 2이상의 찬성으로 가결한다. 부결되면 심의하던 의제를 계속 심의한다.

3. 특권 문제의 요구

정의: 회의에 있어 회원들의 자유와 양심의 억압과 침해를 방지하고 개인적이며 단체적인 권한과 회원으로서의 특권을 보장하려는 목적에서 사용되는 요구이다.
규칙: "회장! 특청이요"라고 언권을 청한다. 언권 허락없이 바로 발언해도 무방하며 재청도 필요없다. 토론도, 수정도 허용치 아니하고 과반수 찬성으로 가결한다.

4. 휴회(정회)동의

정의: 진행중인 회의를(식사시간, 상비부 보고가 없을 때, 피로 등으로 인해) 멈추고 쉬는것을 말한다.
 규칙: 필히 재청이 있어야 성립된다. 성원 미달이라도 제안 할 수 있고 수정은 할 수 있으나 토론을 할 수 없으며 과반수 찬성으로 가결된다. 회의를 방해할 목적의 정회이면 회장이 받지 않아도 무방하나 설혹 부결된 후라해도 직후가 아니면 제출할 수 있다.

5. 폐회(또는 산회)동의

 정의: 폐회란 회의를 마친다는 것이요, 산회란 회기 중 그날의 회의를 필하자 함이나 교회의 회의는 산회를 사용하기보다는 정회를 사용한다. 사회의 회의는 회의를 쉬는 것을 정회, 하루의 회의를 마치고 다음날 속회할 때 산회라고 구별하나 교회의 회의는 구별없이 산회를 쓰지 않고 모두 정회로 통용한다.
 규칙:
  1) 제출될 수 없는 때: 발언 중, 폐회(산회)동의가 부결된 직후 표결 중이거나 내회 장소가 미결일 때.
  2) 상기 외에는 언제든지 폐회동의가 제출될 수 있다.

6. 내회 장소 결정 동의

 정의: 고의로 소집을 회피하는 폐단을 예방하고 사전 준비계획, 기도하는 일에 도움을 준다. 이와같은 목적으로 내회의 시일과 장소를 미리 정하기 위해서 사용되는 동의이다.
 규칙:

1) 내회의 시일과 장소를 결정하는 것이 최우선의 동의이므로 혹시 폐회동의가 가결되고 폐회선언으로 회원이 흩어지기 전이면 제출될 수 있다.
2) 정족수 미달로 유회되는 상황에서도 결의할 수 있다.
3) 재청이 있어야 성립되고 과반수 찬성으로 가결한다.

제 7 장 잡동의

어느 회의에서든지 원동의와 보조동의, 부수동의와 우선 동의는 반드시 있어야 하고 또 흔히 사용되는 반면, 별로 사용되지 않는 예외적인 동의 몇가지가 있다. 이것을 잡동의라 한다.

1. 구두 호천 동의

규칙에 특별한 제약이 없는 한 선거하는 한 가지 방법으로 구두 호천이 있다. 어느 회원이든지 "모 씨를 추천합니다"라고 말하면 된다.

2. 구두호천 중지 동의

구두 호천이 가결되고 몇 사람까지 제한하지 않았을 경우 한없이 호천되는 번거러움을 막기 위해 사용되는 중지 동의이다.

3 회의의 비공개 진행 동의

회의의 공정 운영을 위하여 회의의 공개가 원칙이다. 그러나 이해 관계가 얽혀서 방청인들이 소란을 피우거나 회원들이 위협을 느낄만큼 공포의 분위기가 형성될 경우 비공개 회의를 하는 것이 일반적이다. 비공개회의의 목적은 ① 방청인들의 소란 방지와 회원들의 위협감 때문 ② 공개로 말미암아 하나님의 영광의 가리움을 막고 ③교회의 건덕을 해치는 것을 예방하기 위함이다.

규칙:
1) 전통적으로 별다른 결의없이 3분의 1이상이면 비공개 회의가 된다.
2) 재청이 있어야 한다. 수정은 할 수 없고 토론은 할 수 있다. 실제로는 토론은 거의 없고 회장이 가부를 물을 때 "예"보다 "아니오"가 많을 경우 거수표결을 하는데 3분의 1이상이면 가결된다.

4. 회의록 삭제 동의

회의록이란 회의의 결의 사항을 기록으로 남겨 후일에 역사 자료가 되게하는 것이다. 혹은 참고 자료가 되게 하며 이해 관계에 직결되는 일이기 때문에 어구 하나에도 작성해야 한다. 가끔 예외적으로 결의와 동시에 시행하는 경우, 회의록에서 삭제한다고 해도 별 지장이 없을 경우도 있고 회의록에 남김으로써 건덕상 유익이 되지 않을 때 사용되는 동의이다.

규칙: 1) 동의, 재청이 있어야 한다.
    2) 과반수 결의로 한다.
    3) 토론은 할 수 있으나 수정은 할 수 없고 삭제 부분만

수정이 가능하다.

제 8장 발언

　발언이란 회의에 있어서 회원들이 각기 자신의 의사와 의견을 구두로 표시하는 것을 말한다. 회의란 회원들의 의사와 의견을 종합하여 절충하고 타협하여 하나의 단체적 의견으로 창출해 내는 것이기 때문에 회원들의 발언이 제외될 수 없는 것이다. 이에 발언권 규정이 필요하게 되었는데 교회 정치 문답 조례는 일반 사회의 의사 규칙과는 다르다고 하였고 한국 교회에서는 1917년 이를 수용하여 각급 치리회가 통용해 오고 있는 것이니 곧, 장로회 각 치리회 보통 의회 규칙이다.

1. 발언 불허의 경우

① 유안 동의 재청 후
② 유안건 재상정 동의 재청 후
③ 폐회 동의 재청 후
④ 토론 종결 동의 가결 후
⑤ 재개의 재청 후
⑥ 재론 동의의 경우 소수편
⑦ 토론 시간 작정 동의 재청 후
⑧ 회장 표결 선언 후(폐회 동의는 가)
⑨ 회장 공소 후
⑩ 한 사건을 가부간 처결 후

2. 한 사건 두 발언의 원칙

한 사람이 한 사건에 대해서 특별 허락을 받은 경우가 아니면 두 번 이상 발언할 수 없다. 단, 의문점이나 답변발언은 할 수 있다.

3. 일사건 일발언(一事件一發言)의 경우

① 규칙 위반에 관한 사건
② 논의를 연기하자는 동의, 재청 후
③ 위원에게 일임하자는 동의, 재청 후

4. 발언이 중단될 경우

① 인신 공격(회장)
② 규칙을 어긴 발언(회장)
③ 의제를 벗어난 변명이나 설명(회장)

5. 발언의 종류

① 제안자의 취지 설명
② 상비부 혹은 특별위원의 보고
③ ①, ②항에 따르는 회원들의 질문
④ 토론을 위한 발언(제안자의 취지 설명 후 반대측의 토론, 찬성측의 토론 순이다)
⑤ 기타(의사 진행 발언, 신상 발언 등이다)

6. 논의 중 발언 허락의 경우

① 원안대로 받자는 동의
② 원안을 수정하자는 동의
③ 재건의
④ 위원회 회부 동의
⑤ 유기 연기 동의
⑥ 무기 연기 동의
⑦ 유안 동의
⑧ 폐회 동의
⑨ 회원이나 회장이 "규칙이요"하면서 발언

7. 발언 시간이 10분으로 제한될 경우

8. 찬반 간 체번 발언의 원칙

제안 설명이 끝나면 반대측부터 발언권을 주어 체번해서 발언권을 준다.

9. 회장의 발언권 관계

① 회무 처리를 위해서 회의를 사회하는 의무와 권한을 갖는다.
② 회의 규칙에 대한 논란이 일어났을 경우 회장에게 우선 설명권이 있다.
③ 회장이 토론에 참가하고자 하면 회장이 회원을 향하여 언권

을 얻어 발언하는 관례가 있다.

10. 발언 침해 배제의 원칙

회원의 정당한 발언을 침해되지 않는 것이 원칙이나 다만 규칙을 어겼거나 인신 공격 발 언이나 의제를 벗어났을 경우에는 발언 정지를 당한다.

11. 발언할 처소

회원석에서 일어나서 발언함이 원칙이다.(발언대가 준비되었으면 발언대에서 발언한다)

12. 발언권 허락의 기준

① 발언권은 정회원과 언권 회원에게 있다.
② 제일 먼저 요청하는 자에게 준다.
③ 2인 이상이 동시에 일어나 언권을 청할 경우 회장석에서 먼 곳에 있는 자에게 우선권이 있다.
④ 3인 이상이 동시에 일어나면 발언자 외에는 모두 앉도록 한 연후에 발언을 계속하게 한다.
⑤ 서기 혹은 회원의 요청에 따라 비회원에게도 회의 허락을 받아 언권을 줄 수 있다.
⑥ 회장이 발언하고자 하면 회중에게 물어 "허락이요"한 후에 발언할 수 있다.

⑦ 헌의부가 보고하려고 하면 우선권을 준다.

제 9 장 표결

모든 회의는 표결로써 종결한다. "사람이 제비는 뽑으나 일을 작정하기는 여호와께 있느니라"(잠16:33) 표결 결과는 승복해야 하고 그 권위는 존중되어야 한다. 그렇다고 해서 양심의 자유의 원리가 무시될 수는 없으며 결국 여기에도 3심제도가 적용되는 것이다.
① 가부를 물을 때는 "예" 혹은 "아니오"로,
② 다수의 결의에 불복하고 이의서를 제출함으로,
③ 이의가 받아들여지지 아니할 때는 항의로 판단을 구한다.
구체적으로 표결이란 의제에 대하여 성안되어 동의, 개의, 재개의로 히언들에게 찬성과 반대를 물어 의결체의 뜻으로 확정함을 말한다. 때에 "예" 혹은 "아니오" 소리가 불분명할 때는 거수표결로 하고 거수표결도 불분명할 때는 무기명 투표로 표결한다. 그 외 기립표결 방법도 있으나 교회에서는 잘 사용되지 않고 있다.

· 표결 관계의 규정
① 치리회 보통 회의 규칙 ② 정치 문답 조례 규정
가부를 묻겠다고 선언한 후에는 일체의 발언권을 주지 않는다.

1. 표결의 종류

① 구두표결

교회의 경우 90%이상이 이 표결 방법에 의해서 처결된다. 토의가 난숙한 후에 성안된 의안에 대해 회장이 가부를 묻는데 성량(聲量)의 크고 작음을 듣고 회장의 판단에 의해 가부를 선언함으로 종결된다. 소리가 비슷해서 가부가 불분명한데도 회장이 일방적으로 가부를 선언했다고 인정되면 거수표결을 요청해서 표결한다.

회장은 회원의 요청이 없어도 판단이 어렵다고 생각될 때는 거수표결을 하는 것이 정당하다.
· 묻는 예:
○ 찬성하시는 분은 "예" 하시오.
○ 가하시면 "예" 하시오.
○ 반대하시는 분은 "아니오" 하시오.
○ 부하시면 "아니오" 하시오.

② 거수표결

교회 회의시 구두표결 다음으로 많이 쓰이는 표결 방법이다. 먼저 찬성측을 거수하게 하고 다음에 반대편을 거수하게 한다. 이 때 수를 세는 일은 서기단(서기, 부서기, 회록서기, 부회록서기)에게 일임하지만 계수 발표는 서기가 하는 것이 아니라 회장이 한다. 때에 회원 저마다 거수 인원수를 세도록 하는 것은 용납할 수 없고 무기명 투표외에는 대개 회장의 임의로 작정하는 것이 관례이다. 그러나 회원 중에서 이의를 제기할 수 있고 표결 방법을 작정할 수도 있다.

③ 무기명 투표

찬성과 반대를 무기명 비밀 투표에 의해서 표결하는 방법이다. 구두나 거수표결은 타인의 눈을 의식하게 되기 때문에 양심이 약한 회원들의 양심의 자유를 최대한으로 보장하는 이상적인 표결

방법이다. 사회에서는 기명 투표하는 방법도 있으나 교회 회의의 경우 기명 투표 즉, 공개 투표는 하지 않는다. 노회에서 총회의 수이권 등은 모두 무기명 투표, 비밀 투표하도록 교회 헌법에 규정하고 있다.

④ 다수 항목의 일괄 표결

교회 회의의 경우 당회를 제외하고는 노회도 총회도 거의 모두 상비부 위탁 심리 방식이 사용되고 있어 본회의에 나와서 보고할 때 여러 항목을 한꺼번에 보고하게 된다. 이에 치리회 보통 회의 규칙(26조)에서는 "축조하여 회중의 허락으로 넘겨놓고 맨 나중에 전체를 채용하자는 동의와 재청으로 가부를 물어 완전히 결정할 일"이라고 규정하고 있다.

⑤ 재개의 혹은 개의 성립 시의 허락 통과

한 가지 사건이 동의, 개의, 재개의 등으로 나뉘어졌을 경우 회장은 재개의부터 가부를 묻는다. 가령 300명 출석에 재개의 찬성이 151표이고 부표가 70표가 되었다고 하면 회장이 "재개의가 원동의 된 것을 허락하시면 '예' 하시고 아니면 '아니오' 하시오"라고 묻는다.

재개의가 원동의 된 것을 묻는 것은 재개의 151표에 나머지 전체가 다 뭉쳐도 재개의 숫자에 미치지 못하니 재개의 하나로 뭉치는 것이 어떻겠느냐고 묻는 것이니 반대한 사람들에게 다시 한번 "예"할 수 있는 기회를 주어서 단결을 산출하는 것이다.

⑥ 기립표결

표결이 불분명할 때 혼란과 분쟁을 막기 위해서 중대한 문제일수록 재표결 요청이 있으면 기립표결을 한다.

2. 표결의 순서

동의를 설명할 때 설명되었으므로 중복을 피하고 여기서는 교회 정치 문답 조례와 장로회 치리회 보통 의회 규칙을 밝힌다.
① 토론 난숙 후에 표결
② 침묵 측은 다수측으로 인정된다.
③ 기본 순위 –사건을 토의하는 중에는 다른 사건을 제출할 수 없으나 다음과 같은 동의는 받아 논의할 수밖에 없다.
  ㉠ 원안대로 받자는 동의
  ㉡ 원안을 수정하자는 동의
  ㉢ 동의와 개의와도 다른 재개의
  ㉣ 위원에게 위임하자는 동의
  ㉤ 유기한 연기 동의
  ㉥ 무기한 연기 동의
  ㉦ 유안 동의
  ㉧ 폐회 동의
이상 여러 가지 동의를 물을 때에 폐회 동의에서부터 거슬러 올라가면서 묻는다.
· 보충
  ㉠ 최후에 나온 수정안부터 표결
  ㉡ 위원회보다 회원의 수정안부터 표결
  ㉢ 원안과 차이가 많은 것부터 표결
  ㉣ 공통된 부분부터 표결
  ㉤ 1개 수정안이 가결되면 같은 문제의 다른 수정안은 표결하지 않음

④ 수효와 시간 관계의 순위

　수효에 대해서는 최고 수에서 최소 수로 차례를 삼는다.

　시간에 대해서는 먼 시간에서 가까운 시간으로 차례를 삼는다.

⑤ 분할 표결

　한 동의 안에 여러 가지 부분이 포함되었을 경우 2인 이상이 요구하면 부분별로 나누어 가부를 물을 수 있다.

⑥ 즉시 표결

　회의 규칙에 대해서는 회장에게 우선 설명권이 있고 회장이 기립 공포한 해석대로 시행하되 회원 중 2인 이상이 항변하면 변론없이 가부를 물어 공포한 해석을 바로 잡는다.

· 발언권 규정

㉠ 토론없이 가부를 묻는 동의(언권을 허락할 수 없는)

　· 보류(유안) 동의

　· 유안(보류)했던 사건을 심의하자는 동의

　· 폐회 동의

　· 토론을 종결하고 가부 표결을 하자는 동의

㉡ 한번 이상 발언할 수 없는 동의

　· 규칙 위반에 관한 사건

　· 논의를 연기하자는 동의

　· 사건을 위원에게 일임하자는 동의

㉢ 기타 사건

　· 한 사람이 한 사건에 두 번 이상 발언하지 못하나 다시 발언하고자 하면 특별 허락을 얻어야 한다. (보규 ⑱)

　· 회장이 가부 표결을 선언하면 폐회 동의 없이는 이론이나

설명 등 일체의 발언을 허락하지 않는다.
- 과오가 드러나면 표결을 중지하고 시정한 후에 회장이 다시 가부 표결을 선언하고 표결한다.
- 표결 시간을 미리 정하고 토론할 경우에는 한 회원의 발언 시간을 10분으로 제한한다.
- 표결할 시간을 미리 작정하자는 동의는 토론없이 즉시 가부를 묻는다.
- 투표 진행 중에 정회 혹 폐회 시간이 되면 시간을 연장하거나 다수가 허락하면 정회할 수 있으나 속회하면 투표를 계속한다.
- 한 가지 안건 중 여러 가지 사건이 포함되었으면 편의상 축조하여 회중의 허락으로 넘겼다가 맨 나중에 전체를 채용하자는 동의와 재청으로 가부를 결정할 수 있다.
- 어떤 문제에 대한 찬성과 반대를 기록으로 남기려면 출석회원 3분의 1이상의 요청이 있어야 한다.
- 회장이 가부를 공포할 때 회원이 불복하고 기립표결을 청원하면 그 수를 헤아릴 것 없이 기립으로 다시 가부를 표하게 할 것이요, 그래도 회장이 판단하기 어려우면 회원 중 개회 성수 이상의 요청이 있으면 회장은 계산 위원을 자벽하여 그 위원으로 하여금 양편을 헤아려 보고케 한다.
- 회원은 누구든지 회장의 결단으로 압제를 당한다고 여겨질 때 치리회에 항의할 특권이 있고 그 항의는 토론없이 표결한다.

⑦ 회장의 결정권 행사
- 표결 결과가 가부 동수일 때 회장이 결정권을 행사한다.
- 아니면 재표결한다. 재표결해도 가부가 동수일 경우 회장이

결정된 사항을 거부하면 그 안건은 부결된다.
- 이중 투표권을 행사할 수는 없다. 투표를 했으면 결정권을 행사할 수 없고 그 안건은 폐기된다.
- 치리회가 표결할 때 무기명 투표로 투표하였으면 가부 동수가 되어도 결정권을 행사할 수 없고 그 안건은 부결된다.

⑧ 3분의 2이상 가결

한 번 처결한 사건은 회기 중 다시 재론할 수 없다. 그러나 결정할 당시에 다수편(가편)에 속했던 회원 중에서 동의와 재청이 있고 회원 3분의 2이상의 가결이 있으면 재론할 수 있다.

⑨ 4분의 3이상 가결

무기한 연기로 가결된 사건은 그 회기 중에는 다시 논의할 수 없다. 그러나 그 결정에 동참한 회원 4분의 3이상이 가결하면 그 회기 중에 다시 논의할 수 있다.

⑩ 표결권 행사

㉠ 표결해야 할 그 시간에 회의 장소에 재석한 회원. 단, 무임 목사는 표결권이 없으니 마땅히 제외된다.
㉡ 6개월 이상 이유없이 예배에 불참한 교인은 공동 의회에서 표결권을 제한받을 수 있다.
㉢ 세례받지 아니한 학습 교인 혹은 원입 교인은 공동 의회에서 표결권이 없다.
㉣ 일단 표결한 이후에는 가부간 그 내용을 변경할 수 없다.
㉤ 투표 마감 선언을 하지 않았을 경우에는 개표 중이라도 투표를 허용할 수 있다.

⑪ 표결 결과의 선포

회장은 표결 결과를 선포함으로 사건을 종결한다.

제 10 장 회의록

1. 정의와 목적

정의: 회의록이란 문자 그대로 회의의 실상을 문자로 표기한 서물(書物)이다.

목적:
1) 효력과 내용에 대하여 증거 가치가 있는 자료 목적
2) 회의 공개 원칙에 따라 회의체 안팎에 회의의 내용을 알리는 수단의 목적
3) 회의체 자체가 후고(後考)의 목적
4) 회원들의 회의체 안에서의 움직임과 결의안에 대한 찬, 반의 활동 상황을 기록화함으로써 그 책임감을 더욱 높여 신중을 기하려는 목적
5) 역사적으로 귀중한 사료의 목적

2. 기재할 내역

1) 회의의 명칭과 종별
예: 대한 예수교 장로회 제○회 총회 회의록
2) 회의의 시일과 장소
3) 개회 예배 순서(기도자의 성명)
4) 성찬 예식 순서(집례자의 성명)
5) 출석 회원수
6) 개회 선언

예: 대한 예수교 장로회 ○회 제○회가 개회됨을 선언합니다.
 7) 모든 가결된 사항만 기록하고 특수한 경우에는 동의자, 재청자, 표결 수까지 기록한다.
 8) 폐회 예배 순서(기도로 폐회했을 경우에는 기도자의 성명)
 9) 폐회 시일
10) 회록 서기의 서명 날인
11) 부록
   ㉠ 회원 명부
   ㉡ 상비부 및 이사회, 특별위원회 등의 보고서
   ㉢ 각 노회 상황 보고와 각종 통계표(각 시찰 보고)

3. 회의록의 채택

당회처럼 정회나 휴회가 없는 비교적 짧은 회의는 폐회 직전에 회록 서기의 낭독으로 동의, 재청으로 채택한다.

노회, 총회처럼 수일 계속되는 회의에서는 정회했다가 속회하면 먼저 회의록을 채택함이 원칙이나 회록 서기의 정리 미진을 고려하여 회의록 채택을 임원회에 위탁하고 폐회하는 경우가 일반적이다. 이것은 본회의에서 채택되지 않았으므로 회의록으로서의 권위가 있을 수 없다. 한 번씩 모이는 회의체가 그 회기 중에 받는 것이 원칙이나 다음 회의 초에 채택하는 것은 악습이다. 1년이면 회원도 많이 바뀌고 또 회원들도 1년전의 일이라 기억이 희미하기 때문에 희미한 기억력으로 전 회의록을 채택하는 것은 억지이다.

4. 모범 회의록

노회는 1년에 두 번 정기회로 모이고 총회는 한 번 모인다. 회의의 절차나 그 내용이 거의 과장되고 싶은 것이 사실이나 서기는 모범 회의록을 펴놓고 참고하면서 적어 나가면 아주 쉽게 회의록을 작성할 수 있을 것이다.

부 록

Ⅰ. 성찬론에 대한 바른 이해
Ⅱ. 목사 및 강도사, 전도사, 장로 고시 헌법예제
Ⅲ. 제직회 자료 및 기관운영 자료

부록 I.
성찬론에 대한 바른 이해

1. 카톨릭 교회의 화체설과 칼빈의 성찬론

1) 카톨릭 교회의 화체설

(1) 화체설의 근거와 유래

화체설(化體說 : Transubstantiation)은 초대 교회에 존재하지 않았다. 9세기에 프랑스 콜비 수도원의 원장 Paschasius Radbertus(785-860년)가 처음 그 이론의 기초적인 형태를 말한 사람 중의 하나이다. 그는 「그리스도의 몸과 피」라는 저서에서 요한복음 6장에 근거해서 다음과 같이 주장하였다.

요 6:56에 "내 살을 먹고 내 피를 마시는 자는 내 안에 거하고 나도 그 안에 거하나니"의 말씀은 "그것이 진정한 양식이라면 진정한 살이어야 하고, 진정한 음료라면 진정한 피여야 한다"는 결론에 이른다. 이것이 바로 예수의 말씀 "내 살은 참된 양식이요, 내 피는 참된 음료로다"의 의미라는 것이다. 그리스도를 이로 씹는 것은 불가하기 때문에 하나님께서는 성령의 축성(祝聖 : Benediction)의 능력으로 말미암아 떡과 포도주가 진정한 그리스

도의 살과 피가 되는 신비를 의도하셨다.[1]

이상 Radbertus의 논리는 간단한 것으로, 그것은 "나의 줄 떡"은 바로 "내 살"이다와 "내 살은 참된 양식이요, 내 피는 참된 음료로다"라는 말씀을 문자적으로 이해한 결과이다.

(2) 떡과 포도주가 몸과 피로 '변화' 한다는 설의 정착

카톨릭 교회의 떡과 포도주가 그리스도의 몸과 피로 "변화"한다는 말은 처음에는 transition이나 conversion이라는 용어에 의해 설명되었으나, 중세의 철학적 이론의 도입으로 12세기에 와서 Hildebert of Tours(1134년)에 의해서 "화체설"(transubstantiation)이라는 철학적 용어에 의해 설명이 시작되어 중세의 형이상학적인 언어들과 개념들을 사용하여 "화체설"이 형성되고 1215년에 제4차 Lateran 회의에서 카톨릭 교회의 공식 교리로 채택되어 정의되었고, "그리스도의 몸과 피는 성례를 통하여 떡과 포도주의 형태 아래 진정 임재하는데, 떡은 하나님의 능력으로 몸으로 변화되고, 포도주는 피로 변한다[2]라고 하였다. 이 화체설은 토마스 아퀴나스에 이르러 완성된 형태를 이루었고, 그의 가르침(그의 저서 Summa Theologiae, 87항)은 1545-1563년도에 모인 Trant 공의회, 1963-1965년에 모인 Vatican II에, 또한 최근 "Catechism of the Catholic Church"에서 일관되게 주장되고 있다.

---

1) Paschasius Radbertus, The Lord's Body and Blood, in Early Medieval Theology, Vo. 1. IX : The Library of Christian Classics, ed. & tr. George E. McCracken, London : SCM Press, 1957. p. 101
2) Philip Schaff, History of Church, Grand Rapids : Eerdman Publishing Co. 1950. Vol. V. p. 714

2) 떡과 포도주 본질의 변화설

(1) 그리스도의 몸이 성찬 안에 임재하는 "특별차원"설

그리스도의 몸이 성찬이라는 공간 안의 존재는 그 몸을 포함하는 공간의 차원으로 설명된다. 그리스도의 몸은 특별차원으로 성찬에 임재한다(Thomas, Summa, 3a, 75. 1.). 여기 "특별차원"은 "믿음"의 차원이라고 한다. 그리스도의 몸이 성찬에 임재하면 떡의 본질은 떡에 존재하지 않았다. "이는 내 몸이라" 했기 때문이며, "축성(祝聖 : the consecration of church) 후에 떡과 포도주의 본질은 성찬에 외양에나 그 어디에도 존재하지 않는다. 그렇다고 소멸되지도 않는다. 그것은 그리스도의 몸으로 변화하였기 때문이다."(Thomas).

"성찬에서 하나님의 능력으로 실제로 떡의 완전한 본질이 그리스도의 피의 완전한 본질로 변화한다. 이러한 변화는 형식적 변화가 아니요, 본질적인 변화이다. 이 변화는 자연적인 변화가 아니며, 그 바른 의미는 화체설(transubstantiation)에 의해서 불리워져야 한다."고 한다.

(2) 떡과 포도주의 비본질적인 감각적 외형이 남는다는 주장

토마스는 "축성 후에 떡과 포도주의 본질이 아닌 외양의 전체가 남아 있는 것은 우리의 감각으로 볼 때, 당연하다"라고 한다. 토마스는 떡과 포도주의 형태로, 인간이 먹는 양식의 형태로, 그리스도의 몸과 피를 먹게 한 것을 하나님의 섭리로 돌린다. 이 섭리 설명은 아리스토텔레스의 철학을 사용하여, "모든 효과는 제 2원인보다 제 1원인에 의해서 움직인다는 설을 성찬에 적용하여 모든 사물의 제일 원인이신 하나님의 능력에 의하여 사물의 근본적인 것이 사라진 후에도 사물의 외양이 자연 그대로 남아있게 된다는 주장이다." 즉, 떡과 포도주의 비본질적이고 감각적 외형이 남아있다 해도 그것의 실제적 본질이 남아 있는 것이 아니라는 것이다. 그것은 떡과 포도주의 완전한 본질이 그리스도의 몸과 피로 전환되었기 때문이다(Thomas, Summa, 3a, 75, 5-6).

그리고 이 변화는 사제(Priest)가 떡을 들고 "축성"하는 순간, 그 축성의 마지막 말이 끝날 때에 순간적으로 떡은 그리스도의 몸의 첫 순간이라는 것이다.

축성된 후에 우리 눈에 보이는 떡은 변화된 그리스도의 몸의 "순수하고 단순한 본질"과 떡의 남아 있는 외양의 결합으로 본다. 따라서 본질적으로 변화된 상태인 그리스도의 몸의 본질은 우리 눈에 보일 수 없으며, 눈에 보이는 것은 본질이 변화되어 없어졌다고 하는 그 떡의 외양뿐이라고 한다. 또한 축성된 떡이 본질적으로 변화된 그리스도의 몸이면서도 부패할 수도 있고 영양분을 제공하며, 부서지거나 파괴될 수도 있다고 한다.

3) 화체설에 대한 비판
(1) 본질적 변화설은 창조적 억지

본질적으로 변화된 그리스도의 몸이 변화하여 없어져 버리고 남아 있는 떡의 외양 안에 존재한다는 주장이나, 떡 자체의 본질은 변화하여 없어져버리고 남은 단순한 외양(aspect ; outwards)이 부서지고, 썩고, 인간에게 영양분을 줄 수 있다는 주장은 창조적 억지이다. 이러한 형이상학적(形而上學的 : metaphysics)인 주장은 떡이 동시에 완전한 그리스도의 몸이어야 하고, 또한 완전한 떡이어야 한다는 잘못된 성례 이해에서 비롯된 것이다. 이러한 왜곡된 성례 이해에서 나타난 사변적(思辨的 : speculative) 화체설의 내용은 과거의 존재론적이며 사변적인 증명은 피하고 있으나 토마스가 확립한 화체설의 내용은 그들의 교리서에 그대로 이어지고 있다(카톨릭 교회 교리서 제2권, 1333).

(2) 화체설의 몇 가지 불가능성

① "이것이 내 몸이다", "그것은 참된 양식이다"라는 예수의 말씀이 진실이라면, 성찬식의 떡은 참된 그리스도의 몸이어야 한다는 것이다. 이러한 확신은 그들에게 그리스도의 "육체적인 임재"를 주장하게 한다.

② 이 "육체적인 임재"는 몇 가지 문제를 야기한다

첫째, 떡 안의 그리스도의 "육체적인" 임재는 그의 속성상 불가능하다. 그리스도는 어떤 물체에 육체적으로 포함시킬 수 없음을 그들은 인식한다.

둘째, "육체적인" 그리스도의 임재는 그리스도의 몸의 본질과 떡의 본질의 혼합이라는 또 하나의 실제적인 문제를 야기시킨다.

셋째, 그들은 위의 몇 가지 문제를 해결하면서, 특히 떡이 그리스도의 몸으로 본질적으로 변화하며, 떡의 본질은 더 이상 떡 안에 존재하지 않는다는 허구로 도피하고, 그것을 설명키 위해서 철학적인 궤변을 사용하게 되었다.[3]

---

3) Calvin, 기독교 강요, Ⅳ. xvii. 14 : 웨스트민스터 신앙고백 29장 6항.
Rick Jones et al, 정동수, 박노찬 공역, 천주교는 기독교와 다릅니다, 서울 : 두루마리, 1998, pp. 85-89 참고.

(3) 성찬을 "희생제사"로 변질시킴

화체설은 떡과 포도주라는 표징(表徵 : sign, symbol)을 그것이 상징할 "본체"와 "육체적"으로 일치시키므로 성찬 자체를 "희생제사"로 만들어 버리고 만다. 그들도 그리스도와 연합, 성도간의 연합을 언급하고 있으나, 성찬 자체를 "변화"로 이해하기 때문에 근본적으로 "희생제사"라는 그들의 이해는 당연한 논리적 귀결이다.

"희생제사"(sacrifice)로서 성찬은 고전 11:24에 "이것을 행하여 나를 기념하라"는 그리스도의 의도에 어긋나는 것이다. 그리고 칼빈이 언급한 "받아 먹으라"는 그리스도의 뜻과 정반대로 오히려 하나님께 "드리는 희생제사"로 만들고 만 것이다.[4]

(4) 화체설의 성례에 대한 왜곡된 정의(定義)

화체설의 기본적인 문제는 성례 자체의 왜곡된 "정의"의 문제이다. 성례 성립은 성례(sacrament) 자체가 요구하는 "표징"(表徵)과 그 "표징"이 지시하는 "내용"이 서로 다른 개체로 긴밀하게 관련되어 있어야 한다. 그러나 화체설은 성례의 요소 자체가 본질적으로 "변화"하는 것을 근본적으로 성립시킨다. 따라서 이러한 이해는 "성례"라기 보다 "변화"라고 해야 옳을 것이다. 칼빈은 이런 성례론을 반대한다(심재승, 연구보고서 "사도의 계승과 성찬", p. 14 참고).

---

4) John Calvin, Calvin's Commentary, ⅠCornthians, tr. John W. Fraser, Grand Rapids : Eerdmans Publishing Co., 1960, 11 : 24 ; Charles Hodge, Systematic Theology, Grand Rapids : Eerdmans, 1989. Vol. 3. pp. 685-692. 토마스는 그의 Summa에서 "이 성례는 그리스도의 고난과 죽음을 상징하기 때문에 "희생"이라고 부른다.

(5) 화체설에 대한 카톨릭 교회 내부의 반대론

화체설은 카톨릭교회의 공식적인 교리로 형성되었지만 내부적으로 그 내용과 근거에 반대가 있었다. Ratramnus(868년)는 Radbertus의 "변화"이론에 반대하여 떡과 포도주는 단순한 신비의 상징이라고 생각했다. 그리고 Duns Scotus는 "화체설은 성경에 의해서 확실하게 증명될 수 없으며, 교회의 결정이라는 근거 위에서만 받아 들여져야 한다"고 말하여 성경적 근거가 없음을 분명히 하였다. 이렇게 화체설은 성경 자체가 침묵하고, 초대교회의 교부인 어거스틴(Augustine)도 알지 못한 것을 중세 신학자들이 사변적 노력으로 신학이라기보다는 허구적인 형이상학에 가까운 화체설의 이론을 확립하고 지금까지 유지하고 있다.[5]

2. 칼빈의 성찬론에 대한 이해와 그 외의 성찬론

그리스도의 몸이 떡이라는 외양 속에 본질적으로 숨어 잇다는 카톨릭의 주장은 프로테스탄트 교회 안의 여러 가지 적극적 반대를 불러왔다. 본 절에서는 칼빈의 성찬론에 앞서 기타 성찬론을 먼저 논급하고자 한다.

1) 루터(Luther)의 성찬에 대한 이해-공재설

루터는 떡이 본질적으로 변화한다는 화체설을 반대하면서도, "이는 내 몸이다."라는 그리스도의 표현 "-이다"를 문자적으로 이해할 것을 주장하였는데, 두 가지 관점이 있다.

---

[5] Schaff, History of Christian Church, Vol. 5, p. 713

첫째, 육채적 공재설로 화체설과 같은 점과 다른 점이 있다.
루터는 성찬 안에 그리스도의 몸이 독특하게 임재한다고 생각하였다. 그의 이해는 그리스도의 몸이 성찬의 요소, "안에, 함께, 아래"에 임재한다는 육체적인 공재설(共在(說 : consubstantiation)로 요약된다. 루터의 "공재설"이 "화체설"과 동의한 점은, 그리스도의 몸이 공간적으로 떡 안에 임재한다는 것이고, 둘째, 다른 점은 떡이 그리스도의 몸으로 변화하는 대신에 몸과 함께 임재한다는 것이다. 이러한 루터의 성찬 이해는 화체설 만큼 사변적인 설명을 요구하고 있다.

2) 쯔빙글리(Zwinglie)의 성찬에 대한 이해-기념설

쯔빙글리는 공간적인 임재설과는 반대로 성찬 안에 그리스도의 독특한 방법이나 임재설을 배격하며, 성찬 재정 말씀을 비유로 이해하여 그것을 기념행위로 보는 "기념설"(記念說 : commemoration)을 주장하였다.[6]

칼빈은 "화체설"을 "야만", "미신", 그리고 "궤변"이라는 표현으로 그것의 비성경적인 허구를 지적하였다. 그는 종교개혁의 온건한 자세를 취한 많은 신학자들과 함께, 일반적으로 쯔빙글리에 반대하며 루터와 동의하였으나 루터의 "육체적인" 공재설을 배격하였다.

3) 칼빈(Calvin)의 성찬에 대한 이해-영적 임재

칼빈은 화체설이나 루터의 육체적 공재설에 동의하지 않으면서

---

6) Berkhoff, 조직신학(하), pp. 430-440

비록 그리스도께서 성찬 안에 육체적으로 임재하지는 않지만(그리스도께서 승천하셨기 때문에), 그리스도의 몸이 임재하는 것처럼 "그의 능력과 영적인 유익이 성찬에 임재한다고 믿었다." 이러한 칼빈의 해석은 역사적으로 성찬 안에 계시는 그리스도의 "영적인 임재"를 의미하는 Virtualism으로 지칭하였다.[7]

칼빈은 성찬을 철학적 설명이 아닌 성경 주석(註釋 : commentary)의 문제로 접근하였다. 따라서 성례의 두 요소에 대한 성경해석이 근간을 이루고 있다. 이 성경 해석을 위해서 성찬이 성도에게 주시는 하나님의 유익을 말한다. 그것은 하나님 편에서, "구속사적인 성령의 역사"와 인간 편에서 "믿음으로만 받아들이는 유익", 그리고 "그리스도와의 연합"을 의미한다.

성찬을 통해서 하나님께서 성도에게 주시는 유익에 대한 칼빈의 관점은 "성례 자체가 우리의 유익을 위해서", "우리의 수준에 맞추어", 우리의 시각과 미각을 통하여 "복음의 이야기"를 전달해 주는 것이라는 인식이 칼빈에게는 매우 강하다. 이러한 시각이 바로 성경이 가르치는 성례의 이해이다.[8]

(1) 칼빈의 성찬의 표징과 본체의 구별
① 성찬의 두 요소인 표징과 본체의 구분

기독교 강요와 성경의 "이는 내 몸이라"는 말씀의 주석에서 성찬의 두 요소인 눈에 보이는 표징과 그 표징이 나타내는 본체 사이의 구분과 관계를 나타내고 있다. 그는 어거스틴의 성례 정의를

---

7) Campbell, Christian Confession, p. 182
8) 심재승, 연구논문 "카톨릭 교회의 주장에 대한 우리의 입장", 2000. 12. p. 15

제시하기를, 어거스틴은 성례를 "신성한 것의 보이는 표" 또는 "보이지 않는 은혜의 표징"으로 정의한 것을 들었다(Calvin, 기독교강요, Ⅳ. ⅹⅳ). "표징"과 그것이 나타내는 "보이지 않는 은혜"가 성례의 두 가지 요소이다. 처음 것은 물질적인 표징인 떡과 포도주, 즉 눈에 보이는 것이요, 다음 것은 그 표징에 의해서 표현되는 "영적 실재"인 것이다.

② 표징과 본체의 관계
표징과 본체 사이의 긴밀한 연결관계는 그 둘을 구별할 수 있을 때 가능해 진다는 것을 성례(sacrament) 자체가 요구한다(칼빈의 기독교강요, Ⅳ. ⅹⅰⅴ. 15 ; Calvin 주석, 마 26:26).

Berkhoff의 성례의 정의는 "감각적 또는 외면적 표징(표적)들을 방편으로 하여 하나 또는 그 이상의 영적인 진리들을 표현하는 것은 성례의 한 특징이다."(Berkhoff, 조직신학(하), p. 435). 성례는 결국 "눈에 보이는 표징이 보이지 않는 영적인 실재"를 가리키는 것이다.

성찬의 핵심은 "... 한 것과 같이", "...도 진실로 그러하다"라는 공식으로 설명된다. 이것이 바로 "성례적인 일치이다"

화체설의 표징이 떡처럼 보이는 허상이라면, 그것이 나타내야 하는 것은 허구라는 것이다. "그러므로 표징과 그 표징 뒤의 영적 실재 사이에 상응하는 관계가 있으려면 떡은 진정한 그리스도의 몸을 나타내기 위하여 반드시 허상이 아닌 진정한 떡이어야 한다."[9]

---

9) Calvin 주석, 고전 11:24

"성례는 보이는 복음의 이야기이다." 복음이 주는 보이지 않는 유익을 보이는 표징으로 전달하는 것이 성례의 기본 정의이다. 따라서 "표징"을 "본체"와 육체적으로 일치시키는 것은, 화체설이 의미하는 것과 같이 성례 자체의 의미를 왜곡시키는 결과를 낳는다.

③ 상징(표징)인 떡과 포도주의 본체인 영적 실제

성찬은 단순한 상징이 아니라 본체인 영적 실제를 진실되게 나타내는 목적을 이루기 위해서 그리스도께서 친히 제정하신 교회의 의식이다.[10]

그리스도께서 "이것은 너희를 위하는 내 몸이니"라고, 그리고 "이 잔은 내 피로 세운 새 언약이니"(고전 11:24-25)라고 할 때, 그는 자신의 몸이 아닌 "떡과 포도주"를 가리키셨다. 여기 "…은 … 이다"라는 표현은 물론 비유이다. 예컨대, 출 12:11에 "어린 양이 여호와의 유월절이라", 요 1:32에 "성령이 비둘기 같이", 고전 10:4에 "그 반석은 곧 그리스도라" 등의 표현과 같이 환유법(換喩法 : metonymy)으로서의 비유이다. "비둘기로서의 성령"의 비유는 "보이지 아니하시는 성령의 임재" 그 안에 존재하므로 이 비유는 명확한 보증(definite pledge)으로서의 비유이다. 이와 같이 성찬의 떡 안에는 그리스도의 실제가 계신다고(영적 임재) 칼빈은 믿었다.

(2) 성례의 목적

복음의 보이지 않는 유익을 보이는 표징으로 나타내시기 위해서

---

10) Calvin, 기독교강요, Ⅳ. xvii, 11, 12

그리스도께서 보이는 이야기를 제정하신 이유는, 그의 십자가가 주시는 신비한 유익을 미련한 우리에게 눈으로 직접 보고, 입으로 직접 맛보는 것처럼 분명하게 가르쳐 주시기 위함이다. 이것은 우리의 수준과 우리의 눈 높이로 적응(accommodation)해 오셔서 가르쳐 주신 "은혜"이다.[11]

4) 그리스도의 영적인 임재의 실제성

위에서 살펴본 바와 같이 떡과 포도주는 단순한 상징이 아니라, 그리스도께서 약속하신 성령의 능력으로 자신이 그 안에 "영적으로 임재하신다"는 실제를 나타내는 명확한 보증으로서의 상징이다. 즉, 떡과 포도주는 "빈 형상"이 아니라, 그리스도의 능력과 효과가 그의 약속을 따라 임재하는 "전달매체"이다.

(1) 칼빈의 성찬에 대한 진술

"떡은 그리스도의 몸이다. 떡의 의미는 몸이 우리에게 주어진다는 사실을 떡이 명백하게 증거하기 때문이며, 또는 그리스도는 우리를 속이지 않으며 빈 형상으로 우롱하지 않는 떡의 상징을 주실 때에 동시에 그의 몸을 주신다. 따라서 상징에 실재가 결합된다는 것은 대낮과 같이 명백하다. 다시 말하면, 성령의 능력으로 우리가 떡을 먹을 때, 우리는 진실로 그리스도의 몸에 참여하는 자가 된다. ... 내 결론은 그리스도의 몸이 진정으로 일상적인 용어로 사용한다면, 참으로 성찬에 의해서 우리에게 주어져서 우리의 영혼을 양육하는 양식이 된다는 것이다. 내가 의미하는 것은 우리의

---

11) Ibid., Ⅳ. ⅹⅶ. 2, ⅹⅳ. 15.

영혼이 그의 몸에 의해서 양육되어, 우리가 진실로 그리스도와 연합된다는 것이다."[12]

(2) 영적 연합의 영적 임재

칼빈은 성찬의 떡이 비유이기는 하나, 그것은 단순한 상징이 아니라, 떡에 진실로 그리스도가 영적으로 계시기 때문에 성도가 그 떡을 먹을 때에 그리스도의 몸에 영적으로 연합한다는 것을 믿는다는 말이다. 이것이 칼빈이 말하는 "영적 임재"이다. 우리가 떡을 먹을 때에 성령께서 역사 하심으로 "우리가 그리스도와 연합하여 그로부터 우리의 영혼의 양식을 얻는다는 것이다."[13] 그는 "나는 오직 믿음으로만 그리스도를 먹을 수 있다"고 고백한다.[14]

칼빈은 또한 "떡이 우리의 신체의 영양과 생명을 주어 신체를 유지하는 것과 같이 그리스도의 몸은 우리의 영혼에 힘과 생명을 주는 유일한 양식이라는 것이다."(칼빈의 기독교강요 제4권, 17. 2) 이것이 성례 자체가 요구하는 "... 한 것과 같이, ... 도 진실로 그러하다"라는 공식을 설명하고 있다. 이는 바로 "성례적인 일치"이다.

그리스도의 몸에 참여하는 신비로운 연합은 성령의 능력으로, 믿음으로 받아들인다는 칼빈의 "영적 임재설"은 그리스도의 몸이 육체적으로 떡에 임재한다는 카톨릭의 화체설과 루터의 공재설을 배격하고, 성찬을 단순한 상징과 기념으로만 보는 쯔빙글리의 기념설을 배격한다.

---

12) Calvin 주석, 고전 11:24 ; 기독교강요, Ⅳ. ⅹⅶ. 19, 21, 29 참고.
13) Calvin 주석, 고전 11:24
14) Calvin 주석, 요 6:47

3. 결론 - 성찬의 두 가지 중요한 점에 대한 이해

1) 성례의 정의에 대한 이해

칼빈에 있어서 성례의 정의(definition)는 "그리스도께서 요구하시는 성례는 보이는 표징(sign)을 방편으로 하여, 보이지 않는 영적인 실재를 표현하는 은혜의 방편이다." "성례는 보이는 복음의 이야기이다." 칼빈과 17세기의 칼빈주의 교회들, 그리고 그들의 신학에 근거를 둔 현대 칼빈주의 교회들도 일관되게 성례를 성경이 요구하는 이러한 이해에 근거하여 성찬을 시행하고 있다.

2) 성례의 정의로 인한 신학적 귀결의 지적

칼빈과 개혁교회가 믿는 성례는 기본적으로 표징(sign)이며, 인(seal)이다.[15] "성찬은 믿는 성도에게 그가 이미 그리스도와 함께 죽고 다시 살아났다는 그와의 연합을 확인해 주는 표징이며 인치심이다." 그러나 카톨릭은 성례의 영적임 실재를 부인하고, 떡이 본질적으로 그리스도의 몸으로 변화한다고 주장하므로 성례를 희생제사로 만들어 버리고 그리스도를 희생 제물로 성부 하나님께 반복적으로 바치며, "성찬을 받는 성도들로 하여금 허상뿐인 떡 속에 숨어있는 그리스도의 몸을 먹도록 요구한다. 그들은 신학적인 문제 외에도 떡이 그리스도의 몸으로 본질적으로 변화한다는, 자기들도 이해할 수 없고, 다른 사람에게 설명할 수 없는 "양식"을 가르치고 있다. 본질적으로 변화한 떡은 그 외양만 떡이라고 주장하는 것은 허구일 뿐이다. 이는 비성경적이다. 그런데 카톨릭

---

15) Berkoff, 조직신학(하), p. 436. 웨스트민스터 신앙고백, 27장 1항.

은 화체설 성찬을 시행하지 않는 개신교를 진정한 교회가 아니라고 주장하는 것은 그들 자체가 진정한 교회가 아님을 증명하는 격이 됨을 지적하고자 한다.

4. 성찬의 효용성(유익)

성찬에는 그리스도의 복음이 그의 약속에 따라 진실로 담겨져 있다. 떡과 잔에는 그리스도 자신이 영적으로 임재하신다. 그러므로 우리가 믿음으로 떡과 잔을 받을 때에 성령께서 우리 안에 역사 하심으로, "우리는 그의 몸과 피에 진실로 연합한다."

칼빈주의 교회는 "성찬의 올바른 시행을 참된 교회의 표식(標識 : mark) 중의 하나로 삼았다." 성찬은 음식을 먹고 음료를 마시는 상징을 통하여 구원의 복음을 표현한다. 그리스도께서는 우리의 유익을 위하여 성찬을 제정하셨다.

그리스도께서 십자가에 죽으시고 다시 사시고, 우리와 연합하셨음을 우리 눈에 보이시고, 입으로 맛을 보는 분명한 방법으로 우리에게 알려주신다. 따라서 성찬은 복음의 핵심을 분명하게 표현하고 전달하는 절호의 기회인 것이다.

성찬은 믿는 자들을 위한 표징과 인치심인데 아래의 내용에 대한 표징이요, 인치심이다.[16]

1) 성찬은 주의 죽으심에 대한 표징이다.
"너희가 이 떡을 먹으며, 이 잔을 마실 때마다 주의 죽으심을

---

16) 심재승, 연구논문 "사도의 계승과 성찬", 2000. 12, pp. 19-20

오실 때까지 전하는 것이니라."(고전 11:26)

2) 성찬은 성도가 십자가에 달리신 그리스도와 연합한다는 사실의 표징이요, 인치심이다.

"인자의 살을 먹고, 그의 피를 마심"(요 6:53)을 통하여 그리스도의 죽음에 연합한다. 성찬 참여자는 그리스도의 희생과 죽음이 성취한 구원의 유익을 상징적으로 자기의 것으로 "내면화"한다.

3) 그리스도와 연합의 결과는 영혼의 생명과 능력, 기쁨이다.

떡과 포도주가 인간의 육체적 생명을 양육하고 힘을 공급해 주듯이 그리스도께서 영혼의 생명을 유지시키고 소생시키신다. 성찬에서 그리스도와 연합됨이 주는 기쁨과 감사는 성찬의 성찬 되게 하는 중요한 요소이다.

4) 성찬은 성도간의 연합을 상징한다.

교회의 머리되신 그리스도의 몸된 교회의 지체로서 영적인 통일성을 상징한다.

부록 II.
목사 및 강도사, 전도사, 장로 고시
헌 법 예 제

<헌 법>

1. 헌법 제1편 교리에는 어떤 것이 있는가?
신조, 성경대소요리문답, 웨스트민스터신앙고백

2. 대·소 요리문답은 무엇에 소요됩니까?
소요리문답은 일반평신도용, 대요리문답은 지도자용

3. 소요리문답 제문은 무엇인가?
문1 : 사람이 제일되는 목적이 무엇인가?
답 : 사람이 제일되는 목적은 하나님을 영화롭게 하는 것과 영원토록 그를 즐거워하는 것이다.(고전 10:31. 롬 11:36, 시 73:24-26. 요 17:22-24)

4. 소요리문답은 총 몇 조인가?
총 107조이다.

5. 5대 정치 형태는 어떤 것이 있는가?

교황정치, 감독정치, 자유정치, 조합정치, 장로회정치이다.

6. 장로회 정치를 말하라.
1) 교인들이 장로를 선택하여 당회를 조직한다.
2) 당회로 치리권을 행사하게 하는 주권재민의 민주적 정치다.
3) 목사(강도)와 장로(치리)의 두 반으로 조직한다.
4) 당회, 노회, 총회의 3심제의 치리회가 있다.
5) 장로회 정치는 웨스트민스터 헌법을 기본으로 한다.

7. 8대 정치원리는 어떤 것인가?
양심자유, 교리자유. 교회의 직원과 그 책임, 진리와 행위, 직원의 자격, 직원의 선거권, 치리권, 권징이다.

8. 정치원리 제조 양심의 자유를 기하라. (헌법 제1장 제1조)
양심을 주재하는 이는 하나님뿐이다. 그가 양심의 자유를 주어 신앙과 예배에 대하여 성서에 위반하거나 지나친 교훈과 명령을 받지 않게 하였다. 누구든지 신앙에 관한 여러가지 사건에 대하여 속박을 받지 않고 각각 그 양심대로 판단할 권리가 있다. 그러므로 양심의 자유를 침해하지 못한다.

9. 정치원리 제6조 직원의 선거권을 말하라. (헌법 제1장 제6조)
교회 직원의 성격과 자격과 권한의 선거와 위임하는 규례는 성경에 기록되었으나 어느 회에서든지 그 직원을 선정하는 권한은 그 회에 있다.

10. 교회의 정의를 기하라. (제2장 제9조)

하나님이 만민 중에서 자기 백성을 택하여 그들로 무한하신 은혜와 지혜를 나타내신다. 이 무리를 가리켜 교회라 한다. 이 무리가 하나님의 교회요, 예수님의 몸이요, 성령의 전이다. 이 무리는 과거, 현재, 미래에 있는 성도들인데 이를 가리켜 거룩한 총회라 한다.

11. 교회의 구별을 기하라. (제2장 제0조)

교회를 두 가지로 구별하며 무형교회와 유형교회라 한다. 무형교회는 하나님만 아시는 교회요. 유형교회는 온 세계에 산재한 교회다. ~ 교인은 성부, 성자, 성령 삼위일체이신 하나님을 믿는 자들인데 그리스도인이라고 부른다.

12. 지교회 설립을 기하라. (헌법 제2창 제12조)

공동예배로 모이는 기도소에 교회를 설립코자하면 입교인 10명 이상이 노회에 청원하여 승인을 받아야 한다. 이것을 교회라하며 당회가 조직되지 않는 교회는 미조직교회라 한다.

13. 지교회 설립에 따른 세칙2장 2조를 기하라. (헌법세칙 제2장 제2조)

일정한 구역 안에 예배장소를 준비하고 입교인 10명이상 합심하여 예수 그리스도를 신봉하며 교회 신설(新設)을 원하는 때에는 다음과 같은 사항을 기록하여 그 구역 시찰회 경유(經由)로 노회에 청원하여 인가를 받는다. 만일 입교인 10명 미만되거나 예배장소가 준비되지 못한 때에는 기도회 처소로 하여 부근 어느 교회의 도움을 받는다.
  1) 신설교회 위치
  2) 신설 년 월 일
  3) 장년 신자수와 가정수
  4) 유년 주일 학생수
  5) 예배당 형편(기지 평수 건물과 소유자)
  6) 신설교회 명칭
  7) 교회유지 방법
  8) 부근교회와 그 거리
  9) 구역 가호(家戶) 수(도시는 제외)
  특히 부근교회와 인접할 때는 사전에 양해를 구해야 하며 본 교 단 소속교회와의 거리는 도시는 직선 300미터 이상이어야 하며 농어촌인 경우는 충분한 거리를 두어야 한다. 단, 인접교회와 합의했을 때는 제한을 받지 않는다.

14. 교인의 구분을 기하라.(제3장 13조)
1)입교인 2) 세례교인 3) 유아세례교인 4) 학습교인 5) 원입교인

15. 교회의 직원은 어떤 것이 있는가? (제4장 20조)
향존직원, 준항존직원, 임시직원, 준임시직원이 있다.

16. 향존직원은 어떤 것이 있는가? (제4장 제21조)
향존직은 목사, 장로, 집사, 권사이다.(행 20:17-28, 딤전 3:1-13)

17. 준항존직은 어떤 것이 있는가? (제4장 제22조)
존항존직은 강도사, 여조사. 여집사이다. (세칙계 10조, 제Ⅱ조)

18. 임시직원은 어떤 것이 있는가? (제4장 제23조)
임사직은 전도사, 인정전도사, 서리집사이며, 시무기간은 전도사는 재임기간으로 하며 인정전도사와 서리집사는 1년으로 한다. (세칙 제 12조)

19. 준임시직원은 어떤 것이 있는가? (제4장 제24조)
준임시직원은 목사후보생과 권찰이며 임기는 1년이다.

20. 목사의 의의에 대해 기하라. (제5장 제25조)
목사는 노회의 안수로 임직함을 받아 그리스도의 복음을 전파하고 성례를 거행하여 교회를 치리하는 자니 교회의 가장 중요하고 유익한 직분이다.
 1) 그리스도의 양인 교인을 감독하는 목자
 2) 그리스도의 종이며. 그리스도의 사역자라 하며 또 신약의 집사라.
 3) 엄숙하고 지혜롭게 하여 모든 사람의 모범이 되고. 그리스도의 집과 그 나라를 근실히 치리하는 자이므로 장로라 하며
 4) 교회의 사자이며
 5) 그리스도의 사신 혹은 복음 사신이며
 6) 교사이며
 7) 전도인이며
 8) 청지기라 한다.

제25조 목사의 의의(意義)

목사는 노회의 안수로 임직(任職)함을 받아 그리스도의 복음을 전파하고 성례를 거행하며 교회를 치리하는 자니 교회의 가장 중요하고 유익한 분이다(롬 11:3). 성경에 이 직분 맡은 자에 대한 칭호가 많아 그 칭호로 모든 책임을 나타낸다.

목사의 의의(意義)는 다음과 같다.
1) 목사는 그리스도와 양인 교인을 감독하는 목자이며(렘 3:15, 벧전 5:2-4),
2) 교회 안에서 그리스도를 봉사하는 자이므로 그리스도의 종이라, 그리스도의 사역자라 하며 또 신약의 집사라 하며(빌 1:1, 고전 4:1, 고후 3:6).
3) 엄숙하고 지혜롭게 하여 모든 사람이 모범이 되고 그리스도의 집과 그 나라를 근실히 치리하는 자이므로 장로라 하며(벧전 5:1-3)
4) 하나님이 보내신 사자이므로 교회의 사자라 하며(계 2:1)
5) 하나님의 거룩한 뜻을 죄인에게 전파하며 그리스도로 말미암아 하나님과 화목하라 권하는 자이므로 그리스도의 사신알 혹은 복음의 사신이라 하며(고후 5:20, 엡 6:20)
6) 정직한 교훈으로 권면하며 거역하는 자를 책망하여 각성하게 하는 자이므로 교사라 하며(딛 1:9, 딤전 2:7, 딤후 1:11)
7) 죄로 침륜할 자에게 구원의 복된 소식을 전하는 자이므로 전도인이라 하며(딤후 4:5)
8) 하나님의 광대하신 은혜와 그리스토의 설립하신 율례(律例)를 시행하는 자이므로 하나님의 오묘한 도를 맡은 청지기라

한다 (눅 12:42. 고전 4:1-2), 이는 계급을 가리켜 칭함이 아니요, 다만 각양 책임을 가리켜 칭하는 것 뿐이다.

21. 목사의 자격을 기하라. (제5장 26조)
목사될 자는 신학을 졸업하고 학식이 풍부하며 행실이 선량하고 신앙이 진실하며 교수에 능한 자가 할찌니, 모든 행위가 적합하며 범사에 존절함과 성결함을 나타낼 것이요, 자기 가정을 잘 다스리며, 외인에게서도 칭찬을 받는 자이어야 하며 연령은 27세부터이다. 총회에서 시행하는 강도사 고시에 합격되어 노회의 강도사 인허 후 1년 이상 교역에 종사하고 노회 목사고시에 합격되어 청빙을 받은 자라야 한다.

22. 목사의 직무를 기하라. (제5장 27조)
하나님께서 모든 목사되는 자에게 각각 다른 은혜를 주사 상당한 사역을 하게 하시니 교회는 저희 재능대로 목사나 교사나 그밖에 다른 직무를 맡길 수 있다(엡 4:11)
1) 목사가 지교회를 관리할 때는 양무리 된 교인을 위하여 기도하며 하나님의 말씀으로 교훈하고 강도하며 찬송하는 일과 성례를 거행할 것이요, 하나님을 대표하여 축복하고 어린이와 청년을 교육하며 고시하고 교우를 심방하며 궁핍한 자와 병자와 환난 당한 자를 위로하고 장로와 합력(合力)하여 치리권을 행사한다.
2) 목사가 신학교나 교회 중등 정도 이상의 학교 교사로 청년에게 종교상 도리와 본분을 교훈하는 직무를 맡을 때는 목자같이 그 학생을 돌아보며 구원하기 위하여 각 사람의 마음 가

운데 성경의 씨를 뿌리고 결실되도록 힘쓴다.
  3) 선교사로 외국에 선교할 때에는 성례를 거행하며 교회를 설립하고 조직할 권한이 있다.
  4) 목사가 기독교 신문이나 서적에 관한 시무를 시무하는 경우에는 교회의 덕의(德義)를 세우고 복음을 전하는데 유익하도록 힘써야 한다.
  5) 기독교 교육 지도자로 목사가 노회나 지교회나 교회에 관계되는 기독교 교육 기관에서 청빙을 받으면 교육하는 일로 시무할 수 있다.
  6) 강도사가 위에 2, 4, 5항의 직무를 당할 때 노회의 고시를 받고 지교회 목사가 될 자격까지 충분한 줄로 인정하면 목사로 임직 할 수 있다.

23. 목사의 칭호를 기하라. (체5장 재28조)
  1) 위임목사   2) 임시목사   3) 부 목 사   4) 원로목사
  5) 공로목사   6) 무임목사   7) 전도목사   8) 지방목사
  9) 종군목사   10) 교육목사   11) 선교목사   12) 기관목사
 13) 은퇴목사   14) 동사목사

24. 위임목사에 대해 기하라. (제5장 제28조 1항)
 한 지교회의 청빙으로 노회의 위임을 받은 목사니 특별한 이유가 없으면 그 담임한 교회를 종신토록 시무한다.

25. 원로목사에 대해 기하라. (제 5장 제28조 4항)
 한 교회에서 근속 15년이상 시무하던 목사가 노회에서 사면할

때 (개척 단독시무 전도사의 근속일 때는 그 시무년한이 가산된다) 본 교회에서는 그 명예적 관계를 보존키 위하여 사례금을 작정하여 원로목사로 추대하여 노회에 보고하며 노회는 원로목사의 명예직을 준다. 사례금은 본인은 당회장의 100%, 본인 사망시 미망인에게는 50%. 본인 부부 사망시 미성년 유자녀에게 30%를 지급한다.

26. 공로목사에 대해 기하라. (제5장28조 5항)
목사가 20년 이상 목사로 목회하고 현저한 공적이 있는 자에게 연 연로하여 목회할 수 없는 때에 노회는 그 공로를 기념하기 위하여 노회원 투표 3분의 2의 가결로 공로목사의 명예직을 준다. 단 원로목사와 공로목사는 지교회의 직무와 치리권은 없으나 노회의 정회원이 되고 다시 시무를 담임하게 되면 원로목사와 공로목사 명부에서 시무목사 명부로 옮긴다.

27. 위임목사의 청빙을 기하라. (제5장 29조 1항)
위임목사를 청빙코자하면 당회의 결의로 공동의회를 소집하고 출석 회원 3분의 2이상의 가표를 얻어야 한다. 위임목사의 청빙서에는 입교한 과반수의 날인을 요하며 청원서, 이력서, 공동회의록을 첨부하여 노회에 제출하여야 한다.

28. 강도사를 목사로 청빙절차를 기하라. (제5장 제29조 6항)
목사될 자격이 구비된 자가 목사로 청빙을 받으면 노회석상에서 임직한다. 청빙절차는 당회장과 당회의 청빙으로 하며 단독 목회로 청빙시는 당회장과 공동의회의 과반수 동의를 얻어야 한다.

29. 타교파 목사의 청빙을 기하라. (제5장 제29조 7항)
다른 교파 소속목사의 본 총회 산하 노회에 가입하는 절차는 다음과 같다. 본 총회가 인정하는 교파에 속한 자로서 총회에서 실시하는 특별과목을 이수하여야 한다.

30. 목사의 전임을 기하라. (제5장 제30조(세칙 15조))
목사가 전임코저하면 소속노회의 허락을 받아야 한다.

31. 장로의 직무를 기하라. (제6장 제33조)
교회의 택함을 받고 치리회원이 되어 목사와 협력하여 행정과 권징을 관리하며 교회를 살피며, 교우들이 교리를 오해하거나 도덕적으로 부패하지 않도록 권면하며 회개치 않는 자는 당회에 보고한다.

32. 장로의 자격을 기하라. (제6장 제34조)
상당한 식견과 통솔의 능력이 있고 무흠한 입교인으로 7년을 경과하고 35세 이상인 남자라야 한다(딤3 3:1-7에 해당한 자이며, 집사과정을 거친 자라야 한다).

33. 집사의 직무를 기하라. (제6장 제35조)
교회의 택함을 받고 회원이 되어 교회를 봉사하고 헌금을 수납하여 구제에 관한 일을 한다.

34. 집사의 자격을 기하라. (제6장 제36조)
교우들의 신임을 받고 진실한 신앙과 지혜의 분별력이 있고 무흠 입교인으로 5년을 경과하고 30세 이상된 자라야 한다.

35. 권사의 직무를 기하라. (제6장 제37조)
  교회의 택함을 빌고 직원회의 회원이 되어 교역자를 도와 궁핍한 자와 환난 당한 교우를 심방하고 위로하며 교회의 덕을 세우기 위해 힘쓴다.

36. 권사의 자격을 기하라. (제6장 제38조)
  40세 이상된 무흠 일교인으로 여집사(서리집사 포함) 5년 이상 근 속한 여신자이며 행위가 복음에 적합하고 교인의 모범이 되는 자라야 하며 여집사를 거쳐야 한다. 단, 소천하신 목사의 사모의 경우 본인이 원하면 여집사를 거치지 않고 권사로 취임할 수 있다.

37. 평신도 항존직의 선택을 기하라. (제6장 제39조)
  장로, 집사, 권사의 선택은 당회장의 추천에 의거 당회의 동의로 공동의회의 3분 2이상의 결의에 의한다(장로의 선택은 세례교인 25명 에 1명 비율로 하며 세례교인 15명 이상이면 장로 1명을 택할 수 있다).

38. 평신도 항존직의 임직을 기하라. (재6장 제40조)
  장로. 집사, 권사는 교회에서 임직한다. 장로는 선거 후 노회고시에 합격하여야 한다. 단, 권사는 안수하지 않는다.

39. 평신도 항존직의 복직을 기하라. (제6장 42조)
  면직된 장로, 집사, 권사는 해벌 후 3년이 경과한 후에야 복직되며 그 절차는 임직식에 준한다. 단, 안수례는 갖지 않는다.

40. 강도사의 직무를 기하라. (제7장 43조)

목사의 중임을 감당하기 위하여 강도사는 목사직을 임직전에 성경대로 먼저 시험하는 것이 가하다는 말씀대로 총회에서 고시후 합격자를 노회가 강도사로 인허하고 6개월 이상 노회와 당회의 지도 아래서 본직을 수행한다.

41. 강도사의 고시를 기하라. (제7장 제44조)
1) 강도사는 본교단 신학교와 연구원 또는 대학원을 졸업하여야 하며 목회 경력은 노회전도사고시 합력후 2년을 가져야 하되 이중 전무 교역경력이 1년이어야 한다. 장로 경력 5년이상 자는 전도사 경력을 면제받는다.
2) 연령은 27세 이상이며, 단 군목시 년령제한 없다.

42. 강토의 인허를 기하라. (제7장 제45조)

노회는 총회강도사, 고시 합격자 통보와 본인의 인허 청원서를 받으며 안허식을 거쳐 공포하고 강도사 인허증을 수여한다.

43. 강도사의 인허 취소를 기히라. (제7장 제47조)

강도사가 강도하는데 덕을 세우지 못하는 경우와 3년간 교역치 않을 시는 노회는 결의에 의하여 인허를 취소할 수 있다.

44. 여강도사의 직무를 기하라. (제7장 제48조)

여 강도사는 총회 강도사 고시에 합격후 노회에서 인허후 지교회 또는 기타 기관에서 시무한다. 단, 안수는 하지 않는다.

45. 여강도사의 자격과 선택을 기하라. (제7장 제49조)
여강도사의 자격은 강도사의 자격과 같으며 그의 선택은 당회장의 제청으로 당회의 결의에 의한다.

46. 여집사의 직무를 기하라. (제7장 제50조)
여집사는 매년 임명이 필요 없으며 그의 직무는 남집사의 직무와 같다.

47. 여집사의 자격과 선택을 기하라. (제7장 제51조)
여집사의 자격은 남집사의 자격에 준하며 그의 선택은 당회자의 제청으로 당회의 결의에 의한다.

48. 여강도사 여집사의 임기와 임직을 기하라. (제7장 제52조)
여강도사와 여집사의 입식은 교회에서 실시하되 안수를 하지 않는다. 읽기는 재임기간이다.

49. 여강도사 여집사의 사직을 기하라. (제7장 제53조)
여강도사 여집사의 재임기간중 교회의 덕이 되지 못할 시는 당회장의 제청으로 당회의 결의를 거쳐 사직시킨다.

50. 전도사의 직무를 기하라. (제8장 제54조)
전도사는 당회 또는 목사가 관장하는 본 교회를 사무하는 교역자다.

51. 전도사의 자격을 기하라. (제8장 재55조)
1) 무흠 입교인으로 5년을 경과하고 성경학교를 졸업했거나,

신학과 2년을 수료하고 년령 만 23세 이상인 자로 노회전도사 고시에 합격하여 당회장이 임명한 자라야 한다.
  2) 본 교단 신학교 졸업자는 본인의 청원과 당회장의 추천에 의거 고시없이 노회 심의를 거친 자이다.
  3) 타교단 출신으로 신학교를 졸업한 자는 본 노회에서 헌법고시와 행정심의를 거쳐야 한다(단, 비장로 출신자는 조직신학을 추가 고시해야 한다).

52. 전도사의 선택과 해임을 기하라. (제8장 제56조)
  전도사의 선택은 당회장이 임명하며 해임도 이에 준한다. 단 담임전도사는 교회의 공동의회의 결의가 필요하다. 특수한 경우에는 노회의 결의에 의거 자격을 부여할 수 있다.

53. 인정전도사에 대해서 기히라. (제8장 제58조)
  인정전도사란 교회형편에 의거 노회 고시전에 교역하는 자와 또한 자격기준이 미달한 자를 당회장의 제청에 의거 임명 시무케한 자를 말한다. 그의 직무는 전도사의 직무에 준한다. 해임은 당회장이 한다.

54. 서리집사의 직무를 기하라. (제8장 제59조)
  집사의 직무와 같으나 그 시무기간은 1년이다.

55. 서리집사의 자격과 선택을 기하라. (제8장 제60조)
  서리집사는 남녀 무흠입교인 중에서 선택하되 당회장이 임명하여 시무케 한다. 해임도 이에 준한다.

56. 목사 후보생에 대해 기하라. (제9장 제61조)
　목사직을 희망하는 자로서 노회의 자격심사를 거쳐 그 지도대로 신학에 관한 학과를 수학하는 목사 후보생이다. 지망생이 신학교에 입학하고저 할 때 또는 매년 수학을 계속하려고 할 때에는 노회에 청원하여 추천을 받아야 하고 노회 관할하의 목사 후보생으로 양성을 받는다. 신학생이 필요에 따라 다른 노회에 속하기를 원하면 이명을 청원할 수 있다. 신학생은 교인으로는 당회 아래 있고 직무상으로는 노회의 관리를 받는다.

57. 치리회의 구분을 기하라. (제10장 제64조)
1) 당회　　2) 노회　　3) 총회

58. 치리회의 성질을 기하라. (제10장 제65조)
　모든 치리는 목사와 장로로 조직하며 서로 연결된다.

59. 치리회의 관할을 기하라.
(제10장 제66조)
1) 교회 헌법이나 규칙에 이견이 있을 때는 성경의 교훈대로 교회의 성결과 평화를 위하여 처리한다.
2) 각기 사건을 법대로 처리하기 위하여 관할범위를 정한다.
3) 고유한 특권이 각급 치리회에 있으나 순차대로 상급지도 받는다.
4) 모든 결정을 법대로 조직한 처리회로 행사한다.
(제11장 68조)
1) 교회에서 시무하는 목사, 시무장로로 조직한다.
　　담임목사가 당회장이 되며 장로중 1인은 서기가 된다.

2) 담임전도사와 장로만 있는 경우, 노회에서 임시당회장을 파송한다.
3) 담임목사와 장로 1인 이상 있는 교회는 당회라 하고, 장로없이 담임목사만 있는 교회를 준당회라 한다.

61. 당회의 소집 및 개회성수와 의결을 기하라. (제11장 제69조)
1) 당회의 소집은 1주일 전에 당회장이 하며, 회집은 1년 이상이어야 한다.
2) 개회성수는 당회원의 과반수 이상으로 한다(단, 임시당회는 1/3성수로 할 수 있다).
3) 당회의 의결은 출석회원 과반수 이상이며, 단, 법으로 정한 것은 예외이다.

62. 당회장의 임명을 기하라. (제11장 제70조 1항)
1) 당회장은 지교회 시무목사가 된다.
2) 대리당회장은 그 교회 당회장이 신병이나 기타 사유로 사무가 불가할 때 해당 교회 결의에 의거 목사를 청빙할 수 있으며 또한 노회에서 대리당회장을 파송할 수 있다.

63. 당회장의 직무를 기하라. (제11장 제70조)
1) 예배 및 모든 집회에 관계되는 일체를 주관한다.
2) 부목사(부교역자), 강도사, 여조사(부교역자), 전도사, 인정전도사, 서리집사, 권찰의 임명권을 가지며 해임시는 당회장의 제청에 의거 당회의 결의에 의거한다. 단, 전도사, 인정전도사, 서리집사, 권찰해임은 당회장이 한다.

3) 유급직원의 임명 및 해임을 한다.
4) 재정의 수입과 지출을 결재한다.
5) 행정에 대하여 결재한다.
6) 교회건물 및 비품사용을 관장한다.

64. **당회의 직무를 기하라.** (제11장 제71조)
 1) 담임교역자 청빙
 2) 교인의 신앙과 행위 총괄
 3) 소속 기관 지휘감독
 4) 회계상황 보고 받는 일
 5) 권징
 6) 특별헌금 결재
 7) 교회 재산 관리
 8) 회의록(당회록과 제직)을 노회에 검열 받는 일
 9) 각종문부 작성보존
 10) 기타법으로 각성보존
 11) 준항존직의 선택. 해임, 부목사(부교역목사의 해임결의)
 12) 항존직분 천거

65. **노회 조직을 기하라.** (제12장 제75조)
 노회는 일정한 구역안 5개교회(목사 3인 이상 포함) 이상이 있을 때 총회허락을 얻어 조직할 수 있다.

66. **노회원의 자격을 기하라.** (제12장 76조)
 각 지교회의 시무목사와 해표 장로 1명이며, 증경총회장, 원로목사, 공로목사 및 총회나 노회가 파송한 기관시무를 위임한 목사는 회원권이 있으며 그 밖의 목사는 투표권이 없고 위원회에서는 투표권과 상회에 총대권도 있다. 각 기관 대표와 무임 및 은퇴목사는 언권회원이 된다.

67. 노회의 직무를 기하라. (제12조 제78조)

1) 행정적총찰

구역안에 있는 모든 지교회와 목사, 강도사, 여조사, 전도사, 목사후보생 등을 총괄한다.

2) 청원안건

각 당회가 규정한대로 제출하는 헌의, 청원, 문의건 등을 접수처리한다.

3) 인사

① 장로와 전도사의 고시
② 목사 후보생 지원자를 고시하여 신학교에 추천하고 지도 육성하며 그 교육 전적 및 권징의 관리
③ 신학교 졸업자를 강도사 고시에 응시할 수 있도록 추천하며 합격자에게 강도권을 인허하고 그 교역 전적 및 권징의 관리
④ 목사고시를 거쳐 목사의 임직 취임 사임 전적 및 권징의 권리

4) 사업

노회는 지교회의 설립, 분립, 병합, 폐지하는 일과 당회의 조직 및 폐지 등 안건을 심의 결정하며 전도, 교육, 봉사, 재정관리 등 일체 상황을 지도하며 그러한 사업을 직영도 한다. 이에 효율적

운영을 위한 시찰회를 둘 수 있다.
  5) 검열
  년 1차씩 노회 비치 문부와 지교회 당회록을 검사하되 처리 안건에 대하여 착오가 없도록 지도하고 필요할 때는 교정을 지시한다.
  6) 재판
  지교회가 제출하는 소송, 상소, 소원, 위탁 판결에 관한 일들을 처리하며 교회 권징에 관한 문의에 대하여 답변한다.
  7) 재산관리
  지교회와 산하 기관의 재산관리 사항을 지도하고 부동산 문제로 사건이 발생하면 노회가 이에 협력한다.

68. 총회의 조직을 기하라. (제13장 제83조)
  2항, 3항은 유효하되, 제1항은 수정되어 3당회목사 장로 각 1명씩으로 되어 있다(앞으로 헌법의 개정이 될 것임).
  1) 3당회목사, 장로 각 1명씩으로 한다.
  2) 총대 파송시 증경총회장 각 기관대표 총대를 1명씩을 파송한다. 단 신학교는 교장, 각 위원장, 각 이사장에게 총대권을 주며 지역별 해외 선교사 대표 1명씩에게 총대권을 준다. 자격별 기준은 해당기관과 실행위원회에서 결정한다.
  3) 원로목사, 공로목사, 무임목사, 은퇴목사, 기관목사는 언권회원만 된다.

69. 총회의 직무를 기하라. (제4장 제84조)
  1) 소속 각 치리 및 지교회와 소속기관 및 산하 단체를 총괄한다.

2) 하급 치리회의 합법적으로 제출한 서류를 접수 처리한다. 개 각 노회록을 검사한다.
4) 대한예수교장로회 헌법을 해석할 전권이 있다.
5) 노회를 설립, 분립, 합병, 폐지하며 노회의 구역을 정한다.
6) 강도사 자격을 고시하고, 규칙하여 다른 교파 교회와 교회를 분명케 하는 쟁론을 진압하고, 성결의 덕을 세우기 위해 힘쓴다.
7) 신학교를 설립하고, 경영 관리하며. 교역자를 양성한다.
8) 선교사업, 교육사업, 사회사업 등 여러가지 사업을 계획 실천한다.
9) 노회 재산에 대한 분규가 있을 때 처리한다.
10) 총회에서 위임하는 중요 운영 방책의 수행을 위하여 총회실행위원회를 둔다. 이에 수행은 별도 실행위원회 규칙에 의한다.

70. 공동의회를 기하라. (제4장 제90조)
1) 회원은 무흠입교인
2) 소집
 ① 당회와 당회장 필요시
 ② 제직회의 청원시
 ③ 무흠입교인 1/3이상 청원시
 ④ 상회의 지시
 ⑤ 당회의 결의로 당회장이 소집하여 일시, 장소, 안건을 1주일 전에 광고한다.
3) 임원 : 지교회의 딩회장은 회장이 되며 당회서기는 공동의회 서기가 된다.

4) 회집성수 : 개회는 회집된 회원으로 한다. 만일 회집수가 적으면 회장의 권한으로 다음날에 회집할 수 있다.
5) 결의사항
   ① 당회와 당회장이 제시한 사항
   ② 예산 및 결산
   ③ 직원선거
   ④ 상회가 지시한 사항
   ⑤ 당회와 제직회의 결의사항을 보고 받음
6) 결의성수
   ① 일반 의결의 과반수
   ② 목사청빙과 장로, 집사, 권사선거는 투표수 2/3이상 가표로 선정한다.

71. 제직회를 기하라. (제14장 제91조)
1) 조직 : 당회원과 집사로 한다. 회장은 담임목사가 겸무하고 서기와 회계를 선정한다. 당회는 각각 그 형편에 의하여 제직회 사무를 처리하기 위하여 서리집사와 전도사와 권사, 여조사, 인정전도사들에게 제직회원 권리를 줄 수 있다.
2) 의장 : 의장은 목사, 서기, 회계는 당회장이 임명한다.
3) 소집 : ① 제직회의 필요시
         ② 제직회원 과반수의 소집요청시
         ③ 상회의 지시가 있을 때
4) 개회성수 : 과반수
5) 결의사항

① 당회나 당회장의 지시사항
② 공동의회에서 결정한 예산집행
③ 연말결산보고 및 익년 예산 편성을 공동의회에 보고 통과받는 일
④ 구제비의 수입 지출 및 특별헌금 수지 업무

72. 교회의 재정을 기하라. (제 15장 제91조)
1) 교회의 재정은 신도의 헌금과 소속 단체 및 개인이 헌납하는 재산과 그 밖에 조성하는 재산이다.

73. 협동 선교사에 대해 기하라. (제16장 제96조)
1) 협약을 맺은 해외교회의 협동선교사 파송을 받으면 파견서 접수와 소정의 준비 교육과정을 마친 후에 해당노회와 기관에 배치된다.
2) 협동선교사는 해당노회의 정회원이 되며, 평신도일 때는 노회에서 언권회원이 되며, 위원회의 위원과 지교회의 교인의 자격과 권리를 갖는다.
3) 각자의 기능대로 교회 사역자로 봉사하되 파송기관의 지시대로 한다.
4) 본 장로회의 신조. 정치, 권징조례에 위배시 당회 처리회 심사후 회원권의 정지 또는 해제를 할 수 있고 파송교회에 통보한다.

74. 정치권징 예배 모범의 개정을 기하라. (제8장 제103조)
1) 헌법위원을 두어 재정안을 작성하되 목사가 과반이어야 한다.

2) 각 노회에 수의한 개정안은 노회 과반수의 가결과 노회에서 투표한 투표 총수의 3분의 2이상의 가표를 얻어야 한다
3) 수의된 재정안의 가부 투표수를 종합하여 즉시 총회장에게 보고한다.
4) 총회장은 재정안의 투표결과를 수합하여 가결된 결과를 즉시 공고하여 실시한다.

75. 교리의 개정을 기하라. (제8장 제104조)
1) 총회는 출석회원 3분의 2이상의 가결로 개정안을 작성하여 각노회의 수의한다.
2) 각 노회에 수의된 개정안은 노회 3분의 2이상의 가결과 각 노회에서 투표한 투표 총수의 3분의 2이상의 가표를 얻어야 한다.
3) 각 노회는 수의된 안건의 투표 총수와 가부 투표수를 종합하여 총회장에게 보고한다.
4) 총회장은 각 노회에서 투표한 투표수를 종합하여 다음 총회에 보고 실사한다.

76. 헌법 개정위원을 기하라. (제8장 제105조)
1) 헌법위원 9인이상 선정하여 개정안을 작성케 하되 목사가 과반이어야 한다.
2) 헌법위원은 한 노회 총대 회원중 2인 이상은 선출하지 못한다.
3) 위원이 반드시 1년정도 연구케 한 후 다음 총회에 보고한다.
4) 헌법위원은 매 3년마다 실행위원회에서 선출한다.

77. 권징의 의의를 기하라. (제1장 제1조)
예수 그리스도께서 그 교회에 주신 권을 행사하며, 설립하신 법도를 시행하는 것이다.

78. 권징의 목적을 기하라. (제1장 제2조)
진리를 보호하며 그리스도의 권병과 존영을 견고케 하며 악행을 제 거하고 교회를 정결하게 하며 덕을 세우고 범죄한 자의 신령적 유익을 도모하는 것이다.
 1) 위의 목적을 성취하려면 지혜와 신중함을 처리할 것임.
 2) 그 범행의 관계와 정형의 경중을 상고하되 사건은 같으나 정형 이같지 아니함을 인하여 달리 처리할 것도 있다.

79. 헌법의 편집은 어떻게 되었는가?
제1편 교리, 제2편 정치, 제3편 권징조례, 제4편 예배모범 헌법 세칙이다.

80. 헌법서...란 무엇인가?
헌법 시행에 관한 사항을 세부적으로 규정함에 목적이 있다.

81. 노회의 지리적 구분이라고 하는 헌법 세칙을 기하라.
각 노회의 경제 지역안의 교회나 교역자의 가입은 해당 노회에 가입해야 한다는 설명이다(헌법세칙 제5장 제19조).

82. 강도사 고시에 대해 기하라. (헌법 세칙 제6장 제 28조)
 1) 시취 : 고시는 필기와 면접 2종이 있다.

① 필기 : 조직신학, 헌법, 교회사, 성경, 일반상식이며 논문, 강도 실기를 병행한다. 논문과 주해 및 강도는 5개월 전에 고시문제를 주며 과목당 합격은 60점 이상이어야 한다.
② 면접 60점 이상은 합격자이다.
③ 제출서류 고시원서 1통, 노회장 추천서 1통(당회장 시찰장 경유), 목회경력확인서, 주민등록등본, 호적등본 각 1통
신학교, 대학원 졸업증명서 및 성적증명서 각 1통
노회장(당회장) 내신서 1통, 전도사고시 자격증사본 1통 자필이력서(총회양식) 2통, 신학교 실천 기록카드 사본 1통 반명함판 사진 5매, 노회출석 및 노회비 납입증명, 고시료
2) 전무교역 경력(정치 6장 44조)
노회 전도사고시합격 후 당회장 관할하에서 일정한 봉급을 받고 타직업에 종사치 않고 교역에만 전무함을 말한다.

83. 헌법세칙 개정과 공포를 기하라. (헌법세칙 제8장, 제34조)
본 세칙 개정은 헌법위원회의 제안에 의거 실행위원회와 총회의 2/3이상의 가표로 개정한다. 본 헌법 세칙은 개정하여 공포한 날로부터 효력이 있다.

84. 전도사 및 장로고시에 대해 기하라. (헌법세칙 제5장 제22조〈정치12장 78조〉)
1) 고사청원서(서식에 의거)를 노회장에게....
2) 고시과목 : ① 성경 ② 헌법 ③ 교회사 ④ 일반상식 ⑤ 면접이며 합격은 과목당 60점이상이어야 한다.

3) 신학교 졸업자는 본인의 청원에 의거 고시 심의를 거쳐야 한다. 타교단, 타신학교 출신, 신학부 졸업자는 헌법고시와 심의를 거쳐야 한다. 단, 비장로교회 출신자는 조직신학을 추가고시한다.
4) 장로고시는 전도사 고시 과목에 준하되 교회사는 제외한다.

85. 강도사가 목사로 임직받을 때의 청빙절차의 세칙을 기하라. (헌법세칙 제5장 제26조)
1) 담임목회시에는 공동의회에서 3분의 2이상의 의결한 목사 청빙서와 임시당회장이 목사 청빙허락 청원서를 시찰장 경유 노회에 제출하여 허락을 받아야 한다.
2) 당회(준당회 포함) 밑에서 현재 강도중인 강도사는 당회장의 목사허락 청빙서를 시찰장 경유 노회 제출하여 허락을 받아야 한다.

86. 총대에 대해 기하. (헌법세칙 제6장 제29조)
1) 총회 총대는 4월 정기노회에서 선택한다. 단, 1당회 2명을 초과할 수 없다.
2) 새로 조직한 노회의 총대는 개회 후 임원 선거전에 그 노회 설립 보고서를 먼저 받고 총대로 허락한다.
3) 총대될 장로 자격을 그 회에 속한 위임 장로다.
4) 각 기관대표(총회에서 인정하는 특별기구 또는 신학교)의 각 기구별 대표 1명씩을 말한다.

87. 부목사 청빙에 대하여 기하라. (제5장 제29조 3항)
부목사는 당회장의 청빙으로 노회의 허락을 받는다.

88. 장로 집사 권사의 임직을 기하라. (제6장 제40조)
　　교회에서 임직하며, 장로는 선거 후 노회고시에 합격하여야 한다. 단, 권사는 안수하지 않는다.

89. 당회의 조직을 기하라. (11장 제68조)
1) 당회는 교회에서 시무하는 목사, 시무장로로 조직한다. 담임목사가 당회장이 되며 장로중 1인은 서기가 된다.
2) 담임전도사나 장로만 있고 목사가 없는 경우에는 노회에서 목사중 1인을 임시 당회장으로 파송한다.
3) 담임목사와 장로 1인 이상있는 교회는 당회라 하고, 장로 없이 담임목사만 있는 교회를 준당회라 한다.

제직회 자료 및 기관운영 자료

부 록 III

1. 교회 경상비 세입 세출 예산서 (서식 1,2호)
2. 현금 출납부 (서식3호)
3. 월별 재정(회계)보고서 (세입·세출) (서식4,5호)
4. 기관(부서) 업무 보고서 (서식 6호)
5. 회계 감사보고서 (서식 7호)
6. 제직회 회의록 (서식 8호)
7. 당회록 (서식 9호)
8. 공동의회 회의록 (서식 10호)
9. 노회회순 (서식 11호)
10. 총회회순 (서식 12호)

(   )년 경상비 세입세출 예산서

1. 세 입   서식 NO. 1

과목			예산액	전년도 예산액	비고		산출기초
관	항	목			증	감	
경상수입금			22,244,000				
	집회헌금		2,144,000				
		주일헌금	520,000				₩10,000×52주=520,000
		구역헌금	624,000				₩12,000×52주=624,000
		부흥회헌금	1,000,000				₩500,000×2회=1,000,000
	월정헌금		16,600,000				
		11조헌금	14,000,000				₩200,000×52주=14,000,000
		수시감사헌금	2,600,000				₩50,000×52주=2,600,000
	절기헌금		3,500,000				
		신년감사헌금	200000				전년도의 20% 증
		부활절 〃	300,000				〃
		맥 추 〃	1,000,000				〃
		추 수 〃	1,500,000				〃
		성 탄 〃	500,000				〃
잡수입			506,000				
	잡수입		506,000				
		기타수입	506,000				이자 및 기타 잡수입
이월금			1,200,000				
	이월금		1200000				
		전년도이월금	1,200,000				전년도 사용 잔액
세 입 합 계							

2. 세 출   서식 NO. 2

과목			예산액	전년도 예산액	비고 증감		산 출 기 초
관	항	목					
교회경상 운영비			18,500,000				
	교역자 생활금		8,300,000				
		지급	4,800,000				300,000원×12회=3,600,000 300,000원×400%=1,200,000
		후생비	3,000,000				년금.지급이 10:1조 480,000 생활후생 50,000원×12월=600,000 학자금(2명) 260,000원×2=620,000 의료비 500,000 수양비 200,000
		도서비	500,000				월 35,000원×12월=420,000 기타 80,000
	목회운영비		3,000,000				
		급 여	1,200,000				전도사 30,000원×12월=360,000 기 사 30,000원×12월=360,000 사 찰 20,00×12월=240,000 상영금 240,000
		집회및 의식비	1,000,000				제례존의식경비 100,000 부흥사경회경비 400,000원×2회=800,000 기 타 100,000
		전도비	500,000				심 방 비 200,000 인 쇄 비 200,000 기 타 100,000
		구제비	300,000				일반구제비 100,000

과 목			예 산 액	전년도 예산액	비고 증감		산 출 기 초	
관	항	목						
		구제비	300,000				특별구제비	100,000
							기타	100,000
	사무관리비		7,200,000					
		여비	1,200,000				심방여비	
							목사 30,000×12월=360,000	
							전도사 20,000×12월=240,000	
							기타일반여비 600,000	
		공공료금	200,000				전화,전기,수도료금	
		수용비	1,800,000				주보대 40,000원×12월=480,000	
							기타인쇄비	320,000
							사무용품비	150,000
							비 품 비	200,000
							연 료 대	350,000
							기 타	300,000
		차량비	1,700,000				차량검사비	100,000
							보험료,제세	150,000
							운영유지비	450,000
							적 립 금	1,000,000
		경조비	300,000				경조사간 축위로금	
		상납비	300,000				상회 찬조금	
		접대비	200,000				내객접대, 직원접대	
		보조비	1,500,000				개척교회, 성가대, 교육기관	
							기타 각기관 보조금	
영선비			3,500,000					
	영선 사업비		3,500,000				적립기금 3,000,000	
							보 수 비 500,000	
잡 비			500,000					
		잡지출	500,000				기타 제잡비출비	
예비비			1,450,000					
		예 비 비	1,450,000					
세 출 합 계								

부록 III: 제직회 자료 및 기관운영 자료 • 345

현 금 출 납 부

서식 NO. 3

년	월	일	적 요	수 입 액	지 출 액	잔 액
19.	4		전년도 이월금	123,120		123,120
		5	주일헌금	20,000		
		"	구역헌금	30,000		
		"	11조헌금	230,000		
		"	수시감사헌금	15,000		
		"	신년감사헌금	25,000		
		7	자 급		250,000	
		"	여 비		15,000	
		"	후 생 비		25,000	
		"	접 대 비		7,000	146,120
	2	3	주일헌금	23,000		
		"	구역헌금	29,000		
		"	잡 수 입	12,000		
		"	상 납 비		15,000	
		"	보 조 비		27,000	168,120
			2 월 계	64,000	42,000	
			누 계	507,120	339,000	168,120
			차면에 이월	507,120	339,000	168,120

(전면에서 이월…… 다음장에서 기입)

(   )년   월분 재정보고서

서식 NO. 4

(전이월금   원)
　수 입 금   원
　지 출 액   원
　차인잔액   원

결제	재무	회계	재정부장	당회장

1. 수 입 부

과　　목		예 산 액	본월수입금	수입누계액	부 기
집회헌금	주 일 헌 금				
	구 역　〃				
	부흥회　〃				
월정헌금	11조 헌금				
	수시감사헌금				
절기감사 헌　　금	신년감사헌금				
	부 활 절 〃				
	맥 추 절 〃				
	추 수 절 〃				
	성 탄 절 〃				
이월금	전년도이월금				
잡수입	기타수입				
세 입 합 계					

2. 세출부　　　　　　　　　　　　　　　　서식 NO. 5

과	목	예산액	본월지출금	지출누계액	부 기
교역자 생활금	자 급				
	후 생 비				
	도 서 비				
목회운영비	급 여				
	집 회 및 의 식 비				
	전 도 비				
	구 제 비				
사무관리	여 비				
	공 공 요 금				
	수 용 비				
	경 조 비				
	상 납 비				
	접 대 비				
	보 조 비				
영 선 비	영선사업비				
잡 지 출	기타잡지출				
예 비 비	예 비 비				
세　　출　　합					

348 • 교회예식론과 기관운영의 실제

기관(부서) 업무보고서

서식 NO. 6

기 관 명	회(학교)　　　　　　부					
업무시행기간	년　월　일 부터　　년　월　일 까지					
인적현황	참가인원	남　명,　　여　명,　　총　명				
	기관재적인원					
경　　기	예산	원	결산	원	잔액	원
업 무 내 용						
평가 및 반성						
건 의 사 항						

위와 같이 보고합니다.
　　　　　　　　년　월　일

기 관 명 :　　　작성자(직책, 성명)　　　　㊞
　　　　　　　　확인자(직책, 성명)　　　　㊞

회계 감사보고서

서식 NO. 7

감사대상		감사일자		감사자	
감 사 내 용					
년 월 일	수입금액	지출금액	차인잔고	증빙서 및 기장상태	
합 계					
감사결과 및 시정사항					

년 월 일

감 사 ㊞

제직회 회의록

제 회   서식 NO. 8

년 월 일	19 년 월 일		오전·후 시 분	
장 소		찬 송		기 도
성 경		설 교		제 목

회원을 호명하니 재적 ○명 중 ○명이 참석하였기에 개회 성수가 되므로 회장이 본회가 개회됨을 선언하고 아래와 같이 안건을 결의하다.

아 래 (결의사항)

안건 처리를 다 끝내고 서기가 회의록을 낭독하니 받기로 하고 폐회하자는 결의에 따라 ○○○의 기도 후 회장이 폐회됨을 선언하니 ○시 ○분이었다.

19 년 월 일

회 장 ㊞
서 기 ㊞

당 회 록

서식 NO. 9

제 회   교 회

년 월 일	19 년 월 일		오전·후 시 분	
장 소	사회자		찬 송	
기도자	설교자		성경 및 설교제목	
출석회원명			(계:출석 ○명 결석○명)	
결의완사항	주제명	내 용		

회의를 마치고
    의 기도로   시   분에 폐회하다.

                                     회   장   ㊞
                                     서   기   ㊞

공동의회 회의록

제 회 　　　　　　　　　　　　　　　서식 NO. 10

년 월 일	19 년 월 일		오전·후 시 분	
장 소		찬 송		기 도
성 경		설 교		제 목

회원을 호명하니 재적 ○명 중 ○명이 참석하였기에 개회 성수가 되므로 회장이 본회가 개회됨을 선언하고 아래와 같이 안건을 결의하다.

아　　　래 (결의사항)

안건 처리를 다 끝내고 서기가 회의록을 낭독하니 받기로 하고 폐회하자는 결의에 따라 ○○○의 기도 후 회장이 폐회됨을 선언하니 ○시 ○분이었다.

19 년　　월　　일

　　　　　　　　　　　　　　　회　장　　　　㊞
　　　　　　　　　　　　　　　서　기　　　　㊞

부록 III: 제직회 자료및 기관운영 자료 • 353

노회회순(제　회 ○ ○ ○ 노회)

서식 NO. 11

제1일 시간	월　일(　요일)	제1일 시간	월　일(　요일)
14:00	〈개 회 예 배〉 인도 : 노회장 ○○○목사 기도 : 부회장 ○○○장로 설교 : 노회장 ○○○목사 ○성 찬 식 집례 : 노회장 ○○○목사	14:00	〈회　무〉 1. 회원점명　　서기 2. 회의록낭독　회록서기 3. 각부보고(계속) 각부장 4. 각위원회보고 각위원장 5. (　)노회유지재단보고 6. 시찰위원회보고각시찰장 7. 총회총대보고○○○목사 8. 감사보고　　감사 9. 회계보고　　회계 10. 내빈인사 11. 기념촬영
15:00	〈회　무〉 1. 회원점명 ················ 서기 2. 새회원소개 ·············· 서기 3. 개회선언 ··············· 노회장 4. 절차보고 ················ 서기 5. 투표위원선정 ········ 회장자벽 6. 임원선거 ·············· 전회원 7. 임원교체식 ·········· 신구임원 8. 지시·사찰위원선정 ··회장자벽 9. 사무경과보고 ············ 서기 10. 헌의위원회보고 ··· 헌의위원장 11. 공천위원회보고 ····공천위원장	12:30	점 심 식 사
		14:30	〈목사안수식〉 인　도 : 노 회 장 기　도 : ○○○목사 성경봉독 : ○○○목사 권　면 : ○○○목사 축　도 : 안수받은 이 중 저 녁 식 사 각 부 회 의
17:00	저 녁 식 사		
18:00	각 부 회 의	15:30	〈회　무〉 1. 회원점명 서기 2. 회의록낭독 회록서기 3. 미진건보고 4. 신안건토의 5. 내회장소 6. 회의록채택　회록서기 7. 감사패, 공로패 전달 노회장 8. 광고　　　지시위원 9. 폐회　　　다같이
19:00	〈회　무〉 1. 회원점명 ················ 서기 2. 회의록낭독 ·········· 회록서기 3. 각부보고 ·············· 각부장		

총 회 회 순

서식 NO. 12

주제:너희는 나를 누구라 하느냐? 곳 : 교회당 때:○○월 ○○일까지

시\일	제 1 일 9월 12일(월)	제 2 일 9월 13일(화)
05:30 06:00	새벽 기도회	000목사(서울 남노회)
09:00 09:30	경건회 사회 설교	000목사(한남) 000목사(서울남)
12:00		〈사무처리〉 1. 회원점명 : 서기 2. 회록낭독 : 회록서기 3. 헌의위원회보고 4. 공천위원회보고 5. 유안건 6. 총회준비위원회 인사 * 기념사진촬영
14:00 17:00	총대등록 각국 및 위원회	사무처리 상비국회 및 위원회 소 집
19:00 20:00	〈개회예배〉 1. 사회 : 총회장 2. 기도 : 목사 3. 찬양 : 교회성가대 4. 설교 : 총회장 5. 성찬식 : 총회장 〈사무처리〉 1. 총대호명 : 서기 2. 개회선언 : 총회장 3. 절차보고 : 서기 4. 투개표위원선정 5. 임원선거 6. 임원교체식 7. 증경총회장 소개 8. 특별위원 선정(지시, 사찰) 회장지명	1. 내빈인사 2. 임원회보고 3. 총무보고 4. 선교국보고 5. 신학교보고 (신학대학이사회)

	제 3 일	제 4 일	제 5 일
	9월 14일(수)	9월 15일(목)	9월 16일(금)
05:30	목사(강남)	목사(전남)	목사(수도)
09:00	목사(제주)	목사(대전) 목사(경서)	목사(서울강남)
09:30	목사(인천)	목사(경서)	목사(평양)
12:00	〈사무처리〉 1. 회원점명 2. 평신도국 보고 3. 선교국보고 4. 북한전도대책 위원회보고 5. 총회유지재단 6. 청소년국보고 7. 사회은급국보고	〈사무처리〉 1. 회원점명 2. 회록낭독 3. 농어촌국보고 4. 군경목국보고 5. 규칙국보고	〈사무처리〉 1. 회원점명 2. 예산안 심의
14:00 ~ 17:00	〈사무처리〉 1. 교육국보고 2. 신학위원회보고 3. 21세기 교단발전 위원회보고 4. 북한전도대책 위원회 보고 5. 부흥사협회보고	〈사무처리〉 1. 정치국보고 2. 사회국보고 3. 출판위원회보고 4. 자선사업재단보고	〈사무처리〉 1. 신사건 처리 2. 내회장소결정 3. 회록채용 4. 폐회식
19:00 ~ 20:00 ~ 22:00	수요예배 (총회주간) (　)장로교회 한국선교 (　)주년 기념예배 〈사무처리〉 1. 연합기관보고 2 대학교보고(○○대, ○○대, ○○대, ○○대, ○○대)	〈사무처리〉 1. 재정국보고 2. 재판국보고	

교회예식론과 기관운영의 실제

※
증보 1판 1쇄 인쇄 / 2001년 9월 5일
증보 1판 3쇄 발행 / 2011년 3월 20일

※
지은이 / 김 석 한
펴낸이 / 김 수 관
펴낸곳 / 도서출판 영문
122-070 서울시 은평구 역촌동 10-82
☎ (02) 357-8585
FAX • (02) 382-4411
E-mail • kskym49@yahoo.co.kr

※
출판등록번호 / 제 03-01016호
출판등록일 / 1997. 7. 24

파본은 교환해 드립니다.
본 출판물은 저작권법으로 보호 받는
저작물이므로 출판사나 저자의 허락없이
무단 전재나 무단 복제를 할 수 없습니다.

값 12,000원
ISBN 89-8487-92-4 03230
Printed in Korea